人譜類記增訂五

明　山陰劉宗周念臺著

考旋篇

經書云細行不矜終累大德爲山九仞功虧一簣述考旋第五

總記

程子曰人於外物奉身者事事要好只有自家一個身與心卻不要好苟得外物好時卻不知自家身與心卻已先不好了也

朱子曰爲學工夫不在日用之外檢身則動靜語默居家則事親從兄窮理則讀書講義大抵分別一個是與非而去彼取此無他元妙之可言也論其至近至易則卽今便可用力論其至

蕺山学派道德修养的理论与实践

胡君　主编

民族出版社

目录

绪　论……1

第一章　“改过”与“体独”：刘宗周道德修养思想研究……3
　第一节　刘宗周道德修养思想形成的时代背景和学术渊源……3
　第二节　刘宗周道德修养思想的主要内容……14
　第三节　“在事上磨炼”——刘宗周道德修养思想的践履……47
　第四节　对刘宗周道德修养思想的评价……65
　小　结……70

第二章　“主敬”与“约礼”：张履祥道德修养思想研究……73
　第一节　张履祥道德修养思想产生的背景……73
　第二节　张履祥道德修养思想体系……87
　第三节　张履祥道德修养思想的践履……121
　第四节　张履祥道德修养思想的历史评价……127
　小　结……132

第三章　“素位之学”：陈确道德修养思想研究……135
　第一节　陈确道德修养思想形成的背景……135
　第二节　陈确道德修养思想的理论基础……142
　第三节　陈确道德修养思想的主要内容……153

第四节　陈确道德修养思想的践履……184
第五节　陈确道德修养思想的评价……191
小　结……199

第四章　“以事观之”：祁彪佳道德修养思想研究……203
第一节　“以事观之”、日记与道德修养……203
第二节　静坐修习与内心平静……205
第三节　救荒济世与良知不昧……212
第四节　构筑寓园与审美提升……220
第五节　国变守节与儒者担当……233
小　结……240

附录　生成与意义:《祁彪佳日记》的诠释学审视……242

参考文献……262

绪论

绍兴古城内有一座文化名山，因长满蕺草得名，树木繁盛，花草葱郁，清幽典雅。晚明学术大家刘宗周长期讲学于此，经由他创设的学派称为蕺山学派，他也被世人尊称为蕺山先生。

刘宗周生活在晚明时期，嵇文甫先生对此有一段精彩的论述："那是一个动荡时代，是一个斑驳陆离的过渡时代。照耀着这个时代的，不是一轮赫然当空的太阳，而是许多道光彩分披的明霞。你尽可以说它'杂'，却决不能说它'死板'；尽可以说它是'乱世之音'，却决不能说它是'衰世之音'。它把一个旧时代送终，却又使一个新时代开始。"[①] 正是这样一个复杂多变的时代，才孕育出多元异彩的学术理论与流派。刘宗周的思想以天人、理气、性命、已发未发、工夫本体一而不二为根本，以诚意慎独为中心，继承与发展了阳明之学，对明代理学做了很好的总结。自刘宗周开始，蕺山学派以"慎独"为宗旨，恪守《人谱》，将道德修养落实于日常琐碎工夫与践履，认为"学者只有工夫可说"，实现了道德本体与工夫的体用不二。

刘宗周殉节之后，蕺山学派开始分化。张履祥笃信程朱理学，在道德修养方面提出"主敬""约礼"，注重内在持守与外在规约两方面的共同作用，倡导践履笃实的工夫论。陈确与张履祥全然不同，批判程朱理学，大力弘扬刘宗周证人改过之旨，力主"素位之学"，要求人们在伦常日用中力行实践，反求本心，将道德修养中"知"的工夫落实于实际生活的"行"上，将"立身正己"的工夫和"切实笃行"的实践相结合。另有祁彪佳秉持"万物一体"，慈民爱

① 嵇文甫:《晚明思想史论》，1 页，北京，中华书局，2017。

物，于“事上磨炼”中时时提携与规范自身德行，以乡绅身份赈灾救荒，丝毫不泯内心“良知”，面对家国倾覆，与刘宗周一样选择殉节。

之所以舍弃黄宗羲而选择祁彪佳，主要有两大原因：其一是因为牟宗三先生曾说：“黄宗羲年轻时奉父命从刘蕺山学，可是他对他老师的学问到底了解多少，却很成问题。他从学的时候还很年轻，以后又遭国家变乱，明室将亡，他便开始从事恢复的工作，参加军事行动，以后看看没有办法了，才回家读书。他完成《宋元学案》《明儒学案》，是他晚年的事了。他是通儒，很博雅，但对于内部的义理了解得不够，真实功夫也不够。所以他对他老师的学问不太能了解，只了解一半。”① 也就是说，黄宗羲并没有很好地继承刘宗周的学说。相比之下，与刘宗周同处晚明时期的祁彪佳，却与刘宗周交往甚密，惺惺相惜，亦师亦友，在《祁彪佳日记》中提到刘宗周姓名处就有七十五处②之多，祁彪佳修身思想深受刘宗周影响，殉节“皆出于生平学问之助，诚之至，慎之极，变而不失其正者也”③。其二是黄宗羲思想的研究汗牛充栋，极少创新之处。而从《祁彪佳日记》着手，以“以事观之”的视角重新考量明末士人修身思想与实践却能另辟新径，别有洞天。

本研究是集体智慧的结晶，写作过程中，虽然每一章节内容由不同作者完成，但是从框架结构，到方法内容都是经由大家反复讨论、研究确定下来的。闫超越撰写第一章，赵霞霞撰写第二章，徐博妮撰写第三章，周媚撰写第四章，附录作者为胡君。其中章节排序并未按照主要人物生卒年代先后出场，而是沿着经由刘宗周开创之蕺山学派内在发展逻辑展开论述。

① 牟宗三：《中国哲学十九讲》，359 页，贵阳，贵州人民出版社，2020。
② 祁彪佳：《祁彪佳日记》，张天杰点校，59 页，杭州，浙江古籍出版社，2017。
③ 刘宗周著，吴光主编：《刘宗周全集》，第六册，716 页，杭州，浙江古籍出版社，2007。

第一章 "改过"与"体独"：刘宗周道德修养思想研究

第一节　刘宗周道德修养思想形成的时代背景和学术渊源

刘宗周初名宪章，字宗周，生于明神宗万历六年（1578），卒于清顺治二年（1645），浙江山阴水澄里人。因后来迁居至蕺山脚下，刘宗周遂自称蕺山长，其弟子也尊其为蕺山夫子，后学称他为蕺山刘子，"蕺山学派"的得名亦本于此。刘宗周生活在社会大动荡的明清易代之际，社会发展以及学术思潮的变化对刘宗周的性格和思想有着重大的影响。

一、刘宗周道德修养思想形成的时代背景

（一）社会经济背景

明初，由于受到战乱破坏，各地经济经过半个多世纪的休养生息才渐渐恢复元气。首先，明初通过整顿吏治，实行严刑峻法，对官僚进行考课监督等澄清吏治的措施来加强统治效能，对于称职者给予升官奖励，平常者不升不降，其他人则"不称职者降，贪污者付法司治罪"①。这些措施缓和了阶级矛盾，为明初社会经济的恢复和发展奠定了政治基础。其次，明朝廷鼓励农民恢复生产，

① 龙文彬：《明会要·职官志》，840页，北京，中华书局，1998。

减免赋税，“凡四方水旱辄免税，半岁无灾伤，亦择地瘠民贫者优免之。凡岁灾，尽蠲二税，且贷以米，甚者赐米布若钞”[①]。把保证农民一定的生产、生活条件作为安定民情、巩固统治的重要手段，推动了社会生产的发展；明朝廷不仅利用政策鼓励农民大力垦荒，而且在全国各地大兴屯田，恢复农业生产，并且多次组织农民大规模兴修水利，重视经济作物的增产，发行全国统一的货币，限制僧道数量等。明初一系列恢复和发展社会经济的措施促进了农业和手工业的发展，也促进了商业和城市经济的繁荣，国内商品贸易繁盛，海外贸易也发展起来，社会生产力逐渐恢复发展。

到了明中期，经济商业城镇的发展更见繁盛，明代诗人李东阳曾作诗来描述当时社会的繁荣景象，他写道：“十里人家两岸分，层楼高栋入青云。官船贾舶纷纷过，击鼓鸣锣处处闻。”[②]至明后期，明代的社会经济结构出现明显的转型，出现了“第二次商业革命”。外国对中国商品丝和瓷器的需求极大，这大大刺激了明朝出口贸易的发展，出口贸易的迅速发展导致大量的白银从日本、菲律宾以及欧洲各国流入中国，白银的大量流入促进了市场体系的形成，刺激了各个行业的发展，形成了商业和工业经济的空前繁荣。

明朝中后期时，商业的繁荣引发了人们思想观念的变化，这种思想变化又会对商业产生一定的反作用。士大夫们对于商业、商人的地位和作用做了重新的认识和评估，这些做法都推动了当时重商思想的形成，产生了“通商亦富国之术”的现象。张居正曾论述过商业对于国家的重要性，他说国家首要的任务就是使商业繁荣、农业兴盛，在上者要把握好商农关系，商业不通的话会不利于农业，农业会有缺陷，农业不兴盛的话就没有足够的基础来支持商业，商业就不能更好地发展下去，商农之势是为君者需要“常若权衡”的一点。[③]上层思想观念的转变推动了统治阶层“恤商”“惠商”政策的出台，利商、恤商政策很大程度上改善了商业的生存空间，使明代中后期商业得到空前的发展。社会

① 张廷玉：《明史 · 食货志》，2000 页，北京，中华书局，1974。
② 李东阳：《南行稿 · 临清二绝》，见《李东阳集》，189 页，长沙，岳麓书社，1984。
③ 张居正：《赠水部周汉浦榷竣还朝序》，见《张太岳集》，99 页，上海，上海古籍出版社，1984。

观念的变化及消费水平的提升导致士人的心态发生了巨大的变化，士与商的关系互动频繁，士与世俗社会的关系逐渐由疏离变得密切。士人为俗所化，他们的生活方式和思想意识也渐渐染上世俗的气味，“士而商，商而士”成为较为普遍的现象，这时的士人开始转变对财富、金钱和荣耀的看法。受到世俗利益的诱惑，士人从“学以为己”，为了自己的道德修养慢慢转向“不以营利为耻”，逐渐忽视礼义廉耻，开始追求名利。士商关系发生变化，士商相互渗透、交融，在某种程度上打破了士商等级隔阂。郑利华先生认为，正德嘉靖以来，商人队伍作为一股社会新兴势力趋于膨胀，并且是撞击传统社会经济结构与组织秩序的一种潜在威胁，“士商兼作”与“弃儒从商”的风气是商人势力增长的一项重要特征①，这些都反映了明代中后期社会的深刻变化。

至晚明时期，全国各地灾荒不断，加之朝廷财政匮乏，无力拨款来救济灾民，反而对民间百姓过分苛求，依旧增加赋税，各种社会矛盾空前尖锐，从中央到地方，政局混乱腐败。在此背景之下，以君主为核心的贵族统治阶级仍不断追求财富，以此来满足物质享受。为此他们不断地压榨百姓，抢夺百姓财物，增加税收，对城乡的有产者进行各种形式的搜刮。在全国造成了“如沸鼎同煎，无一片安乐之地”的严重局面。当权者利用手中权力对百姓任意镇压和屠杀，民间百姓日趋贫困，统治者在全国范围内失去民心，直接后果便是农民大批地逃亡和流离失所，强者为寇为兵，弱者为厮徒为僧道，老百姓对朝廷怨言四起。②

面对种种社会危机，刘宗周认为君主求治心切、急功近利，于是屡屡失策，这就进一步加剧内部党争，导致士风败坏。士大夫多热衷争名逐利，不念江山社稷与百姓安危，使民生日益困苦。朝廷的严刑重敛屡增不减，加剧社会矛盾，农民起义与外敌威胁交织，整个朝廷已是危机四伏。

---

① 郑利华：《士商关系嬗变：明代中期社会文化形态变更的一个侧面》，载《学术月刊》，1994（6），68页。

② 朱永嘉：《清初的各项经济措施和明末社会经济问题》，载《学术月刊》，1962（3），14—16页。

（二）思想文化背景

明代学术思潮历经了三次大变革，由明初的理学思潮，一变为晚明心学思潮，再变为明末实学思潮。[①]受其影响，明代士人的思想也由此发生重大的改变。

明朝初期，刚刚经历过战争的社会百废待兴，明太祖朱元璋用“使先王衣冠礼义之教，混为夷狄”的理由，强调“教化”和“学校”的意义，要求天下人人都讲论圣道、争做圣人，“使人日渐月化”，摒弃污染之习惯，最终“以复先王之旧，以革污染之习”，实现天下大同。程朱理学强调世俗的情欲与纯然的天理不同，要求人克制对世俗的欲望和感情，朱熹以“人心惟危，道心惟微”为原则强调在道德层面只有道心符合天理，人心始终沉沦，要求人们执“道心”而弃“人欲”，他认为只有经历过“格物致知”的学习过程，才能真正地体会“理”。所谓“格物致知”，朱熹将其解释为：“一事不穷，则阙了一事道理，一物不格，则阙了一物道理。”[②]任何事物、任何生物皆有理，若想从人心提升到道心，应当尽可能地穷尽各种知识，反复观物与读书，只有这样才可以把知识学习与思想涵养打通，在读书观物中涵养自己的心灵，变化人的气质，真正做到“尊德行”。作为道德性命之学，程朱理学重视伦理教育，强调人德行的修行，这与明初统治者的统治策略不谋而合。明初统治阶层把程朱理学和国家科举制度结合起来，科举考试的规则以及考试的内容皆从理学出发，永乐年间编成的《五经大全》《四书大全》《性理大全》更是规定了士人阅读与理解的取向，“大全”的编纂也确立了程朱理学在意识形态领域的统治地位，对于明前期乃至整个明代学术思想格局的影响巨大。

随着明代后期一系列政治、经济的发展，社会观念、社会风气也发生了深刻的变化，社会文化和思想开始出现新的格局，奠定了学术思想的坚实基础。明中叶以后，社会面临着“天下波颓风靡，为日已久”的局面，面临着“何异

① 王猛：《学术思潮嬗变与明代小说序跋》，载《文艺评论》，2011（10），84页。
② 朱熹著，黎靖德编：《朱子语类》，295页，北京，中华书局，1986。

于病革临绝之时”的困境，[①]这也暴露了作为统治意识形态的程朱理学体系的内在缺陷。理学强调天理的超验性，无视道德实践的主体性，在修养方法上虽强调“格物致知”，但是过分突出“知”对“行”的指导意义，重“知”轻“行”，最终使得程朱理学的一些理论化为一种严厉的制度和训诫的规则，变成一种约束和束缚士人自由心灵之物，逐渐失去原本的生机和活力。面对社会政治、经济、文化乃至社会氛围的巨大变迁，程朱理学已不足以扭转当时的社会风气和士人思想，在这样一种时代背景下，王阳明的心学体系应运而生，学术思潮也逐渐从程朱理学向陆王心学一系转向。

阳明心学是对程朱理学的修正，唐君毅评价阳明心学与程朱理学的关系时，认为“阳明之学归宗近陆象山”，其实却“由朱子之学发展而出”。[②]为了弥合程朱理学内在逻辑的缺陷，王阳明将“心”定义为“心即理”，社会的一切道德行为都“只在此心”，心中自有“良知”即“道心”，“良知”符合天理而且可以使人的外在行为自然地合乎“礼”，无须借助外在伦理道德规则的约束。在修养方法上，王阳明认为程朱理学的“格物致知”之说易使人“求之于外”，导致许多学习把外在的知识当作毕生追求的目标，重视“知”而忽视“行”，这也是造成当时社会风气不正的原因之一。为了避免这种缺陷，王阳明将“格物致知”解释为：“格物者，格其心之物也，格其意之物也。”应该是心灵的自觉调整和省思，只要心灵纯正，“意”自然会纯正，“意”纯正，行为就会符合道德规范，“知”与“行”就不再是两个不同的方面。王阳明以“心”为本体，将外在超验的天理置于主体意识之中，构建了系统的心学体系，极大地改变了明代思想格局，打破了程朱理学一统局面，成为明中期社会的主流意识形态。

明后期至明末以来，国事艰危加之时局动荡，国家患上“虚症”，即将面临天崩地裂的巨变。在学术领域上，王学作为明中叶以后的学术主流且重视实事实功。王阳明重实行而薄虚文，但是王学的宗旨和重心在于致良知，良知不能从外获得，只能在心中自会自悟，这种工夫看似简单，但是却容易让人堕入

① 王阳明：《王阳明全集》，426页，上海，上海古籍出版社，1992。
② 唐君毅：《阳明学论文集》，47—56页，台北，华岗出版有限公司，1972。

空谈性命的虚无之中，当隆庆、万历年间王学盛行时，已有学者对王学表示不满，提出了批评。明代科举制度的日益败坏以及佛教禅风的盛行都对当时的学术思想产生了重大的影响，学术思想也开始失实向虚。

面对整个社会由实返虚的局面，自嘉靖以来，不断有人呼吁弘扬实学。到明末清初，以实救虚、由虚返实的呼声越来越高，响彻整个学坛，进入实学思潮的兴盛时期。生产的发展，经济的繁荣，内忧与外患的加重，促使许多学者关注国家民生的大问题，潜心研究实用之学，在兵学、农学、医学、天学、地学等诸多领域都有杰出的著作，成果辉煌，兵学上如戚继光的《纪效新书》和《练兵纪实》，医学上李时珍的《本草纲目》等，这些著作都和国家富强、民生日用紧密相关，讲究科学性、实用性，与那些修身养性之书以及各种不切实际的空谈迥然不同。明末实用之学的兴盛大大推动了实学思潮的高涨。①

二、刘宗周的个人经历及学术渊源

（一）刘宗周的个人经历

根据吴光主编的《刘宗周全集》中收录的《刘宗周年谱》《太虚先生刘公墓志铭》等记载，刘宗周是遗腹子，自小成长于外祖父南洲公家，性格内向，十岁时入学，听南洲公授书，受外祖父影响至深。说到外祖父对自己的影响时，刘宗周曾说："宗周弱冠举进士，则先生（章南洲）手执之成也。"② 除平时听课之外，在日常生活中亦耳濡目染，正是外祖父的谆谆教导，刘宗周才得以考中进士。此外，刘宗周的母亲章太夫人贤淑、端庄的品格对他影响也很大，刘宗周自小性格严肃，从小到大没有特别的嗜好，不苟言笑，加之母亲与外祖父的教诲，故而"器日底坚凝，居忧伤，禄不待养，盖持节操，衰麻饘粥"③，长久以来，使得刘宗周在这样的成长环境下养成了勤奋好学的精神。

---

① 夏咸淳：《明代学术思潮与文学流变》，278—281 页，上海，上海社会科学院出版社，2019。

② 《文编七》，见刘宗周著，吴光主编：《刘宗周全集》，第四册，266 页，杭州，浙江古籍出版社，2007。

③ 《年谱》，见刘宗周著，吴光主编：《刘宗周全集》，第六册，61 页，杭州，浙江古籍出版社，2007。

万历十二年，刘宗周“七岁始就塾，师事赵某”。十岁时师从外公南洲公，南洲公自己虽屡试不中，但却是一个善于启发的老师，督教甚严，“性刚毅，善启发”。南洲公在讲学时刘宗周常常“倾耳而听，心窃慕之，以是少成而庄，卓荦有圣贤志度，耻为干禄之学”[①]，十分勤奋好学，肃躬而行，深得众人喜爱。万历十七年之后，刘宗周的求学经历充满艰辛，“酷暑中徒步九十里，甫达，困甚，挛一足，昼夜楚者五阁月”，“患目眚，经年而愈，复随公归”。[②]据《年谱》记载，在之后的五年里刘宗周的求学经历十分艰难，当然这也是对刘宗周意志的一种磨炼，师长们的严于督教加上自身的努力使得他学业大进。

万历二十九年三月，二十四岁的刘宗周入京师应礼部会试，登进士，其母在二月仙逝，此时刘宗周人在京师，发榜之明日刘宗周才得此噩耗，“号拗辟地几绝”，回家之后守制三年。刘宗周年轻时便于“苫次中读《礼》旁及《六经》”，甚至“疑《戴记》为汉儒所附会考定之意”[③]，自此刘宗周治学崇尚“实”，并且着重于“弃虚”与“蹈实”两个方面。

万历三十一年，在家守制的刘宗周经陈植槐介绍，拜谒德清大儒许孚远，同年三月他纳蛰拜许孚远为师，同时请教为学之要。许孚远为学强调“克己为要”，而刘宗周的学问则在许孚远“克己”之学处立定脚跟，其孙刘士林谓“生平以学业推服者，许恭简公一人而已”[④]。可以看出师从许孚远对刘宗周的学术发展产生了重大影响。万历三十二年，刘宗周待守制期满，经吏部谒选北上为官，在北上途中刘宗周路过德清，再次拜见老师许孚远。许孚远告诫刘宗周为学不在虚知，最终要归于实践，在学习时必须要以“酒色财气分数消长”来衡量自己“自考功力之进退”[⑤]，刘宗周听到这句话后猛然醒悟，而这次见面也成了他与老师之间的最后一面。刘宗周在朝为官时三落三起，虽出仕几十载，

---

① 《年谱》，见刘宗周著，吴光主编：《刘宗周全集》，第六册，91 页，杭州，浙江古籍出版社，2007。
② 《年谱》，见刘宗周著，吴光主编：《刘宗周全集》，第六册，92 页，杭州，浙江古籍出版社，2007。
③ 刘宗周著，吴光主编：《刘宗周全集》，第六册，230 页，杭州，浙江古籍出版社，2007。
④ 《蕺山先生行实》，见刘宗周著，吴光主编：《刘宗周全集》，第五册，456 页，杭州，浙江古籍出版社，2007。
⑤ 《年谱》，见刘宗周著，吴光主编：《刘宗周全集》，第六册，114 页，杭州，浙江古籍出版社，2007。

但一生真正做官只四年多。作为一名有良心的士大夫，刘宗周清正廉明、刚直不阿，“居官淡素自持，动必敕法，视权贵如若将浼焉”[①]，时刻提醒自己以身作则、自我警惕。全祖望称刘宗周“一饭不忘君父，晚年名德岿然，翘车所不能致”[②]。刘宗周一生无论为人、为学还是从政各个方面皆体现了公直无愧、高风亮节的品格。对父母至亲至孝，二十七岁抵京入太学，以是科不第，决意授官，目的就是“图竭选养亲”，对妻子恩敬，对女儿友爱，已成佳话。刘宗周一生不结党营私，耿直主事，而面对逆阉的横行和权威更表现出他的无畏，从他众多上疏的奏稿中我们不难发现刘宗周对明室的忧患和忠诚，也可以看出他试图用内圣之方开出外王之路的努力。他认为解决时局混乱的关键在于“安人心”，而且他还主张“安人心”，以皇帝自安其心来达到民心、军心、臣子之心以及地方之心的安稳。刘宗周治理京师一年有余，躬勤守职，但终因和皇帝政见不合，托病辞官，回归乡里。

崇祯四年（1631），刘宗周与陶奭龄成立证人书院，共同主持讲学，书院的宗旨是“证人”，所谓“证人”是证人之所以为人者。此次证人社聚集二百余人，规模较大，并且制定了详细的条约规则，每月三日上午会讲，以“讲学明道”为务。证人社不但对会期、会礼、会费等都有明确的规定，而且对入会者的言行有更加细致严格的要求，甚至规定了对违反者的处罚条例。崇祯五年，因刘宗周与陶石梁存在学术上的分歧，证人社维持了一年多之后发生分裂，陶奭龄之教于白马岩居讲学，刘宗周则在古小学、阳明二祠会讲。此后几年，刘宗周先后完成了《圣学宗要》《五子连珠》等著作，其慎独思想渐趋成型。

顺治二年（1645），清兵一路南下，不仅南京沦陷，就连福王亦被俘虏并且遭遇迫害，不久之后，杭州沦亡，路王也投降于清。刘宗周眼见明朝土崩瓦解，大势已去，“食人之食者，死人之事，分义然也”，下了必死的决心，遂以绝食殉节。在刘宗周的观念中，忠孝的重要性已然超越了生死，死于忠孝更是

① 《文编一 · 遵例陈情疏》，见刘宗周著，吴光主编：《刘宗周全集》，第三册，2页，杭州，浙江古籍出版社，2007。

② 全祖望：《甬上证人书院记》，见《鲒埼亭集》，325页，合肥，安徽大学出版社，2009。

尽道而死。刘宗周在绝食离世之前，给刘汋留下遗言：“此后但不应举，不做官。”刘宗周以耿耿气节、凛然正气为其精严笃实的学问和清正廉明的操行为其忠诚、正直的一生圈下了一个圆满的句号。

（二）终身师从许孚远

许孚远，字孟中，号敬庵，浙江德清人。作为刘宗周青年时期的老师，许孚远的学术观点对刘宗周学术思想的形成与发展起到了至关重要的作用。黄宗羲在《蕺山同志考序》中梳理了刘宗周与许孚远的师承关系，他认为刘宗周素来清苦严毅的行事作风恰恰说明“其传出于德清许司马敬庵”①，刘宗周自己也认为“仆平生服膺许师者也”②。许孚远的学问以克己为要，以“谨身节欲”为为学要旨，重工夫实地，虽亦笃信“良知”但却力反援良知入佛门之说，这与刘宗周本身的秉性、节操颇为契合。刘宗周自万历三十一年谒见许孚远后，“自此立志圣贤之学，谓入道莫如敬，从整齐严肃入。自貌言之细，以至事为之著，念虑之微，随处谨凛，以致存理遏欲之教”③。在这时，刘宗周已经具有注重反省、严肃自律的儒者风范。刘宗周两次问学许孚远都受益匪浅，体悟到内圣之学即道德实践之学，并非空谈心性，要回归到日常的道德实践，这样的感悟也为刘宗周的学术思想奠定了基础。刘宗周在《师说》中表达了对许孚远学术的看法，他认为从许师那收获颇多，“余尝亲受业许师，见师端凝敦大，言动兢兢，俨然儒矩。其密缮身心，纤恶不肯放过，于天理人欲之辨，三致意焉”④。其中“言动兢兢，俨然儒矩”、理欲之辨以及静坐讼过等都被刘宗周继承下来并得到进一步强化。许孚远“端凝敦大”的气象在之后的刘宗周身上也有所体现。尽管师生相会只不过两次，但许氏为学克己谨严的态度，对刘宗周一生的影响是深远的，刘宗周之后学术发展的走向跟许氏之教也有重大关系。

① 黄宗羲：《蕺山同志考序》，见《黄宗羲全集》，第十一册，57—58页，杭州，浙江古籍出版社，2005。
② 刘宗周著，吴光主编：《刘宗周全集》，第三册，320页，杭州，浙江古籍出版社，2007。
③ 刘宗周著，吴光主编：《刘宗周全集》，第五册，111页，杭州，浙江古籍出版社，2007。
④ 黄宗羲撰，沈芝盈注：《师说》，见《明儒学案》，上，13页，北京，中华书局，2008。

（三）继承发展阳明心学

刘宗周之子刘汋在编纂《年谱》时提到，刘宗周对于阳明心学的态度发生了三次变化："始疑之，中信之，终而辨难不遗余力。"所谓"始疑之"，即刚开始怀疑阳明心学有近禅的倾向；而"中信之"，则是熟读王阳明的著作之后改变了看法，"信其为圣学也"；最后阶段"终而辨难不遗余力"，将王阳明的"良知"换成"独体"，"以《孟子》合大学，专在念起念灭用工夫"[①]。从"始疑之"到"中信之"再到"辨难不遗余力"，是一个螺旋上升的过程。在三十六岁之前，刘宗周"不喜阳明之学"，认为它"不喜谈克己工夫，更不用学、问、思、辨之事矣"，与四无之说相似，在教育旁人时容易产生弊端，此时的刘宗周对阳明之学还没有深入探究。

刘宗周五十岁时，对阳明之学的态度发生转变，进入"中信之"的阶段，此时的刘宗周系统地研读了《阳明文集》，评价王阳明于天假之年"尽融其高明卓绝之见而底于实地"[②]，遂以优入圣域，成为圣人。这一阶段刘宗周对阳明之学的评价很高，"特本程、朱之说而求之，直接孔、孟之传"[③]，认为阳明学在学术史上的意义重大，在自己统合性的观念之上，刘宗周对宋明理学发展重新进行了诠释。

从崇祯十二年（1639）起到刘宗周去世，刘宗周对王学"辨难不遗余力"，一方面引述王阳明的思想来证明自己的观点，借助王阳明对"独"的诠释，来解释自己的"慎独"之学，并且将王阳明的良知之学重新诠释，变成走向"慎独"之学的途径，也肯定了王阳明在学术史上传承"心学"的关键作用。如果说刘宗周从程朱思想那里吸收的是行为的自律，那么他从王阳明那里吸收的就是道德的自发，王阳明认为"致良知"即能知行合一，知行合一则天理存、人欲灭，从另一个角度看这也是刘宗周"慎独"由内而外的基本路线，刘宗周常说"良知只是独知时"，这句话透露了刘宗周"慎独"说和王阳明"良知"说

① 刘宗周著，吴光主编：《刘宗周全集》，第五册，488 页，杭州，浙江古籍出版社，2007。
② 黄宗羲撰，沈芝盈注：《明儒学案》，8 页，北京，中华书局，2008。
③ 刘宗周著，吴光主编：《刘宗周全集》，第四册，30 页，杭州，浙江古籍出版社，2007。

之间的渊源关系。刘宗周得于阳明的心学体系。

（四）吸收周敦颐与朱熹的思想

刘宗周十分推崇周敦颐，他认为“周子至精”，将周敦颐的地位抬到了前所未有的高度。为了发扬周敦颐之学，刘宗周引周敦颐《太极图说》一书著《圣学宗要》一篇，他认为，周敦颐的思想真正从孔孟那继承而来。刘宗周认为周子之学完全可以用《太极图说》一书概括完整，以此为基础，周敦颐“无极而太极”的思想也被刘宗周灵活运用于自己的“慎独”思想中。刘宗周解“太极”一词为“独”之意，并且赋予“独”本体与工夫合一之意，以“太极”之说将“独”诠释为本体。刘宗周在《太极图说》的基础之上创作了《人极图说》，这也是刘宗周《人谱》一文的理论基础。《人极图说》第一部分所阐发的“无善而至善”本体根据源自周敦颐所讲“无极而太极”；第二部分讲人之本在于“心”，强调“慎独”是证心之功；第三部分讲“至善”之修养方法，以周敦颐“主静立人极”之说为本，衍生出“一迁一改，时迁时改”证人教法；第四部分明全篇证人之旨，总结“慎独”之说统合本体与工夫。从“独”与“太极”的本体论入手，《人谱》与《太极图说》二者的本体观念逻辑相统一，由此可以看出，周敦颐“无极而太极”的思想是刘宗周“慎独”思想形成的理论基础之一。

除了吸收周敦颐的思想学说之外，刘宗周还特别重视朱熹的理学思想，他称赞朱熹的学术成就“集理学之大成”。[①]《五子连珠》中选录了《朱子语类》里的二十则，在数量上是选录最多的一位学者，而且主要集中在工夫论方面。刘宗周认为朱熹之学“切近精实，亦复展开充拓去”，循序渐进过程中“居然孔子下学上达法门”[②]，朱子之学重在具体的工夫与践履，所以才能“卓立天下之矩”，是其对朱熹学问的最高评价。相比晚明其他理学家，刘宗周更加深刻

---

① 蔡方鹿：《刘宗周对理学的总结与批评》，载《河北大学学报》（哲学社会科学版），2011（4），39页。

② 《五子连珠》，见刘宗周著，吴光主编：《刘宗周全集》，第二册，174页，杭州，浙江古籍出版社，2007。

地回归到朱子之学，甚至还以朱子自比。例如，刘宗周六十八岁时曾梦见朱子，并将此梦与弟子张应鳌讲起，张应鳌听到师父梦到朱熹，夸赞道："先生之学，几于圣矣！"面对弟子的恭维，刘宗周非常生气，认为弟子的话"何狂悖乃尔"。[①]刘宗周将朱熹当作自己学力精进的象征。刘宗周继承了朱子的"主敬"学说，认为"敬"一字是"千圣相传心法"，朱子继承"敬"的含义，是"儒门榜样，于斯为至"[②]，"主敬"对于刘宗周一生的治学来说，具有十分重要的意义。当然，刘宗周的理学并没有彻底回归朱子，只是在反复调整以求更好地统合程朱与陆王。[③]由此可知，刘宗周思想就是在吸收了儒家先贤思想及其理论的基础上，在结合当时的特殊时代背景以及社会生活，经过不断地探索、努力，形成了具有个人特征的理论体系。

第二节　刘宗周道德修养思想的主要内容

一、道德修养的目标

关于道德修养的目标，刘宗周继承了先贤对理想人格的理解，强调个体须通过不懈学习，坚持"不舍昼夜""盈科而后进"，从而不断地提升人格境界，从君子渐进于圣人。圣人在儒家修养文化中是最高层次的理想人格，也是一个难以企及的目标，而君子相较于圣人则更平易可行，是日常生活中有德之人的范型。圣人虽然是儒家的理想目标，但孔子并未要求人人都要成圣人，而是鼓

① 《刘谱录遗》，见刘宗周著，吴光主编：《刘宗周全集》，第六册，192页，杭州，浙江古籍出版社，2007。

② 《圣学吃紧三关》，见刘宗周著，吴光主编：《刘宗周全集》，第二册，213页，杭州，浙江古籍出版社，2007。

③ 张天杰：《刘宗周与朱子学——兼谈许孚远的朱学倾向及其对刘宗周的影响》，载《福建论坛》（人文社会科学版），2013（10），115页。

励人人都做有德的君子。作为儒家文化传承者的刘宗周，在现实生活中也主张由内至外，从君子之本到君子之仪，将君子作为士人的道德追求，以“慎独”等修养工夫成就理想人格。

（一）君子以“言行交修”为立身之本

孔子曾回答子贡何为君子的问题，孔子认为所谓君子应该做到“先行其言而后从之”，对于自己要说的话先实行再说出来，这样才算是一位君子，刘宗周在此基础上进一步强调，君子的本分应该是“言行交修”。刘宗周在《与以建》中表达了自己的观点，他认为实用力处就在言行之上，“止在言行上，所谓摄止于修者也”。言行是修养着力处，即宋儒主敬之说，“此一点心法，是千圣相传灵犀”，唯有穷理、尽性、至命才能不至落于虚幻之中。因此，刘宗周言：“君子之学，言行交修而已。”[①]

所谓“言行交修”，刘宗周对此的理解是即慎独即诚意，即本体即工夫。[②]在刘宗周看来，“慎独”二字是成就君子人格之关键，也是自身修养中的最理想目标，如果能够一丝不苟地做到将“慎独”工夫实践于生活之中，就能够成为真正的君子。宋明理学家大多重视“慎独”这个概念，并将其视为涵养工夫，而刘宗周对“慎独”赋予了特殊的内涵，特别是对“独”的理解，他将“独”理解为人心的本体，“慎独”便成了人进行任何活动的根基所在，任何恶念或坏行都不会逃过“慎独”的审视，它犹如一个监察者在审察君子的一言一行。刘宗周个人道德修养目标就是要培养圣人君子，圣人君子需要将“心性”之工夫落于“慎独”，并且还要将其最终归于“诚意”的修养工夫上。他提倡儒家修身哲学要通过人自身的努力来实现，以“慎独”的修养工夫来实现道德上的君子人格。具体来说，君子专主“言行交修”包括“心体有仁”、内圣外王、大儒气象等方面。

---

① 《与以建四》，见刘宗周著，吴光主编：《刘宗周全集》，第三册，301—302 页，杭州，浙江古籍出版社，2007。

② 余群：《刘宗周思想研究》，173 页，上海，上海人民出版社，2020。

1.“心体有仁”

“仁”并不是由孔子最先提出的概念，但是“仁”在孔子这得到了继承和发展，孔子通过吸收前代的思想，对“仁”的内涵进行了升华与改造，将人的价值融入“仁”的本义之中，创新“仁”的范畴，将“仁”提升为人的最高道德表现。孔子并没有给出一个具体的关于“仁”的定义，他强调“仁”包含的内容十分广泛，“仁”的具体表现也非常多元。为了能够让人更好地实行“仁”，孔子赋予了“仁”众多的内涵。他以为，懂得礼仪也是“仁”，孝敬老人爱护晚辈也是“仁”之表现，勇敢不怕困难、不怕挫折也符合“仁”的要求。因此，“仁”在儒家思想中就变成了一个可以达到的目标，只要克己复礼、懂得孝悌之道都算是实现了“仁”，作为君子需要做到“心中有仁”。刘宗周继承了孔子的这一思想，他认为，既然“仁”的内涵丰富广泛，那么“仁”是可以通过学习达到的，君子要做的就是通过脚踏实地的实学工夫来成就“仁”，实现“心体有仁义”。如果坚定了“仁”的信念，就是“圣人路上人”，就要通过自身的努力来达到“心中有仁”的思想境界，以此为践行目标。

君子实现“仁”，自然懂得“礼”，孔子曾说过，如果人人都能以最高的礼仪规范来要求自己的行为，那么天下都将回归到“仁”的道路上来。刘宗周十分赞同孔子的这一说法，他以为，君子有仁义之心的前提便是懂得克制自己、遵守礼仪规范。因此，刘宗周在强调“君子为仁”的重要性时，也将“礼”列入“仁”的范畴，他认为若能“导之以礼”，那么人人都会具备君子人格，成为真正的君子。当然，刘宗周如此重视“礼”与“仁”，与当时的社会政治背景分不开，当时的社会风气已然衰落，士大夫逐渐抛弃了礼义廉耻，一心追求物质生活的丰富，“知进而不知退”“以退为进”，将个人利益置于国家利益之上，不能以国家大局为重。刘宗周看到了当时世道的衰败，对此十分痛心，为了改变当时的社会风气，他以身作则，身体力行，呼吁士人能够回归本心，回归儒道，时刻以仁义礼智来提醒自己。

2. 内圣外王

内圣与外王的统一，其实就是要做到“言行交修”。内圣学问就是做人的学问，通过道德修养工夫后能够成人成圣，为“兴王道”做一定的铺垫作用后，实现外王的行为。刘宗周就此提出了他自己对于内圣和外王的观点。

刘宗周提出想要实现内圣目标就必须经过道德修养方式来实现，其《人谱》中的思想观点就是探讨了人怎样才能成为圣贤之人，将传统儒家思想中所追求的圣人君子作为最高的培养目标，指出人要通过“慎独”的修养工夫后才能成为完人或者说达到了其所谓的圣人君子。刘宗周本人对于五伦之理特别关注，他强调人一生下来就具有五伦之理，与理性本体一齐俱到，五伦各自有自己的定位，只需要个人具体实行。当然，人虽然具有五伦之理，但不是完全就成为君子。

在前面的基础上刘宗周又提出了圣人之修最重要的就是要迁善改过，而这恰恰是道德实践的具体实现方法。他指出在道德修养过程中最需要注意的就是要防止过错的产生，而且也要重视过错产生之后的改过方法。刘宗周认为成人成圣之路艰辛而遥远，所以，我们必须要做到“独体”至心，心能够至身，身能够至五伦，五伦而后至万物，万物则达圣人之域，他强调要用慎独工夫来坚持实现圣人的理想人格。刘宗周曾在《证人会约》中提到，修身最重要的就是要做到“须信我辈人人是个人”，他在此处所说的“人”就是圣人之人，而且他相信圣人是人人都可以做到的，只有相信自己能成圣，就会做到“方是良知眼孔”①。普通人之所以能成圣人，必须要日日迁善改过。刘宗周提倡的“人人皆可成为圣人”的观点是能够在日用生活中体现出来的，这世间本来就没有现成的圣人，即便是尧舜在世，也依然会存在过错，如此道德高尚之人都会出现错误，更何况普通人。所以，他主张人应该全心全意地投入日常改过中，不断地提高自身修养，就如同《大学》中所说的，不论是天子还是庶民都必须以修身作为最基本的品性。在刘宗周看来，修身以成圣就应该是一个时时改过，持续不停的过程，在整个修身的过程中不断努力，坚持不懈。

儒家自孔子就主张“内圣外王”，儒家学者希望君王能够做到“外而从政，以行王道”，通过廉洁从政从而向外推行王道。因此要成就君子与圣人，除了

---

① 《蕺山刘子年谱》，见刘宗周著，吴光主编：《刘宗周全集》，第六册，101页，杭州，浙江古籍出版社，2007。

加强内在修养之外，还需成就外王之为，推行王道。刘宗周继承了儒家的这一思想，认为君主本身就应具备成圣的觉悟，以修身成圣来治理国家。君王在实现外王之为时不仅要注重修身，还应以“慎独”治天下，刘宗周认为利用“慎独”来管理天下最重要的就是选择忠臣与良臣，多与儒臣亲近，还要多看经世之书，这才是治世的良方。

3. 大儒气象

真正的大儒气象，既敢于舍利取义，又重视立志，除此之外还要做到心中有天下，关心民生。义利之分是分辨君子与小人的关键，孔子说的“君子喻于义，小人喻于利”① 恰恰表明了君子与小人的不同。孔子以为，“义”是一种德行表现，被君子看重、小人不屑，说明“义”变成了一项道德规范，君子重义与小人重利形成鲜明对比。除了重义轻利以外，刘宗周秉承了先贤曾子志愿，主张君子还应当具有责任心，肯担当，“士不可以不弘毅，任重而道远”②，有贵义弘毅的责任精神。刘宗周认为儒学的精髓旨在教人有“万物皆备于我”的担当，以社会担当为大任，他强调人要坚持正义，君子要追求道义。作为君子，要懂得立人之道，立人需要从仁与义下手，刘宗周以为仁与义是道的关键法门，仁是本体，义是工夫，“一体一用立，而易行乎其间矣”③。因此，君子要时常以“仁义”为处世修身的标准，做到刚正不阿，“见义不为无勇也”，在孔子看来，见义不为就是无勇之人。当然，儒家所主张的“舍生取义”的精神并非要求人们完全放弃个人利益而只追求义，它只是强调在义与利产生矛盾而必须取舍一方时，人们的行为应该遵循守大义而舍私利的原则。

君子的大儒气象除了重义轻利还强调为民立命的责任。刘汋在《年谱》中记载道：“法天之大者，莫过于重民命。”④ 由这一句话可以看出，刘宗周认为天下最重要的便是民生，君子作为德行涵养完备之人应该以关心世道盛衰、为

① 杨伯峻：《论语译注》，55 页，北京，中华书局，2017。

② 杨伯峻：《论语译注》，115 页，北京，中华书局，2017。

③ 《原道上》，见刘宗周著，吴光主编：《刘宗周全集》，第二册，282 页，杭州，浙江古籍出版社，2007。

④ 《蕺山刘子年谱》，见刘宗周著，吴光主编：《刘宗周全集》，第六册，441 页，杭州，浙江古籍出版社，2007。

民立命为己任。刘宗周非常强调为民立命的君子人格，他认为为生民立命也是天地万物一体的一部分，君子的生存血脉，更是“进学修德”的完美体现，若君子都不能为民生努力，天下世道就会变得浑浊不堪，无可拯救。刘宗周自万历三十二年入仕，直至明末，在这几十年间，作为明朝百姓的一分子，他十分清楚地看到社会危机在不断加深，百姓生活在水深火热之中，王朝飘摇不定，如失舵之舟。基于这样的社会背景，刘宗周为了救百姓于水火之中，挽救即将失控的明代社会，提出了“匡救时艰”的政治主张，他劝说皇帝应该重视民情，国防为后，国家富裕而百姓贫苦的后果不堪设想，势必会造成社会根基的动摇。刘宗周看到了明末天下百姓的苦和难，为民请命，希望皇上“断以收拾人心为第一义”[①]，请求皇帝实行“仁政”，厚民生，废除苛捐杂税，以缓解百姓的困苦。

刘宗周认为想要成为圣人，实现自己的人生价值就必须先立志，这也是成为大儒的一个条件之一。“十有五而志于学”[②]，孔子自从十五岁时就立志学习，此后的一生都在投身于“内圣外王”的道德理想目标之实现。所以，立志对于人的发展以及目标的实现具有重大作用，能够督促人们更好地实现道德目标。刘宗周十分重视立志的重要性，他主张学者必须以“以立志为第一义”[③]，不立志就不能去讨论学习。在他眼中，学者要是为学不立志就是在空谈义理，纸上谈兵。他觉得人之所以将病痛以各种形式表现出来就是因为没有坚定的意志。“学人种种病痛，只坐志不立。”[④]他提倡的“志”，首先是一种美好的愿望，这种愿望能够带动个人的进步；其次是“志”等同于意志，刘宗周所主张的“诚意”和“慎独”实质上属于意志的调摄之功。刘宗周还指出人从出生就会产生意向，伴随着年龄的增长，人的习性逐渐达到成熟之后就能够立志，这也就是

① 《遵旨回奏疏》，见刘宗周著，吴光主编：《刘宗周全集》，第三册，91页，杭州，浙江古籍出版社，2007。

② 杨伯峻：《论语译注》，16页，北京，中华书局，2017。

③ 《证人会约》，见刘宗周著，吴光主编：《刘宗周全集》，第二册，519页，杭州，浙江古籍出版社，2007。

④ 《答履思三》，见刘宗周著，吴光主编：《刘宗周全集》，第三册，310页，杭州，浙江古籍出版社，2007。

刘宗周所提倡的人生来就有知觉，有知觉就会有意向，意向逐渐成熟后就会立志，“则习与性成而志立焉”[①]。但是不同人的志向肯定是不相同的，个人志向的发展不仅与先天环境有关，也与后天的成长环境有关，志表现为先天的性，意则以后天的性表现出来。刘宗周则认为既然志向已经确立，就不能再被外物所影响，面对外界的影响反而要更加坚定志向，并且一生为之实现而努力。

（二）成就正人君子之仪态

刘宗周在《圣学吃紧三关》云：“容貌、辞气之间，正学者持养得力之地。九容、九思，便是涵养。”[②]他认为，人心是飘忽不定的、是无形的，这样的人心需要道德准则的加持，如此才能做到内外一致，而君子的涵养正好包括容貌与辞气，九容得到存养，人心自然会得到持养。刘宗周之所以如此重视君子的仪表，源自孔子对君子仪态的要求。《论语》记载，孔子认为“质胜文则野，文胜质则史”，朴实多于文采的话人会变得粗野，而文采多于朴实又会趋于虚浮，只有“文质彬彬”，文采和朴实配合适当的人才是一个真正的君子。刘宗周继承了孔子对于君子的理解，也在君子的容貌、辞气上做功夫，《人谱》中详细阐述了外在仪表与道德修养的关系，例如足容稳重与轻佻心关联，目容端正与淫僻心有关等。在刘宗周看来，道德意识可以通过人的仪表表现出来，道德意识可以使人的视听言行受到道德理性的制约，而这种理性本体在平常是不可被人所看见的，但是能通过容貌、辞气之间显现，人的内在性情是可以通过外在的形色展现的，相反，人的外在形色也是可以影响内在的性情，所以，对于刘宗周而言，他非常重视威仪严谨，并以此来巩固人的道德性命。由此可见刘宗周对容貌、辞气的重视程度之高。

1. 儒雅正直的君子形象

《论语》中认为君子应该“不以绀緅饰，红紫不以为亵服。当暑，袗絺绤，

① 《立志说》，见刘宗周著，吴光主编：《刘宗周全集》，第二册，320页，杭州，浙江古籍出版社，2007。

② 《圣学吃紧三关》，见刘宗周著，吴光主编：《刘宗周全集》，第二册，210页，杭州，浙江古籍出版社，2007。

必表而出之”[①]。儒雅正直的君子在所穿的衣物上也有讲究，居家的衣服不会用浅红色和紫色，即便是炎热的暑天，也会穿裹着衬衫的葛布单衣，使衬衫露在外面。刘宗周也强调君子应该穿着儒雅，或青衣小帽，或幅巾布服，一副儒生的装束，“幅巾布服，道位悠然，士大夫以学就正者与之从容论难，退则掩门著书，不以冰霜辍业，于得失升沉淡如也”。真正的儒雅正直的君子对得失升沉从不介怀，而以读书著述为乐。

若要成为儒雅与正直兼具的君子，应该以读书为要。《蕺山刘子年谱》曾提到“先生构小楼于蕺山之麓”，在里边读书写字。刘宗周在蕺山脚下读书时，贴有书壁，从读书和做人两方面教导人们，读书时要谨记“在涵养本原以得作者之意，使字字皆从己出”，而做人要牢记“只谨凛幽独以防未然之欲”[②]。君子无论何时都应该专心致志地读书写作，所读所写之书皆与儒家四书五经有关。与此同时，刘宗周还认识到君子不仅以读书为要，还应做到“良知即是独知时”，悟道莫过于一个“敬”字，这就要求学子须从整齐严肃开始，无论是微小的念虑，容貌、言语之细节，还是为人处世之显著，都应当时时刻刻随处谨慎、凛然，每当内心产生私意的时候，一定痛加省察、克治。刘宗周《做人说三》中说：“夫人者，天地之秀也，万物之灵也。”[③] 做人，就应当做一个堂堂正正的君子，但要成为君子颇为不易，首先就要做到儒雅正直。

2. 谦逊有礼的君子形象

儒家自孔子以来就非常强调士人谦谦有礼的品质，与在上者交谈时要“踧踖如也，与与如也”，正直恭敬，行步安详。《周易古文钞》云：“介如石，静气如山。”他认为表现得非常谦逊就是耿介如石、静气如山，“尧、舜以君谦，九官、十二牧以相谦，孔、孟以学谦，老、庄以术谦，范、张以智谦”[④]。这就

① 杨伯峻：《论语译注》，142 页，北京，中华书局，2017。

② 《蕺山刘子年谱》，见刘宗周著，吴光主编：《刘宗周全集》，第六册，182 页，杭州，浙江古籍出版社，2007。

③ 《做人说三》，见刘宗周著，吴光主编：《刘宗周全集》，第二册，293 页，杭州，浙江古籍出版社，2007。

④ 《周易古文钞·谦卦》，见刘宗周著，吴光主编：《刘宗周全集》，第一册，80 页，杭州，浙江古籍出版社，2007。

要求做人讲究谦虚谨慎，而谦虚就是一种内心之礼的体现。刘宗周鼓励君子践履，行为上谦逊说明内心真正做到谦逊，而"谦之至可以制礼"，礼是从心出发的，行动有礼可循，即"九德总是一德，一德乃为至德"[①]。刘宗周认为内心谦逊就能表现由内自外的礼仪，从而化为一种美德，他在《学言下》中强调是心无善无恶，就如同热火与寒冰，断断不绝，这便是孟子性善论的本义。性善的第一义是不自欺，欺为自欺，谦为自谦，是欺与谦的本来义，"自之为言由也，自之为言独也"[②]。人做到谦逊有礼，就是做到了善，自谦的美德即是至善，谦逊是至善的表征。

3. 坚韧不拔的君子形象

刘宗周强调君子坚韧不拔与当时时局艰危有关，刘汋说："而孰知植根于艰苦刻厉如此也哉！"[③] 面对水深火热的局面，刘宗周多次上书当朝天子，不顾个人安危。《蕺山刘子年谱》中曾记载过这样一件事例，刘宗周经常对皇帝进言谴责当时的奸臣马士英，马士英"见先生纠疏，深怀愤恨"。恰逢浙江巡抚黄鸣俊提兵入觐，抵达京口时"与防江兵争杀"，当事情传至南京后，黄鸣俊希望刘宗周与他协同"内除君侧，外讨诸镇"，马士英震怒并"宣旨兵令苏抚统摄"，黄鸣俊不得陛下召见。在派遣人去刺杀刘宗周时，看到刘宗周主仆三人宿在萧寺中，"篋衍枵然，相与慨惜"[④]，自觉离去。面对奸佞小人的暗算，刘宗周将安危置之度外，因为他认为国家大事更值得自己全力以赴。在官场上，刘宗周无惧他人陷害，信念坚定，以天下苍生为己任，意志顽强，心中始终将民生放在首要位置，始终坚持拯救士人于名利场这一志向不动摇。作为君子，时局的衰微、民生的困苦与自己的前途命运息息相关，因此君子在处事过程中要时刻谨记培养坚强不屈的品性。

---

① 《周易古文钞·系辞下传》，见刘宗周著，吴光主编：《刘宗周全集》，第一册，245 页，杭州，浙江古籍出版社，2007。

② 《学言下》，见刘宗周著，吴光主编：《刘宗周全集》，第二册，440 页，杭州，浙江古籍出版社，2007。

③ 《附录》，见刘宗周著，吴光主编：《刘宗周全集》，第六册，72 页，杭州，浙江古籍出版社，2007。

④ 《蕺山刘子年谱》，见刘宗周著，吴光主编：《刘宗周全集》，第六册，156—157 页，杭州，浙江古籍出版社，2007。

4. 清廉简朴的君子形象

刘宗周在《周易古文钞·坤卦》中解释“黄裳元吉”曰：“黄，中之色也；裳，下之饰也。中而能下，如文见于裳，而所见亦俭矣。所见虽俭，而望之者愈以起敬，知其中之所存者美也。”①衣衫虽简朴但其中却包含“美”，俭朴之中具有美德，因而让人肃然起敬，由此可以看出，刘宗周强调君子要保持廉洁自律的节操。

刘宗周一生清廉耿直，虽然身居高位，但是依旧清廉俭朴，家境清寒。作为士大夫，刘宗周严格要求自己，他在担任官职期间每天的伙食费非常少，就只有四分钱，每次只能买菜和豆腐解决温饱，经常被人称为“刘豆腐”，他不管官衔大小，始终清正廉洁，出入只有行李一件，因此也被人称为“刘一担”。

刘宗周自少年时便养成了自律的精神，书中记载刘宗周在外祖父家寄居时，冬天没有可以抵御寒冷的棉袄，只有一件舅舅留下的旧棉衣，但是这件棉衣对刘宗周来说是雪中送炭，他穿着这件棉衣度过了童年和少年时期。从这件小事上可以看出，刘宗周严肃待人的性格是从小便有的，他严格遵守节操，整日读书写字，立志要成为圣贤。到青年时期，由于受到师父许孚远的影响，要求人人都能存天理灭人欲，因此，刘宗周对自己的要求十分高，他心目中的君子是操守甚严、清廉简朴的。

二、道德修养的内容

（一）“即本体亦工夫”的慎独修养论

1.“慎独”的来源

“慎独”是儒家一门最重要的修养方法、手段和工夫。《大学》中讲：“如恶

① 《周易古文钞·坤卦》，见刘宗周著，吴光主编：《刘宗周全集》，第一册，42 页，杭州，浙江古籍出版社，2007。

恶臭，如好好色，此之谓自谦。故君子必慎其独也。”① 朱熹对此解释道，君子在独处时一定要保持谨慎之心，不能做到不自欺，就不能心安理得。在朱熹眼中，应该从修养工夫意义上看待“慎独”，它要求人在独居闲处时需诚心正意。《中庸》首先提到“慎独”，朱熹对此做出了详细的解释。他强调“天命之谓性”，性是上天赋予的气质，而道即依照自己的本性去做事，所谓“率性之谓道”，如何修道便成为重中之重，“修道之谓教”，唯有教化才能修养道德。因此，朱熹认为，作为君子要率性修道，提升自己的修养，要在无人察觉的地方谦逊谨慎，不要抱有侥幸心理，隐秘与细微的事情终究会被发现，“莫见乎隐，莫显乎微，故君子慎其独也”②。所以君子在个人独处的时候也要注意谨慎警惕。

不同的学者对“慎独”的含义有不同的解释，如东汉经学家郑玄就将“慎独”阐述为“慎其闲居之所为”③。小人与君子最大的不同就在于有无做到慎独，小人自以为自己的动作言语无人听到也无人看到，所以纵情肆意，而君子在独自居住时仍旧注重自己的一言一行。而朱熹的解释是这样的，他认为，所谓“慎独”，指的是“人所不知而己所独知之地也”④，在幽暗无人察觉之中，细小无人注意之事，虽然没有具体的痕迹但是已然有了变化，人本身可能感觉不到没有察觉，而独体却早早知晓，因此天下之事都逃不过独体的审视。如此一来，“慎独”就变成人时时自我反省的具体工夫。由此可见，无论是郑玄还是朱熹，都把“独”视为无旁人之地，而朱熹更是把“慎”解释为谨审、戒惧，将其变成一种戒惧省察的工夫，更为重要的是朱熹把“慎独”与“存天理，遏人欲”联系起来，成为理学家的修养方法和途径。

明代程朱后学基本上遵循朱熹对“慎独”的解释，直至明中叶王阳明心学兴起，对慎独的解释出现了不同的看法。王阳明在解释“慎独”时突出了“慎独”的工夫意义，他主张慎独“只是一个工夫”，无论有事无事都应当看作独知，把“独”理解为“诚”，把“独知”解释为“良知”，他主张慎独要在“独

---

① 朱熹：《四书章句集注》，8 页，北京，中华书局，2020。

② 朱熹：《四书章句集注》，19—20 页，北京，中华书局，2020。

③ 郑玄、孔颖达：《十三经注疏 · 礼记正义》，1625 页，北京，中华书局，1980。

④ 朱熹：《四书章句集注》，20 页，北京，中华书局，2020。

知之地用力”，人如果不在独知处用力只在所共知处用功的话就不能真正地做到诚实。独体能够萌发诚之本意，在独知处，一次错误会造成之后的百种错误，如果根源处没有改好，做再多的补救效果也不明显，“正是王霸义利诚伪善恶界头”[①]。倘若只在“人所共知处用功，便是作伪”，便是不诚。王阳明把“慎”的工夫看作“立”或“致”，慎独就是“立诚”，就是“致良知”，将“慎独”纳入“致良知”学说体系之中。

2.“慎独”为本体与工夫合一

刘宗周所理解的“慎独”超越了传统意义上“慎独”只作为道德修养工夫的存在，在他看来“慎独”不仅是道德修养工夫也是万物的本体即“独体”，这一解释使“慎独”具有更广泛的内涵。刘宗周在《证人会约》中指出：“孔门约其旨，曰‘慎独’，而阳明先生曰：‘良知只是独知时’，可谓先后一揆。慎独一著，即是致良知，是故可与知人，可与知天，即人即天，即本体即工夫。”[②]从而将“慎独”归结为工夫与本体的合一。

《中庸首章说》中提到，“独体”就是喜怒哀乐未发之时的中道，在隐微、隐秘之处，所谓“独体”并没有发作但却常存人心之中，这也是“独”的妙处所在，“此独之所以妙也”[③]。刘宗周认为所谓的“独体”就是“未发之中”，是天下之大本，是天命之性，他在《答履思六》中回答了秦履思关于“独”的疑问：“‘独’只是‘未发之中’，‘未发之中’正是不学不虑真根底处，未发时气象，安得有胜心习气在！”[④]刘宗周将“独”视为独体，“独之外，别无本体”，他认为“独”即是中，即是天命之性。刘宗周将“独体”视为先天的道德理性，在他看来，宋代的儒者并没有真正理解“慎独”的本意，对“独”一字的理解较为简单、浅显，忽视了“独体”的至善之本性。刘宗周将“独”视为万物本

① 王阳明著，费勇译注：《薛侃录》，见《传习录·上卷》，279—300页，西安，三秦出版社，2018。

② 《会讲申言》，见刘宗周著，吴光主编：《刘宗周全集》，第二册，499—500页，杭州，浙江古籍出版社，2007。

③ 《中庸首章说》，见刘宗周著，吴光主编：《刘宗周全集》，第二册，299页，杭州，浙江古籍出版社，2007。

④ 《答履思六》，见刘宗周著，吴光主编：《刘宗周全集》，第二册，313页，杭州，浙江古籍出版社，2007。

体的说法与前人大不相同，他非常强调“独”作为本体的重要性，“离独一步，便是人伪”[①]，失去“独”便会失去仁义礼智的天然德行。

刘宗周虽然不断强调“独体”的本体性，但是他一直立足于日用伦常间来谈论，在他看来，“独体”虽具有超越性，却没有脱离日常经验和实践。既然“独体”没有脱离日常生活，那么“慎独”就可以在日用伦常之间作工夫，基于此，刘宗周提出将静存看作慎独工夫修养的基础，有了根基所在才有功夫的用武之地所在，就如同树木和枝叶的关系一般，有了根的吸收养分才有枝叶的繁茂，因此在灌溉树木时要从根上下手。依据这个道理，刘宗周认为，静存作为慎独的基础，如果没有得到有效的实践，就无法修养慎独工夫，“才喜才怒时便会走作”[②]。他强调只要抓住了静存得力，就抓住了慎独修养工夫的根本。刘宗周不仅重视“静而存养”，亦强调“动而省察”，《学言中》曰：“君子之于学也，必大有以作之，则八卦之义尽是矣，然约之不过存养、省察二者而已。”[③]在刘宗周看来，慎独工夫不仅包含省察，也存在存养的工夫，所谓无事存养、有事省察说的就是这个道理，“静存”工夫统摄“动察”，慎独的首功在于静存，“静存之外更无动察，主敬之外更无穷理”[④]。只有做好静存工夫与动察工夫，如此才算是“在慎独上做工夫”。

刘宗周本人特别看重慎独修养方法，他指出君子为学必须要以慎独为宗旨，除此之外，其他学问都不及慎独。他认为本体和工夫互为关联，“不得分此为本体，彼为工夫”[⑤]。在刘宗周眼中，慎独是本体同样也是工夫，是二者的统一，是密不可分的。他认为本体就存在于工夫之中，工夫就是本体的流露以及表现

① 《学言上》，见刘宗周著，吴光主编：《刘宗周全集》，第二册，398页，杭州，浙江古籍出版社，2007。

② 《学言上》，见刘宗周著，吴光主编：《刘宗周全集》，第二册，372页，杭州，浙江古籍出版社，2007。

③ 《学言中》，见刘宗周著，吴光主编：《刘宗周全集》，第二册，406页，杭州，浙江古籍出版社，2007。

④ 《中庸首章说》，见刘宗周著，吴光主编：《刘宗周全集》，第二册，301页，杭州，浙江古籍出版社，2007。

⑤ 《学言上》，见刘宗周著，吴光主编：《刘宗周全集》，第二册，404页，杭州，浙江古籍出版社，2007。

形式，将慎独作为圣贤之学问，那么，工夫的主体就是本体，而工夫就是本体在日用伦常之中的落实，也就是二者的合二为一，即工夫即本体。刘宗周提出“慎独”必须要经历严毅清苦的实践工夫才能做到本体与工夫合一的圣贤境界。刘宗周倡导的慎独思想虽然是工夫与本体的合二为一，但是他还是更加强调要在识得本体的基础上才能进行的清苦修身与力行实践，本体就是工夫的落脚点与着力点。刘宗周自己既反对工夫之外没有本体，同时也不同意本体是在工夫之中识得的说法。在他看来，前者将本体和工夫分割出来，分割为二，转而向“外物”求道，看似求道却非真道。他认为如果明白本体就是工夫自成，就会使人流入狂禅的混乱状况。其实，他所想表达的就是根本没有所谓的“识得本体在工夫其中”的说法，没有工夫自然就不会出现本体，工夫之外肯定不会存在另一个本体，就好似没有“慎”工夫的出现就不会有“独”的本体之出现。总之，刘宗周的“慎独”思想是集合本体与工夫的统一，同样也是道德原则和道德修养工夫的结合，这样就会使得传统儒家的慎独含义和内容得到了一定的拓展，变得更加饱满。刘宗周用慎独作为自我道德修养的基础和途径，使人经过学习之后能成为品德高尚的好德君子，“君子之学，无外乎慎独”①。刘宗周以为要想成为圣贤之人就必须在平时做好慎独修养工作，他提出：学问吃紧工夫，全在慎独，人能慎独，便成为天地间完人。②在刘宗周眼中，“慎独”既是能够使人变为品德高尚，行为合乎规矩的圣人学问，又是使人完成道德修养，完善人格的工夫实践，人只有将“慎独”践行于生活之中，道德修养才会得以实现。

（二）“克念始终、迁善改过”的证人改过说

刘宗周的“慎独说”十分强调谨慎戒惧的修养工夫，他于崇祯四年撰写的《人谱》以证人改过之学为中心，证人与改过互为表里，使得刘宗周的慎独之学的实践层面更为完善。刘宗周通过阐述人过与恶的产生过程，揭示了人在现实

① 《书鲍长孺社约》，见刘宗周著，吴光主编：《刘宗周全集》，第四册，118 页，杭州，浙江古籍出版社，2007。

② 《证人社语录》，见刘宗周著，吴光主编：《刘宗周全集》，第二册，565 页，杭州，浙江古籍出版社，2007。

生活中可能产生的种种过恶，要求学者通过后天的工夫修养以期达到圣贤之境。

1. 妄与念

刘宗周对人性有了充分的理解，在此基础之上做《人谱》以寻求做人之方，从而提升人的道德修养。由于对人性的阴暗面有充分的了解，刘宗周提出了独特的生恶论，即诠释了“妄”的概念，着重辨析“意”与“念”以及过恶的关系问题。“妄”与“念”的提出是刘宗周在工夫论方面的创建，而且这两个概念也是跟独体与意根相对应发展起来的，“妄”乃是依独体而立，“念”则是与意根相区别而又相似的。

刘宗周对于“妄”的解释是深刻的，他在《人谱·纪过格》中说：“微过，独知主之。”[①] 在这里刘宗周将“微过”解为“妄”，“微”不是微小之义，意在说明“微过”藏在未起念以前，是一种“似无还有”的状态。基于此，“妄”难以用直接清晰的语言来表达，只能借助于比喻的方式来言说，刘宗周将“妄”比作人的“病痛”，而“妄”就好比一个人处于亚健康状态，看似没有明显的病痛，却暗含虚症。

刘宗周说“妄者，亡也”[②]，在他看来，所谓“妄”，指的是人心最幽暗之处，即心体或性体的遮蔽与习染，没有任何积极内容。更能说明这一点的是明与暗的比喻，刘宗周利用明与暗来说明心之妄处，他以为，人心自有明暗之分，若真实明白便不会生妄，但黑暗不能明朗时妄就会产生，就如同魑魅魍魉一般不能白天示人。若明不胜暗的话，真自然不胜“妄”，说明人并未真正改过，“一面明，一面暗，究也明不胜暗，故真不胜妄，则过始有不及改者矣”[③]。去除心之幽暗处唯一的方法便是去蔽，“故学在去蔽，不必除妄”。牟宗三对“妄”的解释与刘宗周有些许不同，他认为“妄”与诚相对，最真时就是诚，虚弱无力时便出现“妄根浮气”，“妄”与独体是一个体，独体在哪“妄”就漂浮

① 《人谱续篇二》，见刘宗周著，吴光主编：《刘宗周全集》，第二册，10 页，杭州，浙江古籍出版社，2007。

② 《证学杂解》，见刘宗周著，吴光主编：《刘宗周全集》，第二册，262 页，杭州，浙江古籍出版社，2007。

③ 《改过说二》，见刘宗周著，吴光主编：《刘宗周全集》，第二册，18 页，杭州，浙江古籍出版社，2007。

在哪，“诚体本是终极的，妄浮随之为终极。此其所以为‘同体无明’也”①。牟宗三将“诚”与“妄”比作天理人欲，从公出发为天理，从私欲起念为人欲，“妄”乃是人心独体被遮蔽的状态。

刘宗周通过意念之辨，认为前人多误认了念。朱熹“以念为意”，认为意为心之所发；王阳明“以格去物欲为格物”，将念看为物；后来学者受到佛教思想的影响，“专以死念为工夫”，强调念之起灭。刘宗周对此总结道：“未明大道，非认贼作子，则认子作贼。”② 刘宗周对意念之辨有着不同于前人的看法，他认为意念之间虽然有相似之处，但其实二者之间的区别很大，在他看来，意与心知物相提并论，而念是心之余气，是在心与物相交时所产生的，它有起有灭，有善有恶，有明有暗，有真有妄，“念有起灭，而心即与之为起灭，心本无起灭也。故圣人化念归心”③。如果心在与外物交汇时受到外物的影响，心无法自主时，“一点精明之气不能自主，遂为憧憧往来之思矣”，④ 念便乘机而生并主宰心。

刘宗周一直坚持“念”有善恶，“起一念，固是恶；除一念，亦是恶。然后念胜前念，知道者，觉之而已矣”⑤。在他看来，念即使可以是善的，也并不是绝对的、至上意义的善，而是相对意义的善。念之善，人心可以感觉到，可以安顿好，“此念若顿放不妥，吾虑其剜肉成疮”。若有恶念产生，人心仍可以感受到，我们要做的便是消化破除恶念，如果不能消化恶念，唯恐养虎为患。“总为多此一起，才有起处，虽善亦恶；转为多此一念，才属念缘，无灭非起。今人言致良知者如是。”⑥ 刘宗周认为“念”不仅有善恶，“念”还有起灭，念的起

① 牟宗三：《从陆象山到刘蕺山》，371 页，上海，上海古籍出版社，2001。

② 《学言中》，见刘宗周著，吴光主编：《刘宗周全集》，第二册，420 页，杭州，浙江古籍出版社，2007。

③ 《学言中》，见刘宗周著，吴光主编：《刘宗周全集》，第二册，417 页，杭州，浙江古籍出版社，2007。

④ 《学言中》，见刘宗周著，吴光主编：《刘宗周全集》，第二册，417 页，杭州，浙江古籍出版社，2007。

⑤ 《学言下》，见刘宗周著，吴光主编：《刘宗周全集》，第二册，434 页，杭州，浙江古籍出版社，2007。

⑥ 《学言下》，见刘宗周著，吴光主编：《刘宗周全集》，第二册，458 页，杭州，浙江古籍出版社，2007。

灭处也正是人心的存亡处，一定要慎重对待念。但是刘宗周也坚持，念虽然是在心与物相交时心不能自主时产生的，是心的累赘，但是加以克制就可以化除，从而达到无念的圣人境界。“念有起灭，起灭相寻，复自起灭。人心出入存亡之机，实系于此。甚矣！念之为心祟也，如苗有莠。”[①] 最终还是要做到化念归心。

2. 过与恶

妄和念都属于过的范畴之内，妄乃微过，念乃隐过；妄是依于真体而立，念则是依于心而立，也就是说过与恶自妄开始就随着心体的流行而不断地渗透到人生的各个方面。刘宗周所讲的“过”并不都属于同一个层次。

首先，他强调过有自然之过的含义，“日有食之，阳见蚀于阴，日之过也；月有食之，阳盛而凌阴，亦日之过也”[②]。这里的过是相对于圆满的自然现象而言的，是自然的表现中的相对的缺陷，与人的道德实践关联并不大。

其次，君子的“仁中之过”。所谓“仁中之过”并不是本心的缺陷，刘宗周强调就算是周公和孔子都存在这种过，他认为知仁之过是君子在做事的过程中自然发生的一种过，是本心的流行发用过程中出现的，如果在行事过程中“一点天理决不损坏，反有因过而见者也”。仁是心的主宰，心不为物欲所主导，仁义如周公和孔子尚且会出现非常人之过错，“凡事势相左，不得已而蹈不韪之迹，皆达权之理，非过也”[③]。作为人，一定会出现因外物客观所存在的不足或限制而出现过或不及的情况，因此，君子的仁中之过虽然没有触犯道德的标准，却是在道德的范围之内的权变，是一种道德的过。

最后，是小人之过。刘宗周以为，在天命流行之中，过与不及的出现是理之当然，人与物会因此出现气质之偏，气质之偏没有影响仁心本体的发用，则属于君子的仁中之过。但是若气质被念虑所趁机侵占，“则谓之恶”，气质之偏影响了仁心的发用，就会造成了本心的缺陷和陷溺，便会成为小人之过，“然过

① 《学言中》，见刘宗周著，吴光主编：《刘宗周全集》，第二册，417—418 页，杭州，浙江古籍出版社，2007。

② 《学言上》，见刘宗周著，吴光主编：《刘宗周全集》，第二册，381 页，杭州，浙江古籍出版社，2007。

③ 《论语学案》，见刘宗周著，吴光主编：《刘宗周全集》，第一册，288 页，杭州，浙江古籍出版社，2007。

而不已，念虑乘之，亦鲜不为大恶矣”[①]。小人之过发生时，仁心已经完全被念虑所蒙蔽，此过一发生，则种下万恶之根。

对于过与恶的本质性区别，刘宗周认为过只是用于人们落实工夫的虚物，并非现实性的存在，一旦当它由潜在的转成现实的，就不是过，而是恶了。刘宗周所讲的“恶”即是成过，即是现实的客观的过的状态，恶是过的极端化。《原旨·原心》中说自然产生不能被心所容纳者是欲，放纵欲望而不加约束者即为过，过之更甚者就成了恶。所以，刘宗周一直在强调改过，他认为，凡是过都生于误，因此造成误之事就是过，而恶在过中产生，因此有过也是有误，过与恶存在必然的联系，而过最容易犯，过错不改正就会导致恶的产生。一系列的心体流转最终还是要归于改过，所谓“君子惓惓于改过所以杜为恶之路也”[②]就是如此。

（三）人臣尽忠的忠节观

明末时期国家内忧外患，政治的腐败导致社会风气低迷，士人受到社会大环境的影响开始盲目追求名利，与儒家所倡导的君子理念大相径庭，大都忽视了儒家之道。因此，在士风如此低沉的情况下，在明末士人这一大群体之中出现了两极分化。一部分士人以为明末的统治者实行高压政治，已然腐败不堪，国家正在走向灭亡无法挽救，因此这类士人失去了对明王朝的信任，在清军入关之后开始支持新的政权建设，试图在新政权中重新恢复儒家伦理纲常。而另一部分士人受到忠节观念的影响，认为唯有一死，才能挽救社会的伦理道德。刘宗周作为忧国忧民的儒家君子典范，十分认同君子应该培养“忠节”观念，坚持“人臣尽忠”的忠节观。

1. 以忠孝节义为纽带的君臣关系

自古以来，儒家就十分重视伦理道德对于君与臣与民关系的维系作用。儒

① 《学言下》，见刘宗周著，吴光主编：《刘宗周全集》，第二册，470 页，杭州，浙江古籍出版社，2007。

② 《学言中》，见刘宗周著，吴光主编：《刘宗周全集》，第二册，425 页，杭州，浙江古籍出版社，2007。

家思想中道德修养是所有社会政治关系的出发点，所以，忠孝节义就变成了维护君、臣、民三者之间关系的重要纽带。刘宗周认为臣子应该做一位尽忠的谏臣，而能够体现尽忠的方式主要在于臣子对于当时政治的锐见和批评，以此促使帝王能有所作为。

刘宗周认为人臣尽忠的首要表现就是为国为民，体恤百姓之疾苦，想百姓之所想，及百姓之所及。崇祯三年刘宗周上疏言道，百姓至今依旧很贫苦，生活悲惨，转眼望向省外情况更甚之。外省百姓却被困于征收之中，苦役和赋收必须要达到一定的数额。错误百出更是常态，今天从商，明天报役；或今天派庄头，明天就拨坟户。为官者官官相护，小人当道，无视百姓之境况，最终受苦的还是底层劳动人民。因此，刘宗周本人是十分重视民生的，他还指责当时百姓的赋役繁重，导致人民苦不堪言，最终流离失所。至崇祯十五年，百姓越发困苦，刘宗周在《谘诹所及疏》中感叹农村仍有杀子而食之人，当时江南一带正直插秧时节，却遇数天阴雨天气，又以霪潦，致使农民新苗尽数被淹，再次播种时却被抛荒，最终收成无几，米价却迅速翻涨。江南作为富庶地区，没有充足的粮食，导致米价上涨，普通百姓没有多余的钱财购买高昂的粮食。[①]这些社会现象的出现皆是统治者和朝廷衰亡的表现，当刘宗周面对这种现象时毅然决然地对当政者进行了批判与反驳。尽管当时的士人对君主有批评的行为，但是这并不意味着他们对君主的不信任或者否定，而是一个臣子尽忠的体现，是为人臣之本分，是尊君的一种表现形式。

面对崇祯皇帝治国的不当之处，刘宗周丝毫不畏惧，敢于谏言，他认为崇祯皇帝经常不听臣子之谏言，而私自做决定，使得臣子不能尽忠，然则君子一人之耳目是有限的，仅凭一人之判断就会使得诸大夫和人民不能理解其行为，反而是皇帝之意思产生分歧，出现理解偏差。[②]刘宗周反对皇帝重视武将轻文臣，导致“恩威错置，法纪不灵”，批评崇祯帝太过武断，“自为社稷计误也”。

---

① 《谘诹所及疏》，见刘宗周著，吴光主编：《刘宗周全集》，第三册，181页，杭州，浙江古籍出版社，2007。

② 《预矢责难疏》，见刘宗周著，吴光主编：《刘宗周全集》，第三册，55—56页，杭州，浙江古籍出版社，2007。

刘宗周在与弟子以及好友交谈时经常出现一些有关时政评论的言语，在《子刘子行状》中就出现过类似的情况，他曾这样说道："陛下求治之心，操之过急，不免酝酿而为功利。功利之不已，转而为刑名，刑名之不已，流而为猜忌，猜忌之不已，积而为壅蔽"[①]，导致臣子为了防止获罪互相推诿，不肯为国为民尽心职业。虽然刘宗周对于君主之作为有所批判，但是始终都没有冒犯君王之意，他始终坚守着君臣之本分，对君王尽忠，敢于向君主直言献策，提出治国之新方，同时他也十分期待能通过自己的进言使得皇帝能够幡然醒悟，尽心处理政事，解救百姓，保天下安宁，而这恰恰是作为一名臣子应有之责。

2. 以忠节为原则的政治活动

作为一名传承儒家传统道德规范的学者，刘宗周内心充满了远大的抱负与理想，他希望君王能够成就"三代之治"的政治抱负，将尧舜之治与天地之事联系在一起。刘宗周为臣子时恪守君臣本分，远离朝堂时仍然关心朝政时局，所有政治活动的出发点皆是希望个人全身心投入到天下治理之中，用自己的真情实感来感受社会生活，如此才能"和后合天下以成其王"[②]。三代之治的实现，在刘宗周看来最终落实到君主的治国上。刘宗周在向皇上上疏时直言，在他眼里皇上与尧舜一样，都是为了国家大事和天下百姓而努力，因此，"辄不胜其致君尧、舜之心"[③]。

刘宗周不仅要求君主在治理国家时努力实现尧、舜之治，在谈到具体的社会问题时，刘宗周也以尧舜之道进行解答。面对严重的赋役和饥荒，刘宗周以为这也可以用尧舜之道来解决，他强调天下百姓为了抵御饥荒，已经没有余力来支撑朝廷的赋役，因此，君主应该效仿尧舜，从百姓的角度为百姓考虑。明末除了饥荒和赋役以外，还面临着赏罚不分、内忧外患、水灾旱灾等问题，导致这些问题最终的承受者仍是天下百姓，统治者为了解决难题"为病甚于加

① 黄宗羲：《子刘字行状》，见《黄宗羲全集》，第一册，208—239页，杭州，浙江古籍出版社，2005。

② 《杂》，见刘宗周著，吴光主编：《刘宗周全集》，第四册，464页，杭州，浙江古籍出版社，2007。

③ 《奏疏二》，见刘宗周著，吴光主编：《刘宗周全集》，第三册，52页，杭州，浙江古籍出版社，2007。

赋”[①]，社会局面极度混乱，逐渐造成穷苦人家卖妻和子女来换取粮食，或者被迫成为盗贼，最终造成沦于死亡的恶果。面对这一问题，刘宗周以为，尧舜曾为后人提出了解决办法，他们坚持百姓饥苦君主就要饥苦，百姓难以抵挡严寒君主就要与百姓感受同样的严寒，如此便能“成赋有经其所以取之者俭也”[②]。刘宗周也强调要时时刻刻与百姓站在一起，想百姓所想，思百姓所思，如此才能成就尧舜之治。

又如明末的贪腐之风盛行，刘宗周认为尧舜之道也可以解决这一问题，他说在尧舜治理国家的时候，管理礼仪的官员多而管理刑罚的官员少，君主礼遇臣下，所以“昼衣冠民无犯者”。最终形成了人人都以君子的行为规范来要求自己，没有险恶陷害他人之心，“禁于未然者也”。[③]

除了解决社会问题能够用到尧舜之治，在选贤用能上，刘宗周也主张尧舜的治国理政道理，他以为，尧舜之所以能够成就无为之治，究其原因是因为尧舜能够来用人时求贤若渴，礼待贤者，而在国家安稳时同样可以任用有德有才之人。不仅如此，尧舜作为上位者能够及时倾听官员的建议，采纳有效的提议，反省自身的问题，最终聚合天下大智慧成就和谐社会。刘宗周希望崇祯帝也能够遍寻天下有勇有谋之人“而所嘉与而乐用者”，真正做到无为之治。

尧舜之道作为成就内圣的根本法则，自然会有尧舜之学。刘宗周以为，所谓“尧舜为学”，是“人心惟危，道心惟微；惟精惟一，允执厥中”这十六字心传。虽有十六字心传，但真要成为尧舜，仍需做到以仁来教育天下百姓，以义来正天下之道，君臣有仁怀义，心中装着家国和天下，就如同拥有尧舜之心，心中有尧舜之道，行事依据尧舜之治，那么致君尧舜的理想就能够实现。

---

① 《奏疏三》，见刘宗周著，吴光主编：《刘宗周全集》，第三册，147 页，杭州，浙江古籍出版社，2007。

② 《奏疏三》，见刘宗周著，吴光主编：《刘宗周全集》，第三册，135 页，杭州，浙江古籍出版社，2007。

③ 《奏疏三》，见刘宗周著，吴光主编：《刘宗周全集》，第三册，156 页，杭州，浙江古籍出版社，2007。

（四）“生不成则死以继之”的生死观

刘宗周的生死观继承了阳明心学一系的生死之学，又兼并融合了朱熹、周敦颐等的一些思想，发展出带有终极关怀色彩的生死学说，生与死在真正体悟了道的刘宗周面前，成为极易解决的问题。

1. 从“大身子”中体悟“大生死”

学者在国家大义面前是苟且偷生还是从容赴死，刘宗周对此有自己的看法，他在《生死说》中认为学者若是将一身生死看得非常重要，将天地万物都置身事外，说明学者的工夫还没有做到位，“故其工夫颛究到无生一路，只留个觉性不坏，再做后来人，依旧只是个贪生怕死而已”。最终学者只是个品性不坏但仍然贪生怕死的人，还不是一位真正的君子。而真正的儒家之学、真正的君子是要“直从天地万物一体处看出大身子，天地万物之始，即吾之始；天地万物之终，即吾之终，终终始始，无有穷尽”，所谓“人以天地万物一体”，是刘宗周从先贤那继承得来的思想。从程颢到王阳明，都在讲“天地万物一体”的概念，发展到刘宗周这里又有了新的解释。刘宗周在与友人的书信中提出了“人以天地万物一体”的思想，他认为，仁义之人以天地万物为一体，并不是有了仁义才能与天地万物联系在一起，而是人生来就是天地万物合为一体之人。如果人与天地万物分为两端，再以仁义作为结合之方，人与天地万物早就相隔两端没有联系，因此“人合天地万物以为人，犹之心合耳、目、口、鼻、四肢以为心”[①]。

经过刘宗周的解释之后，人与天地万物之间的关系就十分明确了，他认为人其实是天地万物的组合，如同心是耳、目、口、鼻等器官的组合一样，明白了自我与天地万物本就无所间隔，也就不会将自我隔绝于天地万物，而产生那么多偏见，自然就会仁民、明德。刘宗周将天地万物之始终与人之生死等同起来，学者体悟了“大身子”，也就能体悟了“大生死”，才能明白“只此是生死之说，原来生死只是寻常事”的道理。如何才能体悟“大身子”，刘宗周提出引用程伯子的话语来说明看透“大身子”的重要性，他直言，将自己的身体放

① 《答履思五》，见刘宗周著，吴光主编：《刘宗周全集》，第三册，312 页，杭州，浙江古籍出版社，2007。

在天地之间，与天地相比，此身是如此渺小，也就不觉得自己的身体重要了，同样地，“生死之说正当放在天地间，大小一例看也”，破除自己的生死心，也要把自身生死与天地相比，与国家大义相比，消灭生死观念，“既无起灭，自无生死”①。刘宗周在明朝灭亡之后留下一首《绝命辞》来证明自己从容赴死的决心，“留此旬日死，少存匡济意。留决此一朝死，了我平生事。慷慨与从容，何难亦何易？”② 对儿子刘汋说自己的君恩未报，认为自己“当死而死，死有余辜”，真正的君子不会偷生只会“只争死先后”。

刘宗周的慷慨赴死恰恰印证了从“大身子”中体悟“大生死”，他把对待生死的态度问题等同于身心修养的问题，学者的学问修养之高可以捐生殉道，死得其宜便是“成仁”。刘宗周十分反对轻生，认为轻生毫无意义，《会录》中曾记载了一则故事，张受先认为，古代先贤所说的“饿死事小”还有其他含义，它强调赴死时应当知晓此时正是合当死的时候，即“启予手、启予足”的意思，饿死之事并不是一件小事，相反此事甚大。面对张受先的这一理解，刘宗周以为“知得成仁，便与轻生有别”③。这里可以看出，刘宗周认为“此时合当死，便是死为正”便是“知得”了，这样才真正“成仁”，才算是真学问、真修养。在刘宗周看来，学者之所以可以在生死面前表现出无畏的勇气，不仅是因为“成仁”的信念的缘故，而且是因为学者看透了生死，学力和修养工夫做到位了，这种修养工夫正是对天人合一、天地万物一体的“大身子”的体认，体悟了“大身子”，就可以“尽生死之道”即“慎独”。刘宗周强调学者应该用慎独工夫来培养定力，并且用这种定力来对抗面临死亡时的恐惧，即以“慎独”来消解“小我”的生死。

2. 人伦日用的道德实践与生死观念

刘宗周一直在强调个人在日用伦常之间的实际践履，只有在平常处事中以

① 《生死说》，见刘宗周著，吴光主编：《刘宗周全集》，第二册，323 页，杭州，浙江古籍出版社，2007。

② 《绝命辞》，见刘宗周著，吴光主编：《刘宗周全集》，第四册，590 页，杭州，浙江古籍出版社，2007。

③ 《会录》，见刘宗周著，吴光主编：《刘宗周全集》，第二册，543 页，杭州，浙江古籍出版社，2007。

平常心看待生与死的关系，在生死关头去勘验自己的道德修养，如果能够做到坦然对待就算是真正做到了“大生死”。刘宗周对弟子祝渊说，人生最后一件事要做好也最要紧，就是死之前的志气，唯有在平常时候淡然谈论生死存亡，在死亡真正到来之时才会不惧怕它，能够明了饮食之道理就能够顿悟生死之道理。生死之道在日用之间得到验证，于梦寐之间仍能保持此心巍然不动，自然不会为利益所动，不会惧怕死亡，如何才能做到死时当作平时看，修养工夫全在人伦日用之间，这也是君子兢兢业业之事。

刘宗周作为“一代完人”，平日的道德践履与生死关头的道德勘验都做得非常好，是儒者之表率。在他绝食的过程中，王毓芝曾问刘宗周的心境如何，刘宗周表现出平静甚至欣喜的态度，他认为自己的死无愧于天地祖宗，别人在面对死亡时忧心忡忡，而自己在临死之前却心中泰然，这何尝不是一种快乐。此时的刘宗周虽然还有“君亲之念”，还有“匡济之心”，但道义所在当死即死，最终就会死亦“甚乐”，这些都源自平日的道德实践。刘宗周自己将生死看得轻于鸿毛，因此对当时社会环境中世人普遍将生死看得过重提出了批评。刘宗周对其弟子章晋侯说：“今所谓生死，是吾身最关切事，亦终落于形骸之见。”[①]在刘宗周看来，性体的修养，即人伦日用的道德实践，与生死之说、天地万物一体之理是一回事，世人若过于关注生死，便是落于小我的形骸之见，只有破除小我、追求大我，才能得到人生的终极意义。

刘宗周不仅呼吁世人重视人伦日用中的道德实践，而且在国家灭亡、先帝崇祯自尽时，下了殉节守志的决心。《年谱》记载：“先生闻变，时方进膳，推案恸哭曰：‘此予正命时也。’遂不食，僵卧榻间。”[②]刘宗周虽没有明确表示自己要以绝食的方式殉节，但从其言论中可以看出他已经做出了殉节的决定。他之所以选择与国家同亡，一个原因是他对救亡图存已经彻底丧失了信心，殉节对儒者来说是既简单又得体的选择；另一个原因是出自刘宗周的罪恶感，他

① 《问答》，见刘宗周著，吴光主编：《刘宗周全集》，第二册，328 页，杭州，浙江古籍出版社，2007。

② 《年谱》，见刘宗周著，吴光主编：《刘宗周全集》，第五册，538 页，杭州，浙江古籍出版社，2007。

以为崇祯帝死后自己已没有活的理由了，“国存与存，国亡与亡，古之制也”，国家已然灭亡，再活下去就是违背古制礼义，也是一件可耻的事情，“国破君亡，为人臣子，惟有一死”。刘宗周所追求的是一个“正”字，在他看来，殉节就是一个“正”的行为，是一名儒者、一位臣子本该有的气节。刘宗周之孙刘士林在评价刘宗周的死时说：“先生以死义终，气节概先生，是岂知先生者哉！……然则先生之死，则皆出于生平学问之助，诚之至，慎之极，变而不失其正者也。”[①]生与死皆出自自己的修养学问，是极诚、极慎之表现，将刘宗周的殉国提升到了至诚、至慎的高度。

刘宗周在国家存亡时刻毅然决然地选择绝食来对抗明朝的灭亡以及清兵的入侵，为了实现自己心中的大义之道，他不惧死亡，不怕痛苦，他的生死抉择所体现出的“大身子”与“大生死”的观念，在当时产生了巨大的影响。从此，刘宗周就成为明末清初士人的一个表率，成为刘门弟子的榜样。

三、道德修养的途径

关于如何落实道德修养方法，刘宗周于1634年所著的《人谱》中阐述了一套完备的“慎独”修养工夫思想体系，对实践工夫的理论根据、修养方法和过程步骤等都有详尽阐述。不只是落实“慎独”修养与迁善改过工夫，刘宗周看到了当时儒家正处在内忧外患时期，外部佛道两家不断扩大自身的影响以及天主教从西方的传入，内部程朱、陆王两派也发生激烈争论，思想界异常混乱。刘宗周作《人谱》也是对当时混乱局面的一种回应。

（一）慎独

理学兴起之后，“慎独”作为一种修养工夫受到了极大的关注，刘宗周用“儒家相传心法”来体现“慎独”修养工夫的重要性。刘宗周主张的慎独理论是

① 《蕺山先生行实》，见刘宗周著，吴光主编：《刘宗周全集》，第五册，716页，杭州，浙江古籍出版社，2007。

即本体亦工夫的统一，“慎独”作为圣贤之学，其本体是工夫的主脑，工夫是本体的落实，二者合一，即工夫即本体。“无声无臭”之自然作为证人圣域的一种境界，并不表明任其全然，而是内在修养的工夫所在。在《人谱》中，刘宗周以是否能够在独居时做到戒惧警醒工夫来区分君子与小人，他说小人在独处时容易生出恶念，而君子在独处时则能够证明自己的心性，这就是敬与肆的区别，“敬肆之分，人禽之辨也”[①]。刘宗周以为要体认“独体”，只有在独处时方是下手之处，这样“慎独”既具有超越性的本体意味，也具有道德修养和实践意义。

刘宗周虽然提出以“慎独”修养为主要方法，但是他也深知体认“独体”具有一定的困难之处。所以，为了能够更好地实现“慎独”修养，刘宗周提出了两种帮助个人进行“体独”的方法，即静坐法和读书法。刘宗周选择静坐和读书作为慎独的修养方法也有他的考量，他认为，朱熹作为程朱理学的代表人物，他的观点符合儒学修养要求。朱熹一直在强调学者在一天之中做到半日静坐、半日读书，刘宗周吸收了朱熹的这一想法，他也强调慎独修养工夫并不是毫无办法可言，可以落实到静坐和读书上面，这就为日常的实践指明了方向。

1. 静坐法

“静坐”是“内自讼”修心法，强调内心的自警、内省。静坐是儒学修养工夫中的重要部分，宋明理学家多注重“主静”的修养工夫，以冥想的方式来省察己过、涵养心性，但是此时的静坐有流于禅学的风险。王阳明提出以致良知、事上磨炼来取代原来的静坐，刘宗周继承王阳明的静坐思想，并且将静坐限定为一种改过自省方式，将静坐法推进得更为笃实。[②] 刘宗周曾作《静坐说》一篇，他在文章中说道，除了待人接物之外，在日用常行之间，只要有片刻休息就需静坐，静坐时没有事情打扰，就说明无事，无一切事既无一切心，而无心时的心“正是本心”。在平时静坐，“有时倦则起，有时感则应，行住坐卧，

① 《证人要旨》，见刘宗周著，吴光主编：《刘宗周全集》，第二册，5 页，杭州，浙江古籍出版社，2007。

② 何俊、尹晓宁：《刘宗周与蕺山学派》，141 页，北京，中国人民大学出版社，2009。

都作坐观，食息起居，都作静会”①。在刘宗周看来，静坐绝非无所事事，而是在寻常日用中小心著地工夫，静坐就是要达到“无心之心”的境界，亦即回归“本心”。所谓“本心”，刘宗周也有自己的阐述，即在天命流行之处，“物与无妄，人得之以为心，是谓本心”②。人在天命流行之间修养得到的便是“本心”，由于人在生存世界中因条件限制和物质刺激，难免有“放心”的过程，无论放心的过程或时机或方法，“只此心动一下，便是放。所放甚微，而人欲从此而横流，其究甚大”③。人的“本心”或因各种原因导致“放心”，“放心”时的欲望遮住了“本心”之澄明，那么人就要“复”其“本心”，从而“求放心”。刘宗周主张通过静坐实现“求放心”，他认为静坐才是真正的“亲切工夫”，希望在静坐中体会“本心”，通过静坐工夫修养人心。

刘宗周强调了静坐工夫的重要性，在《人谱》中也提出了静坐的具体过程，将静坐的过程分为三个阶段。第一个阶段是净化，学者在静坐之前点一炷香，接一盂水，放置在净几之上，将蒲团放在净几之下，收拾完毕后，一躬就坐，将双手放在双腿之上，屏息正容；第二个阶段是启发，学者态度应当保持俨然与威仪，在静坐的过程中不断反省自身的过错，思考有无罪过与恶念，恭敬有礼，这一阶段的目的是呈现“鉴临有赫，呈我宿疚”的至善本性；第三个阶段是统一，学者反复做此种“静坐”，“顷之，一线清明之气徐徐来”，心会变得越来越明朗，思考的问题也会得出结果，方才明白从前之事都是“妄”，并不是真实存在的，经过静坐思索之后，才能得到本来面目，经过数番尘起尘落之后，“勿忘勿助，勿问效验如何。一霍间，整身而起，闭合终日”④。经过一系列的操作，内心之中的过恶则会越来越少，个体之“心”便会日趋纯一。

---

① 《静坐说》，见刘宗周著，吴光主编：《刘宗周全集》，第二册，304 页，杭州，浙江古籍出版社，2007。

② 《改过说一》，见刘宗周著，吴光主编：《刘宗周全集》，第二册，17 页，杭州，浙江古籍出版社，2007。

③ 《求放心说》，见刘宗周著，吴光主编：《刘宗周全集》，第二册，304 页，杭州，浙江古籍出版社，2007。

④ 《讼过法》，见刘宗周著，吴光主编：《刘宗周全集》，第二册，15—16 页，杭州，浙江古籍出版社，2007。

刘宗周对于静坐有自己的心得体会，他不仅专作一篇《静坐说》，而且还写了关于静坐的四首诗，如"圣学相传自有真，舂陵一脉洛中亲。惟将敬字包终始，恰与几先辨鬼神"[①]，以此来说明静坐的重要性。刘宗周的静坐法使得儒家传统的明心修性过程以一条非常真实、清晰的途径展现在世人面前，他要求人在静坐过程中以平静的心态来看待内心"独体"对自己的审问，在这一过程中要按照良知做任何事，如此才能拥有纯然本心，才能做好"慎独"修养工夫。

2. 读书法

从孔子开始儒家就非常重视读书这一传统，孔子说博学之人能够详细阐述自己的观点，将来也能够从不同的方向思考问题。曾子也主张"所游必有方，所习必有业"。读书这一传统发展到朱熹这里就变成了"半日静坐，半日读书"，刘宗周对这一言论极为赞赏，专著《读书说》一篇来表明他对读书的重视。在文章中，刘宗周强调书籍是最能真正指点学子的，从书中可以追溯历史，也可以看到所作所为。读书的作用非常之大，阅读书籍可以让品书之人审视自己的性情有无隐微之地，可以让士人思考家国天下之大事，更能让人与天地万物相通，真正做到人与天地万物为一体。儒家的学问在读书之中都能够找寻到，因此，"读书，儒者之业也"[②]。读书是儒者、是君子毕生的事业。

静坐与读书作为"慎独"工夫的具体方法，虽做法不相同，但是二者都是证心工夫，有异曲同工之妙。静坐的过程需要人内心恢复平静，通过心中的自我反省与自警而实现自我省察，是一种内修之法；而读书相较于静坐来说是一种外部方法，它主张学者通过阅读儒家经典文献来巩固和体悟静坐法成就的督察效果，以此来为静坐悟心提供实践依据。刘宗周认为学者于静坐中体认本心时阅读古人的经典书籍，可以造成古人就在眼前的感觉，一切引领拯救内心的方法，都能够为学者所用，一一吸收，因此读书的有益之处之多之广，不需一一表明。

① 《静坐（四首）》，见刘宗周著，吴光主编：《刘宗周全集》，第四册，528页，杭州，浙江古籍出版社，2007。

② 《读书说（示儿）》，见刘宗周著，吴光主编：《刘宗周全集》，第二册，298页，杭州，浙江古籍出版社，2007。

刘宗周直言，善于读书之人更善于养成圣贤之心，圣贤之心就是人之本心，“千言万语，无有是处”[①]。所以读书的本质是明“本心”。读书可以领略万物众生，可以知晓三纲五常，更能够教天下万世。圣人著书立说是为了给后世之人提供处事践履的理论根基，个体之“心”与明朗本心虽有差异，但是阅读圣贤之书可以贯通个体之“我”与圣贤“本心”，“多闻，择其善者而从之，多见而识之，所以牖吾心也”[②]。“书”是“本心”之明的文字描述，“读”是“本心”的彰明进程，读书将“心”之明与澄明“本心”相圆融统合。书是儒家知识分子追求精神信仰和修养道德义理的有效之路，书籍的作用不言而喻，读书的重要性不言自喻，阅读儒家经典书籍，能够真正体悟君子与圣贤人格，促进个体与本心的有效融合，因此，静坐与读书缺一不可，同为“慎独”的修养工夫。

（二）迁善改过

刘宗周以为，道德修养不仅要重视“慎独”工夫，迁善改过的工夫也是道德修养的重要方法之一，他说：“其本体只在日用常行之中，若舍日用常行，以为别有一物可以两相凑泊，乃无索吾道于虚无影响之间乎？”[③] 人之本性只在日用常行之中，若想成为君子，更要在日用常行之间着力，做好迁善改过工夫，认真落实道德践履，直至成就合乎道德的人生，成就合乎道德的君子。

1. 却妄

刘宗周在《纪过格》中，列举了人的六大类型的种种过错，由独体主导的微过，由七情主导的隐过，由容貌主导的显过，由五伦主导的大过，由种种恶行发展起来的成过，“以克念终焉”[④]。从微过到成过的六重过错是过的依次增大

① 《读书说》，见刘宗周著，吴光主编：《刘宗周全集》，第二册，305页，杭州，浙江古籍出版社，2007。

② 《读书说（示儿）》，见刘宗周著，吴光主编：《刘宗周全集》，第二册，296页，杭州，浙江古籍出版社，2007。

③ 《子刘子行状》，见刘宗周著，吴光主编：《刘宗周全集》，第五册，49页，杭州，浙江古籍出版社，2007。

④ 《纪过格》，见刘宗周著，吴光主编：《刘宗周全集》，第二册，5—14页，杭州，浙江古籍出版社，2007。

的过程，微过最小，藏在没有起念之前的最隐秘处，不易被察觉，所以称之为“微”。前文已经提到，刘宗周把微过称为“妄”，藏于隐处，看似不必在意，但由它引发的后果却如星星之火有可以燎原之势，任由它发展则会成为众恶之门。所以，刘宗周认为这个被称之“妄”的微过不可小觑，改过的道德实践的工夫要从最小处着手加以克制，才可以防患于未然免成大过酿成大祸，如何却妄还真？刘宗周以为要以“凛闲居以体独”之方对治之。

刘宗周认为人要时时保持一种罪感的状态，处处警惕，用“慎独”来维持人的本然之性，隐过（念），即使出现七情之动，或溢，或纵，但仍是“坐前微过来”，那么，微过的真面目也就在此显示，所以人必须要将微过首先消煞，之后再讨论。刘宗周在文中曾提到，君子所要做得就是要提前做好预防，预防隐微之处，因为一些隐过不易察觉，也容易忽视，却是人们最难查识的，如果想要防止其行为的产生就必须要明白自己的过错来自哪里，并且要时时刻刻地改正自己的过错。“当念过，便当从念改。”[①] 改过要从防微杜渐开始做起，就要求我们必须将过进行具体的分类和对其危害加以避免，时常反省，时时慎独，从隐微处防范起，知过就是要及时纠正过错并且及时改过。刘宗周在《改过说三》中强调知过即是改过，他认为知行虽然是一件事，知是行的开始，行是知的终结，知与行是改过工夫的始终状态，但是改过过程中还是要以知为首要。由此看来，道德实践方法之改过对于刘宗周来说转变成了致知的方法，成为道德践履。刘宗周认为知有“真知”和“尝知”之分，所谓真知即是本心之知，本心之知的“知”与“行”是不相分离的，真知贯彻于行和知“即行即知”；尝知则是“习心之知，先知后行”，此即常人之知。改过的致知之法不全在知，也包括行，只是这个行是包含在真知里的，即所谓言知不必言行。而这一“行”实际上就是心性之自明过程，所以改过的关键还在于自明心性。

2. 治念

念作为有七情主导的过错，有善有恶，有起有灭，刘宗周之所以重视念

① 《改过说一》，见刘宗周著，吴光主编：《刘宗周全集》，第二册，17页，杭州，浙江古籍出版社，2007。

是因为他将念的起灭与转移看作善恶产生的根本原因，为了保持独体的至善之天性，就需要治念。所谓治念并不是指消灭、取消人心中的念，而是要对念进行治愈和化解，使念归于“无”，将念恢复到本然的至善之状态。前文已经提到，念属于“隐过”，《人谱》中将“隐过”定义为：“迁怒、伤哀、多惧、溺爱、作恶、纵欲。以上诸过，过在心，藏而未露，故曰：‘隐’。”[①]“隐过”由七情主之，“微过”不治就会滋长为“隐过”。刘宗周认为，由七情主导的七过藏在心中并不显露，“从前微过中来”，一过积攒成二过，由于人心深处存在“微过”，所以受外界感应时，感情的发动就会有所偏差，因此要改正感情中的“隐过”，必须先将内心深处的“微过”打扫干净，改正有七情主导的“隐过”亦即化念归心的过程。

如何化念归心呢？刘宗周认为应该做好“慎动”工夫，“慎动”即需要人在“情”未产生时的动念之初做克动、慎动的工夫，“慎独之学，既于动念上卜贞邪，已足端本澄源”[②]。个体心中出现了错误的念头，如果在念最开始产生的时候克制、谨慎反省自身，进一步扫清念发展的可能性，这样就能够澄清心体，使得内心端正，回归至善心性，最终成就君子人格。意念之“动”的产生往往与“情”有关，刘宗周说：“转一念而不善随之，动而动矣。是以君子有慎动之学。”[③]人的心中有了动念，念动而产生情，七情不当的话会产生过，这就使得成为君子的可能性减小。因此，若要去除“隐过”，就要在动念之初不断地克“动”，使意念不会因“动”而生“情”，让“情返乎性”，不断趋向“至善”，以保证个体的内在活动符合君子人格的规范和准则。

3. 改过与去恶

刘宗周不仅为“微过”（即妄）和“隐过”（即念）提出了具体的改过之方，也为其他不同种类的过错给出了详细的改正方法。

---

① 《纪过格》，见刘宗周著，吴光主编：《刘宗周全集》，第二册，10 页，杭州，浙江古籍出版社，2007。

② 《证人要旨》，见刘宗周著，吴光主编：《刘宗周全集》，第二册，7 页，杭州，浙江古籍出版社，2007。

③ 《证人要旨》，见刘宗周著，吴光主编：《刘宗周全集》，第二册，6 页，杭州，浙江古籍出版社，2007。

首先是“显过”。刘宗周以为“显过”表现在身体上，由容貌、辞气主导，他在《纪过格》中列举了九类容貌、辞气上的过错，如“箕踞、交股（大交小交）、趋、蹶（以上足容）；擎拳、攘臂、高卑任意（以上手容）；偷视、邪视、视非礼（以上目容）……以上诸过，授于身，故曰：‘显’”[①]。“显过”主要包括足、手、目、口、声、头、气、立、色九个方面的不合规范。如刘宗周认为两脚张开、两膝微屈坐着是一种非常失礼的坐姿，人若不拘礼节也是一种过错，而且是外在的极其明显的错误。刘宗周强调人的心理状态存于中必显于外，内在的修养不够便流露出与社会道德规范的不合时宜，因此，身体方面的不合规范，也包含着感情的偏差和心体深处的病根。面对由九容主导的“显过”，刘宗周提出通过“谨威仪以定命”来消除这种过错，他规定了九容的正确操作。双脚双腿应该“足容当重”，摒弃自己的轻佻心；双手应该“手容当恭”，双手抬高且正，大方舒展，如此即为恭敬，这样做才能丢掉自己的弛慢心；双目应当“目容当端”，眼神要端而正、目不斜视，目光平稳从容，如此就能避免生成淫僻心；嘴应当“口容当止”，不妄言，少说为贵，如此才能避免烦易心；声音应当做到“声容当静”，说话时语音不哆嗦、不咳嗽，如此即能避免暴厉心；头部应该注意“头容当直”，脑袋不歪斜、不倾顾、不摇晃，头不直则人不正，头直才能避免生成邪曲心；呼吸应该“气容当肃”，呼吸平静、悄无声息叫做肃，这样做是为了避免浮荡心；站立时应该“立容当德”，站立时应该含胸并且略微屈身，所谓“德者，得也”，如此便是避免徙倚心；面色应当做到“色容当壮”，面色不矜不傲、不惰不慢即为壮，这样就能避免表暴心。当然，这一阶段是将慎独工夫贯彻于威仪动作上，刘宗周认为人的行为应始终与“心体”相合，如此才能不断地趋近“至善”。

其次是“大过”。所谓“大过”，刘宗周认为其由五伦主之，有五伦主导的过“在家国天下，故曰‘大’”[②]。这些大过能够反映在容貌、辞气上，比如说高

① 《纪过格》，见刘宗周著，吴光主编：《刘宗周全集》，第二册，11—12 页，杭州，浙江古籍出版社，2007。

② 《纪过格》，见刘宗周著，吴光主编：《刘宗周全集》，第二册，12—13 页，杭州，浙江古籍出版社，2007。

声讲话就是对父亲不孝，对兄弟不友善，其他可以类推。如果“显过”不能得到及时纠正，便会表现为五大伦上的失序，即会演变成“大过”。“大过”体现在五伦的社会关系上，关系到家、国、天下，五伦上存在过错会导致五伦关系的不和谐。不仅如此，刘宗周还按照由微而著的顺序列举了一百种生活中的过错，记为“丛过”，如游梦、戏动、谩语、造次、狎使婢女、走路时不避妇女、深夜饮酒、宴会奢靡无度、拾遗不还等都属于“丛过”。“微而著，分大分小，各以其类相从，略以百为则，故曰：‘丛’。仍坐前微、隐、显、大四过来，一过积五过。百过所举，先之以谨独一关，而纲纪之以色、食、财、气，终之以学而畔道者。大抵者皆从五伦不叙生来。”[①] 各种行为导致的过错“分大而小”，最初是不能谨独的行为，然后是色、食、财、气方面的过错，最后是“学而叛道”的行为。

面对以上两种过错，刘宗周认为要时刻做到践履敦笃，只有一一践履、亲身实践过，才能实现君子“证人”“证心”的“率性之道”。这两种过错的改正是一个系列的过程，对于“大过”与“丛过”的改正刘宗周有自己的看法，他认为只有实践礼仪规范、践行五伦之道才能真正实现君子的道。在生活中践履君臣互相尊重、父子慈爱孝顺、夫妇相敬如宾、长幼互有亲情、朋友诚信相交，只有做到这五伦才能算是君子，进而在各种行为上严格要求自己，在万事万物中严格遵守秩序与规范，正如刘宗周所言，说任何话讲任何道理都不如在生活中一一践履，唯有如此，才算是真的改过。刘宗周在给钱钦之的信中指出体认、存养、省察、践履是一个系列的过程，最终体现在应事接物上面，无论是正面的意义抑或是反面的事实，“归到‘体认’一字，只‘致良知’足以尽之。此正所谓力行之实也”[②]。践履笃行是人“心”本来自在要求，唯有实践笃行才能体认“本心”，才能将万事万物做到尽善尽美，如此才能成就君子人格。

最后，关于恶的改正。刘宗周先将恶分为五种，第一种为微恶，即“祟

① 《纪过格》，见刘宗周著，吴光主编：《刘宗周全集》，第二册，13—14 页，杭州，浙江古籍出版社，2007。

② 《答钱生钦之（永锡）》，见刘宗周著，吴光主编：《刘宗周全集》，第三册，372 页，杭州，浙江古籍出版社，2007。

门”，微过成过曰微恶；第二种为“隐恶”，即妖门，隐过成过曰隐恶；第三种为“显恶”，即戾门，显过成过曰显恶；第四种为“大恶”，即兽门，大过成过曰大恶；最后一种为“丛恶”，即贼门，丛过成过曰丛恶，这几种恶统称为“成过”。刘宗周认为“恶不可纵”，人虽然犯有极恶大罪，但他的良心仍然没有泯灭，与圣人一样，只是“为习染所引坏了事”。“成过”可改，只要人能够反省自身，认识到自己的错误，“一味迁善改过”，一迁一改，时迁时改，小心穷理，澄明“心体”，仔细查简，彻底改过，就可以“立登圣域”。刘宗周强调只要人能够做到当下反省，认识到自己的错误，并坚持自我检讨，彻底改过自新，那么就可以达到心体的“至善”，最终实现“慎独”。

总体来说，刘宗周的“慎独”修养思想将“慎独”与改过这两套工夫融合归一。在实现“慎独”的修养过程中，第一步就是要扫清“独体”中的细微隐匿之处，要求人的任何行为都应该以扫清“独体”之中的障碍为目标、为准则，没有任何差池，这一过程是做好“慎独”修养工夫的关键一点，是作为修养工夫积极的一面。第二步就是个体在保持“独体”清明过程中不忘克服日用常行中的各种“过”“妄”“念”等需要克制的因素，通过迁善改过、时时改过来一一改正人不可避免的过错，这一过程是对“慎独”修养工夫的具体补充，也是其工夫消极的一面。这两套工夫相互联系、互相监督，直达人心最细微之处，通过慎独、讼过、改过几个过程消解人内心的浮气，最终养成君子人格。

第三节　“在事上磨炼”——刘宗周道德修养思想的践履

刘宗周在《会录》中说道：“吾儒学问在事物上磨炼。不向事物上做工夫，纵然面壁九年，终无些子得力。”[①] 作为一个注重实践的儒者，刘宗周一直强调

① 《会录》，见刘宗周著，吴光主编：《刘宗周全集》，第二册，535页，杭州，浙江古籍出版社，2007。

要在日用常行中做修养工夫，他把生活日用作为修持之地和验证之地。如果说刘宗周的道德修养思想展现给我们的形象还是有些模糊的话，那么在日常生活中向我们展现的形象更加的生动和丰满，我们可以看到刘宗周的思想对他的生活产生了怎样的影响。

一、自身修养

日常生活中的刘宗周行事风格是怎样的，刘宗周之子刘汋在《年谱》中有这样一段描述："登其堂也，雍雍如也。其待戚里也：事外祖如其祖，事姊如其母，抚甥孙如其孙；……不以亲疏而间焉。其待宗族也：袒免以内，子不娶娶之，女不嫁嫁之；……置义百田亩以赡之。"[①] 由此可以看到，刘宗周无论做官还是在乡里，都以君子的行事风格来严格要求自己，对待家人、对待亲戚以及族人都是一样的态度和做法，力图做到"忠孝两兼，仁义兼尽"。

刘宗周非常重视孝道，从他对待长辈的一些细节就能看出他的孝行是很圆满的，也传递出了刘宗周的真情实感。作为一个遗腹子，刘宗周虽没有见过自己的父亲秦台公，但是"别号念台子以志痛"，将自己的别号改为念台子恰恰就是为了纪念他的父亲，这种行为本身就是一种孝行。刘宗周没有机会孝顺父亲，对母亲便非常恭谨，"事母惟谨"，不过其母在他进京赶考期间病亡，使得刘宗周恸哭"子欲养而亲不待"。在放榜第二日，刘宗周听到母亲去世的消息，"即南奔，见星而止，见星而行，四月至家。以未逮含殓，屡欲启视，家人阻之，辄号咷触泥涂中，忘其身之濒于河浒也"[②]。刘宗周在此期间哭泣不已，滴水未进，终日跪在母亲的灵柩前，时间长了无法起身，只能"杖而后能起"。陶望龄来吊唁的时候，看到刘宗周非常痛苦的样子，感叹礼制崩坏的时间太久了，还没有看见如刘宗周这般谨守丧事礼仪、极其孝顺之人。崇祯十一

---

① 《年谱》，见刘宗周著，吴光主编：《刘宗周全集》，第六册，64—66页，杭州，浙江古籍出版社，2007。

② 《年谱》，见刘宗周著，吴光主编：《刘宗周全集》，第六册，110页，杭州，浙江古籍出版社，2007。

年，刘宗周将母亲与父亲合葬在一起，在下葬时因“生不见父，捧遗骨而哀号不自胜”，为了符合礼制，刘宗周“疏食三月，终身系白幅巾”，在墓前久久不肯离去。

刘宗周不仅对孝道身体力行，还对他人类似之行为进行褒奖和勉励，对一些违背孝道的行为给予批评。他对不尽孝道的人是颇为不屑的，弟子祝渊曾记载过刘宗周列举了几个人物来说明一定要实行孝道，“王凤洲先生，昔年父亲既被戮，凤洲白帻终其身。又举萧山何孝子，父含冤死，孝子能文章，绝意进取，手刃父仇，终身衰絰不改”[①]。刘宗周所列举的王凤洲、何孝子等即是他自己改葬父母后终身白帻的真实写照。刘宗周十分强调居丧，在他写给儿子的《苫次说》里，他认为：“丧礼苫有次，以致哀也。君子之居丧也，齐衰之服，饘粥之食，亦既足以表哀矣，而非其至也。”严守丧礼是君子应该做的事，按照礼制，男女丧礼所做的事情不同。男子出门，站在中门之外，无故不得入内室，女子也不得走在男子前面。刘宗周又举了一个例子来说明不遵守礼制的后果有多严重，“昔晋陈寿居丧，有疾，偶使侍女治药，吊者见之，遂陨其名行，终身坐废”[②]，君子的礼仪一定要严谨，否则便会酿成无穷之疚，要敬畏礼制。在刘宗周看来，孝子之所以能严守丧礼，最根本的原因是“根心之痛，有天至而不可解者”，此事若有疏忽，容易积累成不白之疑，名行会受到损坏。这也是刘宗周重视孝道、身体力行的原因之一，他以此来告诫刘汋，希望刘汋能够谨慎牢记，不要忽视孝道。

刘宗周作为当时士大夫的典范，十分注重个人修养，生活非常俭朴，《年谱》说他“益持节操，衰麻饘粥，动以古人自期”[③]。尤其是在拜见许孚远后，老师告诫他要牢记母亲养育他所受的苦难，要谨身节欲，“一切世味不入于心”，这样做才能实现古人风范，“古人德业不难成”。从此，清苦节欲更成了

① 《会录》，见刘宗周著，吴光主编：《刘宗周全集》，第二册，525 页，杭州，浙江古籍出版社，2007。

② 《苫次说（示儿）》，见刘宗周著，吴光主编：《刘宗周全集》，第二册，315—316 页，杭州，浙江古籍出版社，2007。

③ 《年谱》，见刘宗周著，吴光主编：《刘宗周全集》，第六册，111 页，杭州，浙江古籍出版社，2007。

刘宗周终身奉行的功课。根据相关记载，刘宗周从小便以节俭为业，《刘谱录遗》中说："先生六岁，冬无棉絮，仲舅萃台公与一缊，成人衣也，服之如袯襫然。……服太夫人旧衣而往，先生不以介意。"[①] 六岁时刘宗周没有能抵御寒冬的冬衣，只能穿长辈的旧衣服，如同蓑衣一样很不合身，但他不以为然，对穿衣打扮没有过多的要求，素来俭朴。刘宗周的节俭还体现在读书学习上，他一生没有其他的嗜好，只有读书一项。虽然以读书为爱好，但是"有以书籍贽者，如义不可受，先生亦不受"，至于笔墨等学习用品，适用即可，不会要求多而繁。晚年时，刘宗周十分爱惜纸张，在编辑著作时不舍得浪费纸张遂用废纸的另一面代替写字，写作时没有专门的书桌，随意一张桌子就能著书立说，虽然"米盐杂处，风日亲薄，食不重味，衣不加采"[②]，没有优越的条件，没有可口的饭食，但刘宗周仍安于此，不忘其志。刘宗周素来清苦不仅是事实，甚至达到了"人所不堪"的程度，黄宗羲在《子刘子行状》中说刘宗周虽然穿着简单破旧，没有奢侈丰富的物质生活，但是即便在如此艰难的生活环境下，他依旧不改儒生的风范。在家讲学时，学生看到他的住处皆是破旧之物，瓦器也没有完整无缺的，其他穿着华丽整齐的士大夫进到他家，"不觉惭阻"，所以去拜见刘宗周的人，"多毁衣而入"。一方面是外表上清苦，另一方面是饮食上节俭，刘宗周"饭客不过数器，而士大夫之享先生者亦遂以干饭寒浆"。刘宗周的清苦为人所知，甚至到了如苦行一般的程度，他之所以选择清苦度日，一则是因为这种清苦本身就是一种"慎独"修养工夫，通过谨身节欲，养得心定，否则心容易被外物引去，操守也难以维持，达不到"胸次洒落之明"的敞开状态；二则是刘宗周的母亲含辛茹苦地养育其成人，还未受到儿子的侍奉便因病去世，这对刘宗周来说是一个莫大的遗憾，因此奢侈的生活会引发他深深的内疚。在刘宗周看来，清修本身不是目的，而是调御心猿的手段，是一种清和状态下的工夫，只有内心调和，自然展现清修之乐，才能感觉到滋味深长，内心不觉压

① 《刘子年谱录遗》，见刘宗周著，吴光主编：《刘宗周全集》，第六册，176 页，杭州，浙江古籍出版社，2007。

② 《刘子年谱录遗》，见刘宗周著，吴光主编：《刘宗周全集》，第六册，193 页，杭州，浙江古籍出版社，2007。

抑，体会到心中洒落无碍的清明。

刘宗周在生活中自甘清苦，对于名位也是表现得淡然。刘汋说：“先生素淡宦情，晚年冠服蔽弃已久。……幅巾草履出国门，观者谓不啻老书生。”[①]他用素淡宦情来描述刘宗周是十分准确的，刘宗周以为在官场中犹如“牵羊入屠肆”，他见不得官场上的黑暗，也不善于迎来送往，每当被罢免官职时，他都会有一种轻松感，“三揖而进，一辞而退，使天下见儒者真有铢视轩冕之致”，刘宗周希望自己能够潜心学术，因此，退易进难对他来说是不难做到的。刘宗周所淡的不仅是“宦情”，而且是“名心”。刘宗周非常忌讳儒者拥有名心，他也曾多次对自己的名利之念做过深刻的反省和刻责，为了戒除名心，刘宗周不许儿子私抄笔札，也不许刻文集。刘汋曾说过：“先生著述多不存稿，即存稿，不以示人。汋私钞笔札，先生知必切责之。盖平生无一毫名心。临没，尤戒以勿刻文集，勿倩做葬文。”[②]刘宗周不允许儿子和弟子为其写葬文，在绝食期间，他又说：“凡人作书辄以示人者，此即浮夸，浮夸即欺罔也。”[③]刘宗周认为读书写作应该是自己的事情，如果将自己的著述示人的话，就说明念头有了名心。

刘宗周的淡泊名利不仅体现在不喜为官、注重自身名节上，还表现在为官清廉上。《刘子年谱录遗》中记载：“京兆莅任，有设供帐器具，先生入门，即命撤去。每升堂视事，库掾供午餐。”[④]刘宗周任职期间，办公的地方不需要华丽的设施器具，每次外出办事“或置饼饵袖中，或终日不食而返”，凡是公堂的器具“一物不持归”。刘宗周对自己的行为严格要求，他认为护持自己的行为可以帮助自己扫除内心的杂垢，进行防微杜渐，这样做就减少了以后犯错误的可能性，就不会产生“门槛效应”。此外，刘宗周也没有什么嗜好，他认为

---

① 《刘子年谱录遗》，见刘宗周著，吴光主编：《刘宗周全集》，第六册，189页，杭州，浙江古籍出版社，2007。

② 《刘子年谱录遗》，见刘宗周著，吴光主编：《刘宗周全集》，第六册，193页，杭州，浙江古籍出版社，2007。

③ 《刘子年谱录遗》，见刘宗周著，吴光主编：《刘宗周全集》，第六册，192页，杭州，浙江古籍出版社，2007。

④ 《刘子年谱录遗》，见刘宗周著，吴光主编：《刘宗周全集》，第六册，182页，杭州，浙江古籍出版社，2007。

一些嗜好会使人玩物丧志，如《人谱》之《纪过格》所列的丛过中所列举的好古玩、好书画、观戏场等过错，可见他是不主张消遣这些事情的，这也是他一贯严肃的作风的写照。刘宗周说："吾平生无他玩好类如此。"他不爱好书画的态度也影响到了自己的学生，如陈确作为刘宗周的弟子，自从跟随师父刘宗周学习之后，一切陶冶性情的技艺如弹琴吹箫、吟诗作画等"视为害道而屏绝之"[①]。在好和义之间，刘宗周选择了后者，他虽然非常喜欢读书，但是"有以书籍贽者，如义不可受，先生亦不受，笔墨之类，适用而已"，作为知识分子，刘宗周本应喜欢书的，但如果以不义之手段获得，便是违背了道，断然不能舍道求舟。

刘宗周在《做人说》中说其子刘汋"气质庸下，将来非惟不克做好人，且不克为庸人"[②]，他认为刘汋气质低下，不但做不得好人，甚至连庸人都做不得。刘宗周对刘汋的这句评价严重打击到了他的自尊心和自信心，在刘汋的印象中，父亲总是以批评者的身份出现，显得很严厉。父亲的严毅造成儿子的紧张，所以刘宗周临终前才会对刘汋说："汝做人平日无端忙迫，大抵多浮夸之病，浮夸则中欺罔，百行无成。"[③]不过，刘宗周的威严形象在晚年有所消解。除了严格对待自己的儿子之外，刘宗周对待学生也同样严格。《年谱》记载："教学者一准规矩，出入进退，俱有成度。……末世师道陵夷，见先生严毅，咸惊异焉。"[④]刘宗周在大善寺给家族子弟授课时，严格要求学生，对待旷课的学生罚其长跪，惩罚不听讲的学生，当时的人都非常惊讶刘宗周对教学的严格规定。虽然刘宗周对待学生十分严格，但对喜欢的学生则慈如亲父，如他对晚年所收的弟子祝渊就非常爱护。祝渊不仅冒死上疏救刘宗周，而且祝渊许多行为和刘宗周相似，刘宗周在祝渊的身上看到了自己的影子，看到祝渊身体不好，刘宗周便多次写

① 陈确：《陈确集》，首卷，1页，北京，中华书局，1979。

② 《做人说（示儿）》，见刘宗周著，吴光主编：《刘宗周全集》，第二册，291页，杭州，浙江古籍出版社，2007。

③ 《年谱》，见刘宗周著，吴光主编：《刘宗周全集》，第六册，542页，杭州，浙江古籍出版社，2007。

④ 《年谱》，见刘宗周著，吴光主编：《刘宗周全集》，第六册，121页，杭州，浙江古籍出版社，2007。

信指导祝渊如何调养身心，言语之间透露出师生之间的深厚情谊。除了严格对待学生及儿子，刘宗周在做官时还严格要求下属。《刘谱录遗》中写道：“先生在南宪，颁《禁约》十三款于五城御史，曰赌、曰盗、曰私娼、曰酒馆畜娼妓弹唱、曰梨园宴戏……相率至院门讼冤抑者千余人。”[①]可见刘宗周为官一丝不苟，刚直难近，但过于清廉会显得有些刻板，崇祯帝就曾评价刘宗周，说他“愎拗偏迂”，同僚中也有一些人指责刘宗周“以迂腐托为正”。这些言论可能是出于政敌的病诟，但也恰恰说明刘宗周的行为可能是有些刻板才招致别人的攻击。

刘宗周一丝不苟的行事风格也体现在循礼上，在思想发展前期，刘宗周受程朱一派影响较大，坚持“复行古礼”。刘宗周十八岁时与祖父兼峰公游水澄故里，发现祭奠祖宗之礼“周旋瞽史间，多不合礼”，他便向宗老提出质疑。《刘谱录遗》中也记载刘宗周在妹妹出嫁时严格遵循越中时期的冠婚礼，由于这种婚礼习俗荒废已久，因此当宾友得知先生准备复行古礼时“咸造门聚观焉”[②]。刘宗周不仅在操办婚礼时严格遵行古礼，而且在上朝时也遵从古制，“先生入朝，步趋皆有轨则，周旋中规，折旋中矩，其容辉如也”[③]，其他人见到刘宗周一步一古礼的行为皆感叹其说真正的御史大夫。祝渊也说刘宗周在“闺门之内肃若朝廷”，自己独处时“终日独坐一室，不逾门阈”，终身不与妇女亲授受。刘宗周行为上的这些细节体现了他对礼的重视和身体力行，刘宗周以为如果人的思想遵循纲常名教，行为皆有礼可循，自然会民风淳朴、天下太平。不过，刘宗周看到了一味恢复古礼的做法具有一定的保守性，这种态度与儒家“日新”的原则不符，也不适应发展的社会与环境。因此，在后期刘宗周的思想中我们可以看到对古礼的融通，他自己也承认“不必向古人讨分晓”，体现了很强的灵活性。

① 《刘子年谱录遗》，见刘宗周著，吴光主编：《刘宗周全集》，第六册，188页，杭州，浙江古籍出版社，2007。

② 《刘子年谱录遗》，见刘宗周著，吴光主编：《刘宗周全集》，第六册，178页，杭州，浙江古籍出版社，2007。

③ 《刘子年谱录遗》，见刘宗周著，吴光主编：《刘宗周全集》，第六册，185页，杭州，浙江古籍出版社，2007。

对于交友，刘宗周是慎重而有选择的。刘宗周自幼时便与别人保持距离，《年谱》中曾记载过刘宗周因身体虚弱饭吃好后即去学舍，往来行走都是严肃恭敬的模样，不四周环顾也不疾步，见到他的学生都非常惊讶。刘宗周交友时“不妄交，与非同志士，虽邂逅遇之，必趋而避”[①]，平日里不赴约也不主动找人喝酒，从《刘谱录遗》中可以找到刘宗周不好交往的示例。如“时内阁进官衔，九卿往贺，先生独不往”“考选台省，各官初谒，执门生刺，先生辞不受”[②]等。从这几条记载中，我们可以看到刘宗周不仅不好交往，而且也看不惯利益场中投机取巧的钻营者，他本人还因此招致祸端。

刘宗周的原则性非常强，对于君子与小人的分辨十分严格，李清在《三垣笔记》写到刘宗周曾得罪崇祯帝，崇祯要刑部拟罪惩罚刘宗周，首辅周延儒将其救下。周延儒去见刘宗周时，“颇有德色，宗周略不致谢，惟让诸辅臣某事错，某事不做，娓娓不已。……后宗周过宝应，乔侍御可聘往见之，语及延儒，曰：‘大错。’再语及吴辅甡，曰：‘比首辅胜，然错亦不少。’”[③]面对救他免于牢狱之灾的首辅周延儒，刘宗周的评价都很苛刻，更别提其他人了，刘宗周的严毅可见一斑。对待不投缘的人，刘宗周一般是以疏远为主，所以刘宗周的知心朋友很少，依其子刘汋所言，刘宗周“平生为道交者，惟周应中、高攀龙、丁元荐、刘永澄、魏大中五人而已”[④]。

二、热衷讲学

刘宗周一生矢志不渝地热衷于讲学，并把讲学作为复兴儒学的一个重要手段，从他的经历来看，刘宗周的讲学活动可以分为两个阶段。从三十八岁开始

① 《年谱》，见刘宗周著，吴光主编：《刘宗周全集》，第六册，106页，杭州，浙江古籍出版社，2007。

② 《刘子年谱录遗》，见刘宗周著，吴光主编：《刘宗周全集》，第六册，189页，杭州，浙江古籍出版社，2007。

③ 李清：《三垣笔记》，205—206页，北京，中华书局，1982。

④ 《年谱》，见刘宗周著，吴光主编：《刘宗周全集》，第六册，131页，杭州，浙江古籍出版社，2007。

正式讲学，一直到五十四岁证人社成立之前，都算是刘宗周讲学的早期阶段。

万历四十三年，刘宗周三十八岁，“教授于朱氏之解吟轩”。刘宗周说：“德行，本也；时艺，末也。”他认为德行操守是最重要的，因此在讲学时，“教学者先行谊后文章，本经之外，兼举一经，旁阅子、史、性理诸书，有暇则令习礼歌诗”。讲学内容以道学为主，不讲举业，讲学规模也与讲授举业时大不相同，“设教一以严肃为主，盛暑未尝去冠服，有荡简者则拨诸门墙之外，大约规模视丁未更宏阔”。刘宗周讲学并非一味严肃对待学生，考课结束之后，“或尚论古今人物，或商榷坐下工夫，间一命酒，登蕺山之巅，歌古诗”①，可以看出刘宗周讲学不仅不一味俨然，反而有“舞雩浴沂”之意，与阳明讲学有几分相似之处。万历四十四年，刘宗周三十九岁，“教授于陈氏之石家池，著酒、色、财、气四箴示学者”②。刘宗周在石家池设教之时曾告示诸生：“学以演变气质为先，矫轻警惰；道在人伦日用之际，事亲从兄”③。他告诫学生要同心同德，平日里要戒免酒、色、财、气四端，对这四端不能有任何的掉以轻心，只有这样才能成为一个圣贤。刘宗周《古小学约》曰：“酒不必沉湎，即群居之日，频举宴会亦是。色不必娼妓，即交游之中，狎比狡好亦是。财不必黄白，即往还之际，爱占便宜亦是。气不必斗狠，即与同之间，府城不化亦是。”④刘宗周的为教理念是督促弟子成为圣贤，圣贤是刘宗周心目中最完美的人。天启五年，刘宗周因被革职为民，再次讲学于解吟轩，当时正值宦官大兴钩党之狱，良臣遭受迫害，百姓受到打压，刘宗周看到天下如此混乱，义正词严道：“天地晦冥，吾辈惟有讲学明伦，庶几留民彝于一线乎”⑤？他对弟子说世道祸乱出自人心，人心之所以变恶究其原因仍在于不学，他认为只有讲明学术才能端正人心，人心端正才能救世。因此，刘宗周坚持士大夫应该居乡讲学，安顿社会秩序，讲学的目的就是“明人心本然之善”，最终让世人心中重现本心的善，不至于害

① 刘宗周著，吴光主编：《刘宗周全集》，第六册，70—71页，杭州，浙江古籍出版社，2007。

② 刘宗周著，吴光主编：《刘宗周全集》，第六册，71页，杭州，浙江古籍出版社，2007。

③ 刘宗周著，吴光主编：《刘宗周全集》，第六册，179页，杭州，浙江古籍出版社，2007。

④ 《古小学约》，见刘宗周著，吴光主编：《刘宗周全集》，第四册，442页，杭州，浙江古籍出版社，2007。

⑤ 刘宗周著，吴光主编：《刘宗周全集》，第六册，80页，杭州，浙江古籍出版社，2007。

国害家。刘宗周讲学时要求学者“收敛身心，使根柢凝定，为入道之基”，此时刘宗周已经初步形成“慎独”学说。

刘宗周坚持讲学就要有一定的规矩，因此在古小学建成之后，刘宗周制定学约《古小学约》。在《古小学约》开篇，刘宗周即强调小学是学问之场的开始，“会讲之外，不废假馆。倘若同心，何辞负笈?”重建古小学的目的“止念先师灵爽在上，所属望于来学者，断非辞章科举之习”，要求学生取程名教，仰法先民，是为了让古小学成为“澡雪身心之地”。在重建古小学时，刘宗周迎尹和靖神位入祠，举行释奠之礼。在讲授时“凡就学者，具书一部，表束脩之意。不拘何书，自私塾、六籍、十三经、二十一史、诸子百家，有关于学问者皆是。亦量家所有而已。更取新整，以便久贮学中，永为士子肄业”[①]。由此可以看出，刘宗周对于教学持谨慎严肃态度，讲学时任劳任怨，并且制定一系列条约和规矩，无论是课督还是赏罚都严格按照规矩来执行，教学内容主要是儒家的四书五经，以此来传播儒学，责以仁义礼智。也正因为如此，刘宗周的弟子都仰慕他的风尚，以老师的操行为模范严格要求自己，砥砺自身之操行。

三、成立“证人社”

崇祯四年春三月，刘宗周与陶奭龄（号石梁）于陶石篑先生祠共同成立讲会组织“证人社”，“证人社”即“证人会”。在“证人社”成立之时，刘宗周强调学者首先要证其所以为人，“须信我辈人人是个人”[②]，人即是圣人之人，说明人人皆可做圣人，如此才能朝着圣人目标努力，这也是刘宗周用“证人”作为社名的主要缘由。“证人社”的成立标志着刘宗周后期讲学的开始，此次讲学刘宗周主要阐明了王阳明的“良知”之学与“证人”之旨的关系。

关于“证人社”的真正缘起，刘宗周曾在《会约书后》中提到过，由于陶

① 《古小学约》，见刘宗周著，吴光主编:《刘宗周全集》，第四册，441—442页，杭州，浙江古籍出版社，2007。

② 《蕺山刘子年谱》，见刘宗周著，吴光主编:《刘宗周全集》，第六册，101页，杭州，浙江古籍出版社，2007。

石梁率先提出“圣人非人之论”，刘宗周以为此言论颇为不妥，因此他命自己的学生“次第其仪节以示可久”[①]，以“证人”命名此社。由于陶石梁所说“圣人非人”与刘宗周的“人便是圣人之人”相悖，加之当时王学之偏颇，所以刘宗周邀请陶奭龄一同主事“证人社”。在第一次讲会之后，刘宗周作《证人会约》，指出“证人社”是证人之地也，并将会约附在戒条之后“即证即修”[②]。《证人会约》制定了讲会举办的时间、礼仪、费用等七项内容，“会期”说明每月讲会时间，“取每月之三日，辰而集，午而散”[③]，每月举行一次讲会，安排在初三日。讲会专设登记表，“特置姓氏一籍，其愿入会而卜久要者，随时登载”[④]。若遇到远道而来的贤者，那么会专门举办一次讲会，“以展求教之诚，望后，听诸生自举会课一次”[⑤]，十五日之后听讲的弟子还要自行组织一次会课，以便温故知新。“会讲”规定了课堂中对学生的具体要求。开讲前“司赞传云板三声”，童子开始吟诵诗歌，吟诵完毕再次敲三声云板，结束时“命童子复歌诗，乃起”。在讲课过程中，学生须认真倾听，不得喧哗吵闹、接耳私谈，如果对老师所讲内容有疑问的话，等到讲课结束之后再与老师讨论，“互相印证”。学生若违反了纪律，便会“司约传云板一声纠之”。“证人社”在会讲之时秩序井然，每次大会都会推选掌记，记录讲会过程中的所问及所答，记录完毕后，交给主持讲会的老师，询问是否还有增删之处，如果不需改正便张贴在讲堂外供学生浏览。不过，会录不能完全反应讲会之中的热闹场面，也不能展现掌记者本人的看法。“会戒”要求学生在开讲会时不许讲话、不许嬉笑怒骂、不能交头接耳，若有犯者“司约纠之”。可见“证人社”是比较严谨的讲会，

① 《会约书后》，见刘宗周著，吴光主编：《刘宗周全集》，第二册，498 页，杭州，浙江古籍出版社，2007。

② 《约言》，见刘宗周著，吴光主编：《刘宗周全集》，第二册，486 页，杭州，浙江古籍出版社，2007。

③ 《约言》，见刘宗周著，吴光主编：《刘宗周全集》，第二册，489 页，杭州，浙江古籍出版社，2007。

④ 《约言》，见刘宗周著，吴光主编：《刘宗周全集》，第二册，489 页，杭州，浙江古籍出版社，2007。

⑤ 《约言》，见刘宗周著，吴光主编：《刘宗周全集》，第二册，487 页，杭州，浙江古籍出版社，2007。

有着严格的纪律。刘宗周不仅对讲会的具体流程做出明确规定，对参加讲会的人也有所要求，“会友”强调讲会需要立“会讲一人，会史一人”，这两人“无专属，临时选择而使之”，而“会约二人，会赞二人”，皆有专属之人。此外还需要“司会四人”，要求“在籍者轮值，周而复始”。刘宗周还明确了各个职位的任务，“讲以阐道，史以记事，约以纠仪，赞以相礼，司会者供给诸事”，他希望各个职位的人能够“各相协力，以期永贞”①。

此外，对于诸生，刘宗周在《约言》和《约诫》中列举了弟子应该避免的二十二条戒条，目的是告诫弟子要遵从圣贤之教，堂堂正正地做个人，不与禽兽为伍，要阅读圣贤之书，“学以完其所为人，即圣人矣”②。刘宗周以为君子首先要有见地，懂得自己具有上天赋予的美德，可以堂堂正正地做一个好人，圣人也是人，与凡人没有任何区别，我辈只要努力成为一个完人就是圣人了。第二条说：“人生必有所自来……继善以前，不容言说；成性以后，尽可识取。”③刘宗周强调人人都有良知，都有继善成性的天性，只要时时流露，时时呈现，就能遇亲知爱，遇长知敬。这两条社约也为弟子指明了求学的方向。

四、制定乡约与宗约

中国社会是一个以血缘关系为纽带的社会，百姓祖祖辈辈生活在一起，邻里关系非常重要，因此，乡规与乡约的制定对于百姓的生活有着重要意义。刘宗周在任顺天府尹之时，曾颁布乡约，订立保甲法，从保甲的人员户籍、保甲的政策、保甲的教育、保甲的礼制、保甲的养护到保甲的安全准备和应该禁止的行为，刘宗周做出了详细的规定。为了实行保甲法，刘宗周制定了《保民训要》，他认为“行保甲以安地方事，照得弭盗安民，莫善于保甲。而一方教化，

① 《会仪》，见刘宗周著，吴光主编：《刘宗周全集》，第二册，485—486页，杭州，浙江古籍出版社，2007。

② 《约言》，见刘宗周著，吴光主编：《刘宗周全集》，第二册，486—487页，杭州，浙江古籍出版社，2007。

③ 《约言》，见刘宗周著，吴光主编：《刘宗周全集》，第二册，488页，杭州，浙江古籍出版社，2007。

即寄于其中，古之君子，常熟讲而施行之”，对保甲的一系列措施做了具体描述。例如，在“保甲之籍”中，刘宗周规定“十户为甲，甲有长”，各户相亲相爱，且听命于甲长，甲长是最小的职位；“十甲为保，保有长”，各甲互相亲识，听命于保长，保长管理的百姓比甲长多；“十保为乡，乡有长”，各保百姓相互认识和亲密，听乡长的命令，乡长在甲长和保长之上；“聚乡有坊，坊有官”，各乡聚集起来成坊，相亲相爱，听命于坊官；“五坊为城，城有司”，各坊百姓互相亲识听命于司官；“五城为畿，畿有天子之守臣与院臣”，五座城加起来便成畿，畿与其他地方不同，有天子任命的守臣和院臣，各城需听从守臣与院臣的命令；城外的地方是郊区，郊区以外称为都鄙，各有长官，各长分隶于国中卿长，需要听从州官和县官的命令。由此可见，刘宗周非常重视保甲法，他认为实行保甲可以实现乡民之间团结友爱、互助互持的目标，“使出入相友，守望相助，共成敦睦之风，永效君亲之戴”①。

不止订立保甲法，刘宗周还颁布了《乡约事宜》来规范乡民行事作风，主要包括“约训”“约法”“约礼”“约备”等四个方面。“约训”规定乡民首先要孝顺父母，“在家以父母为严君，在国以元后为父母”，强调忠孝一理。其次要尊敬长上，“子弟敬父兄，百姓敬官长”；要和睦乡里，“息争为上”；教训子孙，尤其在大家族中，“尤当诫戢僮仆”；各安生理，“以士、农、工、商为常业”；毋作非为，对不安生理之人提出赌、盗等十几条禁条。②“约法”之中规定邻里之间要德义相长、过失相规、礼俗相交、患难相恤。所谓德义相长，即让孝、敬、睦、训、生理成为一种风尚，“凡一户有闻，一甲举之；一甲有闻，一保举之；一保有闻，乡约长举之。大节举于官，旌于扁额；小节本乡风励，贫者旌以粟帛”，对有德行的人进行奖励。所谓过失相规，即对于有贤德令名者，给予表彰，而对于有过失而不安生理者则给予惩罚，“大事致于官，甚者两邻同坐；小事本邻诫饬，知而不举者各罚”。所谓礼俗相交，即相守世俗礼仪，

① 《保民训要》，见刘宗周著，吴光主编：《刘宗周全集》，第四册，371—385页，杭州，浙江古籍出版社，2007。

② 《乡约事宜》，见刘宗周著，吴光主编：《刘宗周全集》，第四册，403—404页，杭州，浙江古籍出版社，2007。

以俭为训，士绅做出表率，乡人跟从。所谓患难相恤，即遇见水火、盗贼、疾病、灾荒等困难，乡人之间要互相帮助扶持，“贫者出力，富者出财，一以厚为训”。[①]“约礼”要求每到半个月时，“各甲长以上，夙兴候上官”需要行礼，设香案，行五拜三叩头，再拜谒官长，宣读圣谕六言，礼毕而退。[②]“约备”规定每户限田地二十亩，每甲准备灯笼一盏、器械十件、水缸二双，每保备锣一面、铳五门，每乡备木铎一具、更锣一面，每坊交界处栅门一座。[③]另外，刘宗周还写了《城守事宜》与《乡勇团练事宜》两则，作为《乡约事宜》的补充。

以血缘关系为纽带的社会，同时形成了固定的宗族群体，宗族以姓氏为划分依据，由若干同姓家庭组成，一个宗族就是一个大家庭。修身齐家，进而是宗族管理，是一个连续不断的整体，因此，在宗族中宗约的重要性不言而喻，它担负着管理整个宗族的使命，守约就显得尤为重要。为了更好地管理宗族，刘宗周专作《宗祠教约》，他说：“宗有约，以训宗也。语曰：‘家难而天下易’。”刘宗周强调面对人数众多的宗族，不能再以治家的家规来管理族人，必须要制定相应的宗约，“教于宗者必以庙为鹄，而敬其本也”。刘宗周在《宗祠教约》中规定了一些具体的措施，首先是宗族仪节，是有关具体职位的安排。他规定一族之中要立宗长，宗长管理整个宗族，“以约九族之众”；宗长下面设立宗翼二人，辅佐在宗长左右，方便宗长管理教化，对宗翼的人选也有要求，“取齿德兼隆者”；宗翼下设宗纠一人，工作是监督族人有无违纪违约，宗纠要“取老成行谊者”；选宗赞二人，“以知礼子弟司之”；在宗长外另立年老者一人作为宗老，立家干一人管理银钱谷物出纳，家庙值年者专管庙内香烛和洒扫陈设，族中还要有值会者负责提供会堂茶水及会中各项杂务。此外，刘宗周还要求在宗祠中放置夏楚二物、彰善记恶簿各一本以及《宗谱续编》一本，以便更

① 《乡约事宜》，见刘宗周著，吴光主编：《刘宗周全集》，第四册，405页，杭州，浙江古籍出版社，2007。

② 《乡约事宜》，见刘宗周著，吴光主编：《刘宗周全集》，第四册，406页，杭州，浙江古籍出版社，2007。

③ 《乡约事宜》，见刘宗周著，吴光主编：《刘宗周全集》，第四册，407页，杭州，浙江古籍出版社，2007。

好地管理宗族。[①]宗族的任职安排之后就是一些具体的条约，包括早晚课税、按时祭祀、族人相互扶持，提倡节俭、尊老爱幼、扬善惩恶等。由此可见，整个宗约刘宗周设计得非常完备，既有各项分工之人，也有日常生活的安排和管理，可谓井井有条。这样的宗约更方便宗族的管理，也有利于家族的团结和睦。

刘宗周通过自己的言行为世人树立了良好的榜样，扭转了越地的世风，使得士大夫从追逐名利到忠贞大义，世风大振。黄宗羲对于刘宗周更是推崇备至，他认为当时的士人都普遍缺少忠义之节，而且大都以软美之态、阿谀之言厕身于朝廷，直到恩师刘宗周与其父黄尊素等人振作于危险境地，才扭转了以往的恶习，使忠义名节等美德延续至今。[②]

五、创立蕺山学派

刘宗周既是一代儒学名臣，同时也是明代最后一个纯粹的儒学派系——蕺山学派的初创者。天启五年（1625），刘宗周首次在蕺山解吟轩讲会，此次讲会学生不多，影响也不大，但却是刘宗周思想的第一次飞跃，他的思想由程朱理学开始转向阳明心学，“慎独”之旨也逐渐呈现。崇祯四年，刘宗周与陶石梁于陶石篑先生祠成立“证人社”，以“证人”为宗旨在此共同讲学，集同道二百余人。在此期间，刘宗周作《独箴》，确立了以“慎独”为主旨的学术思想，重工夫、重践履的学术风格已经基本确立。“证人社”虽然有着严格的章程，但是两个领袖的学风却截然不同，陶石梁强调“识得本体，不用工夫”，而刘宗周却坚持“工夫愈精密，则本体愈昭荧”[③]，陶重本体而刘重工夫，双方弟子围绕着是以本体为重还是以工夫为重展开了激烈的争论。黄宗羲作为刘宗周弟子，曾“邀

① 《宗祠教约》，见刘宗周著，吴光主编：《刘宗周全集》，第五册，484—485 页，杭州，浙江古籍出版社，2007。

② 《子刘子行状》，见刘宗周著，吴光主编：《刘宗周全集》，第六册，49 页，杭州，浙江古籍出版社，2007。

③ 《子刘子行状》，见刘宗周著，吴光主编：《刘宗周全集》，第六册，49 页，杭州，浙江古籍出版社，2007。

吴越知名之士六十余人，共侍讲席，力催石梁之说，恶言不入于耳”[①]，可见双方弟子在当时发生了激烈的争吵。崇祯五年，“证人社”在维持了一年多以后分裂，秦宏祐等数十人奉陶石梁之教在白马岩居讲学，而刘宗周则会讲于古小学和阳明二祠。证人社分裂后，刘宗周开始独自讲学，此时他的学术宗旨和学术特色已经基本形成。通过讲学活动，刘宗周门下会聚了一批弟子，这说明他的思想在当时已经产生了较为广泛的影响，“蕺山学派”在“证人社”分裂时已然成立。[②]崇祯九年，蕺山学派走向成熟，此后至刘宗周殉节这段时间，蕺山学派的思想发展到了最高峰，标志是刘宗周《人谱》的定稿，周围弟子云集，“执贽弟子者，海内不下千人”，蕺山学派也逐渐成为明末清初最具影响力的儒家学派。

经历了明清嬗代的变化之后，蕺山学派在刘宗周殉节之后发生了极大的改变，他的弟子或殉节尽忠，或归于隐居，或改换门庭，导致蕺山之学迅速分化。王汎森认为，刘宗周去世之后的蕺山学派可以分为三派，第一派以张履祥、刘汋、吴蕃昌为代表，第二派中陈确独树一帜，第三派则以黄宗羲为代表。[③]在这三派之中，更是以张履祥、陈确、黄宗羲为主要代表，张履祥倾向程朱理学，黄宗羲倾向陆王心学，陈确不偏不倚，三者对刘宗周学术思想的态度各为不同。

张履祥，字考夫，号念芝，浙江桐乡人。张履祥在崇祯十四年谒见刘宗周，并北面称弟子。张履祥拜刘宗周为师之前虽强调于心上做功夫，但是“心知其然，然亦未能亲切也”，拜师之后，刘宗周谆谆教导其“体认动而无动，静而无静”，张履祥因此“无日不体此意，必求无负于夫子之教”[④]。可见，张履祥在拜师之前和拜师之后多于心地用工夫，走的是心学一路。然而，此后的几年张履祥的学术路线发生了巨大变化。首先，他便是对阳明心学提出严厉批评，张履祥认为“良知”之教能够使人“直情而径行”，但弊端是它“废灭礼教，播弃先典”，[⑤]也就变成所谓的“戎狄之道”，基于对心学的这种认识，他

① 黄炳垕:《黄宗羲年谱》，14 页，北京，中华书局，1993。

② 何俊、尹晓宁:《刘宗周与蕺山学派》，218 页，北京，中国人民大学出版社，2009。

③ 王汎森:《晚明清初思想十论》，249—290 页，上海，复旦大学出版社，2004。

④ 张履祥:《杨园先生全集》，上册，21—22 页，北京，中华书局，2002。

⑤ 张履祥:《备忘》，见《杨园先生全集》，下册，1138 页，北京，中华书局，2002。

将带有心学倾向的观点一一推翻，偏离了蕺山学派的学术主旨。此外，面对师父刘宗周晚年提出的“诚意”之说，张履祥也是持反对态度的，他认为“诚意”说是“习于姚江而不察”的，带有心学气息，因此他常常对“诚意”二字有意回避，在给刘宗周孙子刘子本写的一篇序中也单提“慎独”略去“诚意”。当然，张履祥也并非完全继承了刘宗周的“慎独”说，他所说的“慎独”是朱熹的“慎独”之意，在《备忘》中张履祥谈及对“慎独”的理解：“窃谓‘独’字解，即朱子‘人所不知，而己独知之处’一语已尽。”[①]文中张履祥对刘宗周的“慎独”做了朱子学的理解，抛弃了蕺山学派慎独与诚意的两个宗旨。张履祥不仅对蕺山学派的学术宗旨做了完全不同的理解，而且婉转表达了对师父刘宗周“不脱姚江习气”的批评，他的本心还是要完全摆脱心学，回到程朱那里。

陈确，字乾初，浙江海宁人，明亡前夕由祝渊介绍拜刘宗周为师。陈确拜师之前“不类今世人”，书法篆刻、洞箫弹棋无一不精，拜刘宗周为师之后，“一切陶写性情之技，视为害道而屏绝之”[②]。陈确在学术上标新立异，黄宗羲对其的评价是：“其学无所依傍，无所瞻顾，凡不合于心者，虽先儒已有成说，亦不肯随声附和，遂多惊世骇俗之论。”[③]陈确“于先师之学十得之四五”，由“证人社”发展而来的“省过会”是其中之一。省过会由陈确弟子创立，成员多是他的子侄或学生，陈确是该会的导师，大会的依据便是刘宗周《人谱》中的“证人”之法。省过会虽以《人谱》为依据但又与之不同，它要求会众每日自记言行得失并公之于众，不只是像《人谱》中要自己成为自己的监督者，还要使他人成为自己的一面镜子，借他人的眼睛对自己的过错进行省察，可见，陈确对于知过改过的重视程度比刘宗周更甚。陈确继承了刘宗周的人性论，又与之略有不同，他认为人只有气质之性，气质之性便是善，需要补充的是，陈确强调虽然气质之性是善的，但他反对凭空说性善，只有“扩充尽才后”方能“成性”，扩充成性的过程离不开工夫。基于对人性的理解，陈确认为人欲的存在合情合理，不会对因气质而有的人欲持彻底批判的态度，他认为，所谓“欲”是由人心所生意，“百善皆

① 张履祥：《备忘》，见《杨园先生全集》，下册，1093页，北京，中华书局，2002。

② 陈确：《陈确集》，上册，1页，北京，中华书局，2009。

③ 陈确：《陈确集》，上册，3页，北京，中华书局，2009。

从此生”[①]，强调不必过分遏绝“人欲”，“人欲正当处即天理也”[②]。相对于师父刘宗周对人欲的有意压制，陈确对人欲的态度更加宽容。陈确一生中最有影响的著作《大学辨》是由刘宗周对《大学》的怀疑而来，在他看来流传千年的《大学》是伪书，对其的批评多着力于义理，他认为《大学》说欲说先，“希是私伪，何得云‘诚’！宁古人之学之多夹杂乃尔乎！圣人之言之甚鄙倍乃尔乎”[③]，言辞十分激烈。陈确否定了《大学》中“诚意”的说法，而“诚意”是刘宗周的学术主旨之一，可见，陈确并没有完全继承刘宗周的学术思想。

黄宗羲，字太冲，号南雷，又号梨洲，浙江余姚人。黄宗羲的父亲黄尊素与刘宗周是朋友，黄尊素在获罪被捕时命黄宗羲从学于刘宗周，黄宗羲正式成为刘宗周的弟子。黄宗羲关于刘宗周思想的阐发集中在《子刘子行状》与《孟子师说》中，其中在《子刘子行状》一文中，黄宗羲对刘宗周学术的脉络与主旨做了清晰的梳理与阐明。他认为刘宗周的学术宗旨即为“慎独”，“始从主敬入门，中年专用慎独工夫”[④]，他对于师说的继承要多于创见，更看重对师学的解说与整理。不仅梳理继承刘宗周的学术思想，在刘宗周讲学的蕺山证人书院关闭三十多年后，黄宗羲于康熙六年恢复蕺山讲会，重申师说。康熙七年，黄宗羲把证人书院移植到甬上，甬上证人书院开讲，同样明确推尊蕺山慎独之学，书院以讲经论史为主要内容。甬上证人书院是黄宗羲阐论清代浙东学术的重要基地，把蕺山学的“证人之教”引向了“返经明教”的路向。[⑤]黄宗羲虽然对师学极力维护，但他也十分推崇姚江有时会把刘宗周的“诚意”等同于王阳明的“致良知”，“余谓先师之意，即阳明之良知；先师之诚意，即阳明之致良知”[⑥]。将刘宗周的学术纳入阳明学说中，也忽视了刘宗周学说中存在的理学倾向。

无论是自身的修养，还是具体的道德践履，刘宗周都在践行于日用常行中

① 陈确：《无欲作圣辨》，见《陈确集》，下册，461页，北京，中华书局，2009。
② 陈确：《近言集》，见《陈确集》，下册，425页，北京，中华书局，2009。
③ 陈确：《大学辨一》，见《陈确集》，下册，555页，北京，中华书局，2009。
④ 《子刘子行状》，见刘宗周著，吴光主编：《刘宗周全集》，第六册，45—49页，杭州，浙江古籍出版社，2007。
⑤ 陈永革：《儒学名臣——刘宗周传》，328—329页，杭州，浙江人民出版社，2005。
⑥ 黄宗羲：《董吴仲墓志铭》，见《黄宗羲全集》，第十册，466—468页，杭州，浙江古籍出版社，2005。

做工夫这一修养原则，而他的殉节行为更是将这一修养原则发挥到了极致。先帝崇祯的自尽给刘宗周造成了强烈的刺激，决定以身殉节，绝食给刘宗周带来了巨大的痛苦，最终求死的意志占了上风，这位明末大儒于弘光元年停止了思想。刘宗周用生死作为修养工夫是否做到位的试金石，将对待生死的态度问题等同于身心修养，在他看来，学者在生死面前表现出无畏的勇气，是学力与修养工夫所至，也是将生活日用作为验证之地的表现。

第四节 对刘宗周道德修养思想的评价

刘宗周作为晚明一代名儒，一生之中在朝为官仅四年，赋闲在家时以读书、讲学、著书为要，其学说继承了孔孟等儒家先贤的思想理论，融摄宋明理学，吸收阳明心学，最终形成了以“慎独”为宗旨之一的学术思想体系。清代学者李慈铭称赞刘宗周是“入为纯儒，出为荩臣，明季一人而已”[①]，当代学者亦将刘宗周看作是“中国17世纪最具原创性的思想家之一”[②]。古今中外的学者对其评价之高恰恰说明刘宗周的思想及其创立的蕺山学派对明末以后的学术思想有着重大影响。

刘宗周为学从思想背景上看就是在王学末流占据主导地位的情况下，力图矫正王学流弊的一次尝试。梁启超曾说过，王学在明末时与禅宗相近，东林党人顾宪成和高攀龙以格物思想来挽救王学空谈学术的弊端，这相当于第一次修正。而刘宗周所提倡的“慎独”学说拯救了王学放纵之弊端，是第二次修正。至明清易代之际，只有“蕺山一派学风渐趋健实”[③]。借由王学猖狂恣意的弊病以及程朱理学体系的架构，刘宗周在思想上有许多独特之处和独创之论，而最

① 刘宗周著，吴光主编：《刘宗周全集》，第五册，728页，杭州，浙江古籍出版社，2007。

② 杜维明：《道、学、政：论儒家知识分子》，94页，北京，人民出版社，2000。

③ 梁启超：《中国近三百年学术史》，47页，北京，东方出版社，1996。

突出的便是他对工夫修养的理论与实践探析以及对心、性、情、意的阐发，这也标志着刘宗周创设了自己的理论体系，正如邵思复对刘宗周的评价："孔、孟以后，集诸儒之大成。"[①] 刘宗周作为明末儒学的集大成者，不遗余力地批判王学空疏，修正王学弊端，倡导扎实的学风，更是身体力行、勤于讲学，通过讲学来宣传自己的学术思想，黄宗羲曾描述过刘宗周讲学历经二十余年，跟随的人不下数百人，讲学过程中刘宗周从不以师道自居，只是希望通过自己微弱的力量影响当时士人转向扎实的学风。由此可见，刘宗周的学术思想不仅以其内容影响着学者，而且在学术的播及面上影响着当时的学术界。[②]

一、修王学流弊，治理学支离

阳明学说从最初的良知与工夫并重发展至明末的唯良知论不重工夫，这一变化使得当时的学风急转直下，刘宗周直言："人心之恶以不学为进。"面对这种学风放荡的局面，刘宗周从阳明学说本身出发，寻找阳明学说的本来原义，在认真研读了有关阳明的论著后，刘宗周改变了对其学说最初的理解，他认为其在理论义理方面是周圆的，但是在工夫和教法上存在一定的弊端，这也是造成阳明后学流于凋敝的主要原因。因此，针对阳明后学不重工夫缺点，刘宗周以慎独、诚意为宗，由王学偏重对心体的阐述出发，凸显性体即独体，主张心体性体相统一，强调道德本体的客观性与普遍性，着重阐述了"慎独"理论。刘宗周吸收了罗钦顺"理气是一"的观点，将理气融入心性论，借此使得心性之学更富有客观性，避免其流为空说的弊端，从而使道德实践有所着落。除此之外，刘宗周对王学"不善用工夫"的做法提出了尖锐批评，强调践履的重要性，更是扭转了王学对"意"的理解，将王阳明的"意为心之所发"阐述成"意为心之所存"，反对王学只重提主脑、不喜言克治边事的理论，在审查、批判阳明良知学说的基础上展开理论的重建工作。刘宗周高扬他的"慎独"说，

① 刘宗周著，吴光主编：《刘宗周全集》，第五册，578—579 页，杭州，浙江古籍出版社，2007。

② 东方朔：《刘宗周评传》，386 页，南京，南京大学出版社，2011。

将慎独理论内在融合于阳明学说，通达程朱进而推崇濂溪学说，其为学目的就在于挽救流弊，维持儒学道统不坠。

刘宗周的学术思想不只是"乘王学之流弊而起者"，依弟子黄宗羲之见，其师宗周更是"为治理学支离之病而起者"，他面对的是宋明六百年间建构的庞大理学体系。黄宗羲认为先师刘宗周所言的未发之言所指向的有四者："一是人在静处的时候也要修养自己的身心；二是意为心之所存；三为已发未发以表里对待言，不以前后际言；四为太极为万物之总名。"① 这四种思想的构建都是以宋明理学为基础进行建构的，不只是修补王学流弊，他还将刘宗周归于明代大儒的整个大环境中评价他的思想地位，强调明代的儒学"自白沙开其端，至姚江而始大明"，发展到刘宗周时已不是"从前习熟先儒之成说"②，只有师父刘宗周完成了对宋明理学的总结及对儒学传统的重建，影响深远。

二、突出"慎独"的工夫论意义，丰富儒学的修养方法

作为儒家思想的一个重要范畴，"慎独"在后世儒家的学者和思想家那里得到了细致的阐述与发展，他们都把"慎独"看作是修身的重要原则与方法之一，而且将"慎独"与齐家、治国、平天下的基本要求联系在一起，阐发了众多思想学说。刘宗周重提"慎独"修养方法与他重视儒学学说、心系社会有关。作为明末清初的儒学大家，刘宗周与前人一样也非常强调"慎独"个人道德修养过程中的重要作用。与其他学者不同的是，刘宗周提出的"慎独"不仅实现了思想上的超越，而且提出了一系列与儒家先贤不同的修养途径，对道德品质的提高有着与众不同的意义。

刘宗周一直主张做人首先要"证其所以为人"，进而"证其所以为心"，这也是学习的目的，通过"证人"与"证心"真正地成为符合社会道德规范的人，

---

① 《子刘子行状》，见刘宗周著，吴光主编：《刘宗周全集》，第六册，39—42 页，杭州，浙江古籍出版社，2007。

② 黄宗羲：《移史馆论不宜立理学传书》，见《黄宗羲全集》，第十册，221 页，杭州，浙江古籍出版社，2005。

从而成为儒家所倡导的君子和圣人。成就君子人格、成为圣人这一目标虽然遥不可及，在刘宗周看来，并不是毫无办法的。他强调，要成为君子与圣人最重要的方法即做好"慎独"修养工夫，这也是成为圣人与贤者的重要途径，把"慎独"当作考验个人品德修养的方法。刘宗周将"慎独"与个人的道德修养与境界联系在一起，认为"慎独"本身就是个人内心本性的体现，无论是谨慎省察还是兢兢业业不负本心，都在强调内心的力量，只要心中有道德，无论身处何地何时都会以合理的道德规范来要求自己，保持一颗纯然至善的心，这也是修养"慎独"工夫的本来意义。虽然都是在强调道德修养的重要性，刘宗周要比儒家其他学者更进一步的是，他着重突出了"慎独"修养的工夫论意义。

其他儒学思想家如王阳明、朱熹等人提出关于本体工夫关系的不同结论，虽都在强调本体与工夫同一，但是仍然不可避免地偏重一方，这间接导致了"慎独"修养在实践操作上的缺乏。面对这些论断，刘宗周以为，这些思想家们论述自己的理论想法，无论是"慎独即本体"还是"慎独亦工夫"，他们都有一个中心点就是"慎独"，所谓"说本体与工夫总不离'慎独'二字"[①]就是这个意思。刘宗周在梳理先儒关于"慎独"的言论时，总结出儒家学者关于"慎独"的论断有失偏颇，大都只讨论"慎独"的工夫论倾向忽略其本体论意义，有的学者更是只强调"慎独"的本体含义而不讲工夫实践，如此曲解"慎独"一词的本义导致其践履工夫无法落在实处。刘宗周看到了传统儒学在"慎独"学说阐述上的弊端，只言心或性很难将"慎独"的本体与工夫统合，因此他强调唯有以"独"为本体，"慎独"才能实现本体与工夫的合一。刘宗周不赞同陶奭龄只需识得本体工夫在本体之中的说法，也反对阳明后学过于强调顿悟本体自是工夫的做法，他认为，陶奭龄与阳明后学都只注重本体忽视了工夫的重要性，这也是当时士风日下的主要原因。基于对本体与工夫关系的理解，刘宗周从不同角度出发，主张君子应该在工夫上尽心，而本体蕴含在实践工夫之中，做好践行工夫，本体不言而喻，二者自然能够融通合一。刘宗周"慎独"修养

① 《阳明王子》，见刘宗周著，吴光主编：《刘宗周全集》，第二册，258页，杭州，浙江古籍出版社，2007。

学说从本体与工夫关系下手，以统合本体工夫为前提，注重二者的双向阐发，刘宗周“即本体即工夫”的慎独思想主张本体工夫都重要，看似与阳明本体工夫合一思想极似，实则更注重在工夫实处用功。

刘宗周的“慎独”与宋明儒家学说的不同之处即在于，他的修养思想打通了道德本体与工夫，使得二者互相融合，通过“慎”等修养工夫让圣学工夫的实现成为现实，重视本体意义的同时注重工夫论意义的阐发。个人的道德修养以及理想人格的塑造在刘宗周“慎独”思想的折射下，成为一种自觉的操守和感悟，其理论统合传统道德本体与工夫，是对传统“慎独”学说的总结与超越。①

三、重视道德实践，落实改过方法

刘宗周不仅强调本体与工夫合一，而且认为本体要在工夫中显现，即本体要通过工夫来落实。先天的道德本体需要经过后天的修养工夫呈现，才能使抽象的理性本体变得具体化，才能够转化成人的自觉能动的人格品德。刘宗周虽着眼于用本体提领工夫，在工夫中展现本体，但是他更强调要把本体落实到日常实践当中去，非常重视道德实践，他认为阳明末学空谈心性、学问玄虚流入狂禅，很重要的原因是不重工夫之用。“慎独”思想将人事收归于心的管理，难免会产生脱离社会实践的弊端，甚至出现空谈的弊病。刘宗周为了避免这一弊病，能够真正在社会实践过程中落实“慎独”的工夫，落实道德修养工夫，以“慎独”为其学说宗旨，在《人谱》中提出了一套完备的慎独修养工夫体系，将修身工夫落实于改过实践中，坚持要在日常生活间“迁善改过”。无论是焚香、静坐等颇具仪式感的“讼过法”，还是更加系统化的“纪过格”，这些都是刘宗周对于实践工夫的尝试，使得改过理论更加系统化和仪式化。刘宗周一直强调学者要“在事物上做工夫”，坚持人人都要做修养工夫，“事境磨炼”方能使道理透彻，自身的道德修养才能提升，若要使“心体透彻”，唯有磨炼之功实

① 陈睿瑜：《刘宗周道德本体与工夫合一的慎独说》，载《伦理学研究》，2020（3），52页。

实实在在、具体而微。刘宗周的道德实践工夫一方面体现在成人成圣的修养工夫上，他要求学者日常生活中时时迁、时时改，遵守义礼、安贫乐道，在日积月累的修养中成就君子人格。另一方面，刘宗周也重视外王的实践工夫，他为官时为百姓制定条约，为皇帝上书进言，恪尽职守，在乡野矢志不渝地热衷于讲学，传播儒学思想，制定学约与乡约，在家族中协助管理族人，设计宗约与家规，直至以身殉节，都极大地展现出刘宗周道德践履工夫之深、践履工夫之实。

总之，儒家非常重视“慎独”修养工夫，刘宗周十分重视“慎独”对人的作用，它能够使人成人成圣，使人成为品德高尚的必需学问。所谓“人能慎独，便为天地间完人”，是说只有通过慎独的自我修养工夫，才能成为道德高尚、人格完善的人。但与其他儒家先贤不同的是，无论是身心修养还是道德践履，刘宗周都非常强调本体与工夫相统一、道德原则与道德修养相统一，道德原则需要在道德修养之中体现，更是提出了“本体即在工夫中”的命题，他强调躬行践履工夫，使得其慎独学说得到了丰富和充实。①

小　结

明清“天崩地坼”之际，变幻莫测、风俗颓败的时世给当时的士人带来了许多道德考验。面对晚明时期的各种社会危机，刘宗周遵循儒家正统理念，以儒家道德理想主义来塑造理想社会，他信仰儒家圣贤推崇的内圣外王之道，注重道德教化，不遗余力地去挽救逐渐衰弱的明末社会。当时学者大多致力于修正阳明后学的流弊，重经世致用之学，而在刘宗周看来，阳明后学的弊病就在于道德践履的轻视与义理阐发的矛盾。为了“救正”阳明后学的流弊，激励士人修养自身道德意识与道德行为，刘宗周提出了包括道德修养目标、内容、方法等在内的一套完备的道德修养思想体系。

① 衷尔钜:《蕺山学派哲学思想》，99页，济南，山东教育出版社，1993。

儒家传统理念是要培养圣人与君子，刘宗周作为维护儒家传统纲常伦理的学者，道德修养的目标亦即成就儒家倡导的君子与圣人人格，他强调君子应以修齐治平、建功立业为目标，以内圣外王、处己治人作为行动指南，无论是内在的“言行交修”还是外在的形象，都要符合圣人君子的言行要求。刘宗周希望真正的君子要拥有高尚的品德和远大的抱负，做好“慎独”修养工夫，从而修己率物、继承发扬先贤学问。刘宗周的学术宗旨之一是“慎独”，他以“慎独”统合本体与工夫，架构成糅意、心、性、知、念、物为一体的心学体系，解决了朱子、阳明理论上的矛盾。在他看来，天道无极而太极，人道无善而至善，人心可以统摄天道、人道，只要一个人内心能够保持“慎独”，那就能够迁善改过、入于圣域，因此，刘宗周倡导证人改过之说，以“慎独”为主旨在《人谱》中提出了一套严谨、细密的修养工夫。在《人谱》中，刘宗周依据人的心性行为的自然展开来全面反省人在展开过程中可能出现的过错，他的改过思想也不仅仅停留在指导人的行为操作，而是力图在人的精神上培养起罪感意识，提出的改过方法也是针对两个层次的，这也成为儒学的新内容。刘宗周的生死观主张将生死看作寻常事，在生命的最后关头，刘宗周也毅然决然地绝食殉节。另外，刘宗周的忠节观与生死观也影响了他的弟子，在刘宗周的感召之下，弟子们或选择抗清，或选择殉节，甚至在入清之后，幸存下来的刘门弟子再次进行人生抉择时，刘宗周的忠节观及生死观仍在他们的意识中起着作用。

刘宗周学术颇重工夫，他看到了阳明后学一派对践履工夫的忽视，因此他非常重视道德修养与践履，以践履使学问落到实处，“慎独”既是刘宗周学术的宗旨，其工夫论也着眼于“慎独”修养工夫。刘宗周十分强调“慎独”修养，所谓“慎独”修养工夫，先出“静”字。“静”是一种求放心工夫，方法简单，主要体现在静坐之中，刘宗周认为凡人终日为杂事所困扰，心中杂念累积已久没有消除，唯有消除心中不好的念头，此心才会澄然，才会“止于至善”，刘宗周通过静坐使得自身的严毅气象得到不少化解。除“静”之外，还有“学”一字，刘宗周在韩山草堂读书时便以半日静坐、半日读书为功课，这种涵养方法源自朱子，在刘宗周的修养工夫中占据重要地位。刘宗周所说的“学”不同于一般的为寻求知识和求取功名而学，而是主张通过学习来护持本心，他认为学者在静坐时寻得古籍读之，便能化本心为圣贤之心，从圣贤心中流露出的义理，我的心中自然会有，通过读书、读圣贤书，可以使学者之心与圣贤之心心心相印。

刘宗周以为，尽性之学虽然在“慎独”，但工夫的落实处是十分讲究的，“本体只在日用常行之中”，因此，强调日用工夫成为刘宗周克服心学流弊的关键。从工夫上做努力，正是王阳明对学生们的期望，刘宗周注重工夫的做法从某种意义上正符合王阳明的期望，与王阳明不同的是，刘宗周通过改过之法为道德实践提供明确的目标，使得道德践履从反方向步步落实，直到成就合乎德行的人生。刘宗周首先从正面强调心体本善，人应当保持至善心体，进而指出在心体流转的各个环节都存在向善与出现过错两种可能，因此，他更加注重如何抑制和消除过错，工夫自然也从改过做起。刘宗周在改过之前细述了人的过错的层层显现，改过的方法相应地表现出来，其着力处仍然是在心性上下功夫。作为宋明儒学的殿军，刘宗周对于人的过错的分类以及改过方法的呈现更具系统化，通过改过来重建道德生活成为刘宗周哲学的精神所在。

刘宗周非常重视道德践履，他主张学者需努力地“磨炼”自己的尽性至命之功，真正的磨炼既包括寻常的饮食起居、自身修养，还体现在人与人的交往之中，磨炼的过程也是一个不断提高自身的过程。因此，刘宗周不仅修养自身品德，而且进行了众多社会实践，从讲学、制定宗约到撰写家训，他时时刻刻提醒学者谨记践履工夫的重要性，他这种强调修养不力人伦日用工夫的主张，对于当时的士风、学风发挥了很大的作用。

第二章 “主敬”与“约礼”：张履祥道德修养思想研究

第一节 张履祥道德修养思想产生的背景

张履祥（1611—1674），字考夫，号念之。浙江桐乡县人，因世居桐乡县乡炉镇杨园村，所以学者称他为“杨园先生”，明末清初著名的理学家、教育家、思想家，他与陈确、黄宗羲并称为“蕺山门下三杰”。乱世中，张履祥生活十分艰难困苦，终身隐居乡间、潜心教学，“声誉不出闾巷”，终于同治十年得以从祀孔庙，成为有清一代道德典范。

思想是时代的反映，任何思想的产生都离不开当时社会的政治、经济、文化等环境。探究张履祥道德修养思想，须将其放置在明清之际的社会现实中，张履祥道德修养思想的产生恰逢明清鼎革，社会剧变，商品经济快速发展，新的生产方式冲击原有的价值体系和道德观念，其道德修养思想是在各种因素共同作用下形成的。

一、时代背景

（一）社会经济背景

张履祥生活在明清鼎革之际，此时政权更迭，自然灾害频繁，“辛卯春，雨不止，麦豆浸死，鱼肉盐价相若，米斗至五钱。强者为盗，弱者流亡”[①]。强盗倭寇横行，饿殍遍野。1644年，爆发了农民起义，以李自成为首，他们迅速占领北京，推翻了明王朝统治。随后清王朝统治者进驻北京，镇压农民起义，逐渐确立了清王朝的统治地位。而对当时的社会，民族矛盾和阶级矛盾相互交织，民众悲愤情绪空前高涨，张履祥痛苦呐喊："骇变非常，痛心疾首。吾辈豪管腐儒，虽生负血性，无力杀贼以报明主，宵旦思之，或号或泣。"[②]

在农业方面，这一时期已经出现了雇佣关系，农产品商品化。江南地区一些农民，他们种植农作物不再单纯依靠自给自足，转而以市场需求为主，在"利厚"的基础上进行选择。地主经营土地方式仍以出租为主，但也出现了一些地主雇工经营的形式。雇工和雇主之间是人身依附关系，但随着明中叶以来接连农民起义，有力打击了地主阶级对农民的压迫，阶级关系有所转变，佃农地位得以提高，与雇主之间的依附关系逐渐被打破，出现了一批自由雇农，张履祥的《赁耕末议》详细描述了佃农地位的变化。《赁耕末议》中规定了雇主不得对佃户随意进行勒索敲诈，对佃户饲养的鸡鸭等动物和种植作物，地主必须照价购买，不能任意抢夺，佃户为地主出力，根据劳动时间获取相应的工酬。[③]这些规定肯定了佃农对自己所得劳动产品拥有归属权。何良俊认为在16世纪以前，士农工商他们各有自己的定业，黎民百姓也辛勤耕作，一心在田，没有其他志向。随着商业的不断发展，伴随而来的赋税徭役日益繁重，农民苦不堪言，纷纷发展其他手工业和商业。以前几乎没有农民从事商业，如今放弃农业，改从商业的人数是以前的三倍。[④]万历初年，徐芳也曾讽刺当时的知识分子抛弃传统圣贤之志，一心经商逐利，甚至出现因为利益而同室操戈、父子之间反目成仇的情况。

在家庭手工业方面，家庭手工业是整个封建社会经济的重要组成部分，一些家庭手工业经营者逐渐变为独立的手工作坊，有的甚至成立了手工业小工场。

---

① 张履祥：《桐乡灾异记》，见《杨园先生全集》，518页，北京，中华书局，2002。

② 张履祥：《吊李石友书》，见《杨园先生全集》，250页，北京，中华书局，2002。

③ 衷尔钜：《蕺山学派哲学思想》，48页，济南，山东教育出版社，1993。

④ 何良俊：《四友斋丛说》，78—83页，上海，上海古籍出版社，2012。

机户机工相互配合，主要出现在苏杭等江南地区。此时还出现了一批商帮，他们将获利之后的资金继续用来经商，逐渐扩大了商业经营的规模和资本，于是部分商人开始涉足生产领域，他们将大部分商业资本投向土地，转入农业生产，这一方面加剧了土地兼并的激烈趋势，提高了地主阶级的实力，另一方面也改变了佃农与地主的人身依附关系，使原有的生产关系受到冲击，世风发生变化。

从明中叶到清代初期，商品经济的繁荣，市民意识的逐步觉醒，由此带来了生活方式上的巨大变动，并触及社会观念、风俗习惯，一些从农业和小手工业中分离出的劳动力，他们所组成的新兴市民阶层成了当时社会的主要力量，并衍生出新的生产方式和价值体系，使传统价值观念、社会习俗有所衰退，对利益的过度追逐产生了一系列道德问题。此时出现的一大批进步思想家，包括陈确、傅山、黄宗羲、张履祥等人，他们都抱有强烈的民族意识和家国情怀，全面分析总结知与行、修身与治世的辩证关系，总结反思明王朝灭亡教训，倡导“崇实黜虚”，用礼仪、规矩，有时甚至用勤俭节约来展示自己奉行礼教，排斥那些奢侈享受之俗，以此将自己与其他流品之人相区别，批判那些“伪道学”“假道学”不以圣贤是非为标准。张履祥等人主要依据传统“四民”来重建社会道德秩序，清整风俗，改革晚明以来教化衰微，被物质利益所左右的陋习，他们从社会现实出发，明道济世，利济苍生。

（二）思想文化背景

明清之际经历了大动荡、大变革、大改组后，出现了一批著名思想家，他们批判封建君主专制，要求用“众治”来取代“独治”[①]，倡导改变君臣关系，共治天下。

学术发展到明清之际，主流趋势是“尊朱辟王”，开始批判晚明以来声势浩大的阳明心学，转而推崇程朱理学。梁启超对清初学术有一个概括：“从顺治元年到康熙二十年约三四十年间，完全是前明遗老支配学界。他们所努力者，

① 顾炎武：《日知录集释》，287页，石家庄，花山文艺出版社，1990。

对于王学实行革命。”“王学反动，其第一步则返于程朱。”[1]明代中后期，阳明心学成为儒学中的显学，其在学术上的地位与作用是不容质疑的，但随着传播范围不断扩大，王学末流空谈性命，过分强调人的主观性而导致“师心自用”等弊端日益显露，排斥儒家经典，于是被士人所遗弃。这时，清初一大批思想家共同喊出“明亡于学术”的口号。魏裔介鞭笞这一时期的思想风气，自明朝以来，风俗日衰，礼法僭越，奢靡之风盛行，礼乐崩坏。[2]他主张通过学术来规正人心，端正朝廷百官，而后正万民。他们将学术与政治联系在一起，先后以不同方式发起拯救学术、稳定统治秩序的努力。东林学派率先提出拯救社会文化的口号，批判王学以复兴朱学，从外部对王学提出批判。但在张履祥看来，东林学派只是提倡回归到程朱之学，其讲学仍从“静悟”处着手，没有做到切实践履，根本上还是王学。此外，蕺山学派开创者刘宗周从内部出发对王学进行修正，刘宗周被认为是王学修正派，思想来源仍是阳明心学[3]，但有前后变化，黄宗羲曾说：“先生于新建之学凡三变；始而疑，中而信，终而辨难不遗余力，而新建之旨复显。”[4]张履祥虽然求学于刘宗周，但他在治学上祖述孔孟，排斥王学，恪守程朱之学，之所以背离老师意愿，主要在于时世的不同，面对明清易代所造成的混乱局面，他率先举起“尊朱辟王”的大旗。

张履祥的“尊朱辟王”思想是在反思东林学术、批判佛老异端学说、总结老师的“慎独”“诚意”、论辩陈确私心、体味阳明“良知”之学基础上构建的。在“辟王学”上，首先，他认为阳明在为学态度上不够严谨，骄吝不实，以一己之私为圣人意思，排斥程朱之学。其次，对阳明心学进行学理方面的批判。王学最大弊处在于排黜“格物穷理”，“直捷径行”，省却了中间诸多修养工夫，通过捷径直接去体悟天理、获得良知，将天理看作良知，这样无须关注外在的客观世界，将格物换作格心，这是晚明以来学术不正、风俗败坏的根本原因。在“尊朱学”上，张履祥主张，学者对于古圣先贤的遗书，要笃信敬守，

① 梁启超：《中国近三百年学术史》，18页、110页，天津，天津古籍出版社，2003。
② 魏裔介：《兼济堂文集》，5页，北京，中华书局，2007。
③ 陈来：《宋明理学》，293页，上海，华东师范大学出版社，2004。
④ 黄宗羲：《黄宗羲全集》，254页，杭州，浙江古籍出版社，2005。

从中挑选有益于自己的部分，细心钻研，这样学问才能有所精进，也才会产生月异而岁不同的效果。

二、学术渊源

（一）张履祥个人经历

张履祥出生于普通家庭，七岁丧父，在祖父和母亲的共同抚养下长大成人，他没有显赫的家世，家境贫苦，十一岁时，就去外祖父家求学，次年便开始学习《易经》。在他十五岁时，到甑山钱氏鹤堂，跟随诸董威就学，并在当年应童子试，补县学弟子员。十八岁时，举行冠礼，改字为考夫。娶诸式为妻。之后，在他二十九岁时，他兄长张履祯也成为邑庠生，乡人推举沈孺人节孝，旌表门闾，并赠额“邹国遗风”。三十二岁，张履祥在杭州参加乡试，遇到黄道周，张履祥从此铭记终身。三十四岁时，他与好友钱寅在山阴蕺山，拜师刘宗周。同时，张履祥将其所著《愿学记》中的部分内容向刘宗周请教，得到指点，返回家乡，著成《问目》；还将刘宗周的《人谱》《证人社约》等书籍带给门人，并教示他们，之后从刘宗周的遗书中摘取有关程朱学说的部分条目，著成《刘子粹言》。

明崇祯十七年（1644），张履祥三十四岁，这一年是张履祥的人生转折点。明王朝灭亡，第二年，老师刘宗周绝食而亡。甲申之变的几年里，官府苛捐杂税，盗贼猖獗，但张履祥依然坚持处馆教学，在治学之余，他亲自从事农耕，但因体弱多病，农事活动只能量力而行，他的《补农书》为家乡农业经营与发展提供了很好的借鉴。五十岁后，随着疾病的困扰，生计问题日益突出，一直靠好友和众多弟子相助。到张履祥六十一岁时，他与吕留良、何商隐共同开课授徒，并不断整理、刊刻程朱等先儒遗书，努力传道。

张履祥生前凄凉，但他去世后，弟子与门人敬仰他的人品学问，不断传播他的思想。最终，他由一介遗民儒者而成为孔门圣贤。乾隆十六年（1751），浙江学者雷鋐专门立碑纪念，称其为“理学真儒”；同治十年（1871），张履祥从祀孔庙，获得了儒者的最高荣誉。

（二）优良的家学传统

张履祥道德修养思想形成受诸多因素影响，其中离不开家中长辈对他的谆谆教导。张履祥出生在书香之家，幼时就受到了书籍的熏陶，他祖父张晦庵待人宽和，一生从未涉足科举之业，热爱读书，谦卑善良，书中记载他稍有闲暇时间，便手不释卷，通晓医药、占卜、词曲等，涉猎广泛。每见张履祥游玩，祖父便教导他要勤勉努力，发奋读书，“愚而不学则益愚，智而不学则失其智”[①]。在为人处世方面，“反做事无大小，一揆之理义情，庶几无失”[②]。无论在人品还是学问上，他都离不开其祖父影响。其父张明俊，号九芝，是县学生员，一生至孝温厚，对待家人和顺无违，有一次在参加省试时，得知母亲生病，不顾别人劝阻立即回家侍奉，乡人都称其为端士。张履祥五岁时就能背诵《孝经》，七岁就已开始朗诵诗书，父亲为其取名履祥，出自宋元之际名儒金履祥，希望他能像金履祥那样成为有名的儒者。张履祥以父亲为榜样，在修身为学方面克勤克俭，终身持敬。

张履祥七岁时便失去了父亲，由祖父和母亲抚养成人，母亲教导他：孔子、孟子也是早年丧父，但很早就确立了成圣成贤的远大志向。如果他不用功读书，只能流为庸庸碌碌之辈。张履祥谨记母亲教诲，昂扬向上，不畏生活中的艰难困苦。为了保证儿子日常饮食，母亲勤俭持家，靠纺织来换取钱粮，提供修膳，为其延师课先生。张履祥曾追忆母亲教诲：“曰非劳不可货取，‘见得思义’也。曰修身益日上，日上无止，‘君子上达也’。曰宁下人，无骄人，‘谦谦君子，卑以自牧’也。”[③]由此可见张履祥至诚至孝，谨守先人之教，立志高远，为其道德修养思想的形成奠定了良好的基础。

张履祥一生遭逢许多变故，家故迭作，正是这贫寒的家境，铸就了其不凡的思想旨趣。他自述七岁丧父，十二岁祖父去世，二十一岁母亲又去世。在他

① 张履祥：《愿学记一》，见《杨园先生全集》，729 页，北京，中华书局，2002。
② 张履祥：《先世遗事》，见《杨园先生全集》，631 页，北京，中华书局，2002。
③ 张履祥：《愿学记一》，见《杨园先生全集》，729 页，北京，中华书局，2002。

祖父去世的时候，因为桐乡地区惑于风水之说，葬祖一事遭到村民阻挠，没能尽快安葬，于是祖父灵柩一直停放在村中，后来被强盗火烧村庄而累及祖父的攒室，这件事对张履祥造成了很大的打击，他终身都为此事懊悔，后来也是这一缘故促成他在家乡举办葬亲社，积极革除当地陋俗。虽然张履祥家境贫寒，但他还是受到了良好的家庭教育，对他的人生道路与德行修养都起了积极影响。张履祥年少时，看见别人作画，自己私下也取来朱墨效仿，遭到祖母痛责。在十五六岁时，看见有人精于篆刻，便学起了刻印，又一次遭到劝阻，此后专心读圣贤之书，不务旁业。张履祥从小就在为学进德方面确立了根基，正是年少时家人殷切教诲，使他在为学上始终恪守教导去躬行实践，实事求是，最终成为一代醇儒，入祀孔庙。

（三）拜师刘宗周

张履祥于顺治元年（1644）在山阴拜师刘宗周，这是他为学生涯中至关重要的一件事。刘宗周（1578—1645），字启东，号念台，浙江山阴人，曾因讲学于山阴县城北蕺山，学者又称蕺山先生，是明末时期著名大儒，有“宋明理学之殿军”称号。刘宗周的学术思想系统又完备，他师从许孚远，在思想学术上赞同东林学派，对程朱理学中“主敬”工夫也持肯定态度。明末王学泛滥，束书不观，促使学者展开了对王学的修正和批判。刘宗周自身对王学也有着清醒的认识，他于阳明之学有三变：开始时比较怀疑，认为其接近禅学；中而信，将阳明之学看作圣学；终而辨难不遗余力。刘宗周深感王学末流空疏虚浮，败坏人心，不注重克己工夫而专注于自我内求来成圣成贤，必然会走向禅学，于是他从内部进行矫正，开创了特有的“慎独”之学，整合程朱陆王学说。刘宗周称自己得见前人所未见，遂能弥补圣学不足，使学术昌明，从而不失孔孟圣学之旨，从此奠定了其学术地位。刘宗周在为学工夫上强调穷理致知，著有《人谱》一书，提倡切实践履，来修正王学空疏，这些思想都与程朱之学有一脉相承的地方。张履祥从学刘宗周时间并不长，但刘宗周对张履祥的人格与学术具有深远影响，他的“尊朱辟王”思想一部分也来源于对刘宗周思想的思考与评判。

崇祯十七年（1644）冬，张履祥拜师刘宗周后，在《上山阴刘念台先生书》中讲述了自己的为学经历。张履祥治学始于王学，因读《龙溪集》而对圣学有所领悟，进而沉溺于阳明“良知”之学，并且深信不疑，以为于圣贤之域可举足而至，但之后张履祥悔恨自己陷溺太深，以为圣贤能即刻而至，以至在日常生活中动多过失，忽视礼教纲常，他曾在一首诗中注道：“笃信‘良知’之学十年，但内省后逐渐发觉‘廓然荡然，茫然无措，没有依据之处’。”[①] 由此可知阳明心学对张履祥踏上圣学之路有引导作用，使他体验到圣贤之果有可为，于是由举业之学转向了圣贤之学，对他从事圣贤之学起到了很大的激发作用，客观上反映了明代晚期学术思想的发展潮流。

刘宗周的教育思想旨在成己成人，没有丝毫功利之心，他的人格修养与精神品质，对张履祥的一生起了重要影响，张履祥每念及老师的教诲莫不深有感发：“先生起而立诚以为教，本之人极以一其趋，原之慎独以密其课，操之静存动察以深其养，辨之闇然以要其归。而复敦之以践履，间之以名节，使高明之士即得与闻乎至道，而谨厚者亦得循循于绳墨之守。”[②] 刘宗周敦厚践履，崇实黜虚的道德品质为张履祥所继承，为学时他始终坚持学以教人，身以化人，终身奉行老师高尚德行，注重践履工夫，心怀善意，平实和气。刘宗周对张履祥的影响不只是个人修养方面，在思想学术方面也有很大的启发，他说：“今之学者，亦知收拾此心而从事于静坐矣，然心之不同，如其面焉，虽静坐时未有物欲之弊，而气质之拘却恐不免。大率高者所发多向过一边，卑者所发多向不及一边，有不自知其然而然者。此《中庸》所以重择执，而《大学》所以先致知也。吾人学问功夫，要以居敬穷理为无弊，居敬穷理，则不言静而静矣。”[③] 这里可得见刘宗周思想不仅仅表现在“慎独”方面，还有“居敬穷理”这层含义。张履祥从阳明心学返回程朱理学，与老师的拳拳教导密不可分，他对老师的

① 张履祥：《与张白方》，见《杨园先生全集》，147 页，北京，中华书局，2002。
② 张履祥：《告先师文》，见《杨园先生全集》，636 页，北京，中华书局，2002。
③ 张履祥：《愿学记三》，见《杨园先生全集》，764—765 页，北京，中华书局，2002。

《人谱》一书格外推崇，对其中省过、改过方法一直沿用，用此书来教导门人弟子，经过老师刘宗周指点后，张履祥将以前所学种种修养工夫，如致知、主敬等融会贯通，主张学问贵在实践，但终究要从格物致知上着手，将《人谱》中思想加以提炼整理，最后著成《日省录》来教导门人，还将《人谱》赠予诸多好友，师友之间相互砥砺，修持规劝，在为学修德方面日益精进，终身信仰老师的人格操守。

（四）张履祥的学术交游

1. 张履祥与陈确的学术交往

陈确（1604—1677），字乾初，原名道永，后改为确，浙江海宁人，明朝诸生，年少时就以孝友闻名，后以诗文著称，精通书法、擅长弹琴，是明末清初最有独立思想的学者。四十岁时拜师刘宗周，明亡之后，刘宗周以死殉节，陈确继承老师之志，归隐于乡，著书问学，晚年生活贫病交困，依然笔耕不辍，颇有民族气节。张履祥与陈确不仅是同门好友，而且都是清初浙西有名的学者，有共同的学术主张，志同道合，充满社会责任感，无论人品还是学问都互相仰慕。他们曾围绕《大学》一书真伪问题进行论辩，各抒己见，他们虽然在学术主张方面存有分歧，但有共同的思想主张，学术分歧并不影响他们同门友情。陈确十分赞赏张履祥的人品和学问，张履祥对陈确也有很高的评价，将陈确看作蕺山学派在浙西一代的重要代表人物，并对陈确在丧葬、祭祀方面的一些主张有所吸收和借鉴。

张履祥与陈确在学术上互相推崇，张履祥研究问题全面深刻，不偏不激，陈确对这种治学态度与方法十分赞许。他们在学术方面的共同主张体现在三个方面。

首先体现在丧葬观上，陈确在家乡举办丧礼，张履祥认为均符合礼节要求，值得提倡。同样地，陈确也认为张履祥纪念祝开美的丧葬用品符合传统礼义规则，寄托了张履祥深厚的情谊。陈确评价张履祥在家乡举办的葬亲社活动，与当时流行的结社活动是有区别的，张履祥帮助亲友举行丧事，不是为了虚明声气，要誉乡里，而是为了敦风俗、救人心，使乡风由虚转实。因此，他们在举办葬亲社礼节上有相同的价值观念，都提倡实事求是，不玄谈，讲实效，在一定程度上体现了他们追求实学的精神，所以张履祥才会邀请陈确来主持。在《杨园先生全集》中还收录了当时聘请陈确时的两封书信，在葬亲社社规中，张履祥将陈确的《葬论》一节收归其中，定为葬亲社中社员必读之书。在葬亲社成立后，他们将《吕氏乡约》定为葬亲社社约，以朱熹修改编定的《增损吕氏乡约》作为礼义规则，希望借助儒家传统礼俗来对抗当时流行的迷信风水、停柩不葬、甄选葬地等陋俗，移风易俗，重建传统儒家伦理标准，恢复社会秩序，以礼化俗。此外，陈确与张履祥坚持用古礼来革除丧葬陋习，也有固守民族文化，维持社会声望，反映了他们作为遗民的坚定立场。王汎森认为他们"复兴古礼的潜在动机之一是重新发掘、创造一套属于汉人的古代礼仪，把自己和满人区分开来以维持汉族文化的自我认同，这种心理可能是存在的"①。在当时浙江湖州地区也出现了这种礼仪群体，当地人将以张履祥为中心的这种主张恢复古礼的群体称为"不降社"②。对此张履祥在书信中也有详细记录："湖州诸兄，各率子弟，至于一家，解经习礼，以观所业之进退。亦何与人事？而嫉之者辄以不降社题之，流言籍籍。"③ 他们通过恢复古礼来与清政府划清界限。

其次是在名节观上，他们都反对结社、讲学、出游、参加科考等活动。明亡之后，许多学者纷纷殉节，面对这一现象，赵园认为从明末开始，士大夫集体蔑视生命，已经形成了一个时代，他们顽强对抗，以此来激发民族士气。④ 何冠彪指出，士大夫将殉节看作他们的职责，但是在履行这一职责的时候，他们的态度却各有不同，一些世人对殉节表现得十分热衷，因为他们深信，通过自己的行动可以实践内心的仁义道德，而部分殉节者对死的态度则较为消极甚至无奈。他们或是因为绝望，或是想以死抵罪或借死免辱，甚或借死而逃避现实，还有些殉节者不愿苟且偷生，则更是源于他们对夷夏大防的执着及对儒家文化

① 王汎森：《权力的毛细管作用：清代的思想、学术与心态》，61 页，北京，北京大学出版社，2015。
② 王汎森：《晚明清初思想十论》，401 页，北京，北京大学出版社，2020。
③ 张履祥：《答吴仲木十一》，见《杨园先生全集》，58 页，北京，中华书局，2002。
④ 赵园：《明清之际士大夫研究》，8 页，北京，北京大学出版社，1999。

的依恋。[1]陈确和张履祥对殉节有自己的看法，他们并不把其作为道德评判的唯一标准，陈确认为人的生死要符合道义，既不能罔生，也不可罔死，重生也是尽忠的一种方式。张履祥也持同样的观点：“生死之说亦甚平常，生顺则死安。君子无终食之间违仁，造次必于是，颠沛必于是。任重道远，得正而毙，如是而已。”[2]他们选择存活，并不是畏惧死亡，而是为了“当死而死”，他们隐居乡间，怀着更大的期待生存，希望他日有所作为。他们还劝朋友不要外出广游，张履祥写信告诉张白方不要出游，张白方也听从了张履祥的劝说停止交游。陈确也效法张履祥这一举动，劝告祝渊长子祝凤师停止出游。可见他们隐居乡间，放弃仕途，并不是无为，他们探讨学问，对家乡社会事务的积极关注就是他们精神寄托和安身立命之所在，他们的这种反对出游、科考的行为方式是为了维持遗民立场，坚决不与清朝廷合作。正如程宝华所说：“张履祥和陈确关心的是‘游’这一行为在易代之际的道德含义——亦遗民式的关切，表达了他们对遗民身份的认同和对艰苦环境的超拔气概。”[3]

最后，陈确与张履祥都提倡实学，注重兴修水利，关注民生。张履祥从身心日用间来体验天理，立身修己，自淑淑人，这并不是那些辞章训诂家所能为的。他注重形而下的人伦事理，一切从现实生活着手，从“居敬涵养”上用功而舍弃“主静”工夫，突出道德修养的实践性，又通过存养和省察内外兼养，“敬以直内”“义以方外”，将道德理论和道德实践相结合，本着实体实用的精神，成己成人。在社会公共事务方面，张履祥积极关注家乡农业生产情况，将理论和实践相结合，撰成《补农书》来指导农事活动。面对水患灾害，他根据家乡地势特点，因地制宜，通过兴修水利来缓解自然灾害。陈确和张履祥一样也认为学问要从切实处下功夫，要“素位而行”，要在日用中进行实践，反对空谈玄理。他十分重视田产稼穑，对当时过重的苛捐赋税极为不满，对家乡水利情况极为关心；对社会公共事务的关注，体现了他们扶危济民的家国情怀，

① 何冠彪：《生与死——明季士大夫的抉择》，35—50页，桂林，广西师范大学出版社，2022。
② 张履祥：《答沈德孚》，见《杨园先生全集》，84页，北京，中华书局，2002。
③ 程宝华：《理学真儒——张履祥学术思想研究》，56页，北京，中国市场出版社，2013。

他们还强调要在日常生活中完善自我修养，分别继承和发展了老师刘宗周的“主敬”“慎独改过”之说，对王学的虚浮空疏进行改造和扬弃，适应了明末清初学术由虚浮转向笃实的趋势。

张履祥和陈确在学术上虽有诸多共同主张，但他们和而不同，都有自己的学术原则，在学术追求上不随意耦合，而是互相较量，共同进步。他们在《大学》一书的真伪上展开了激烈辩论。1654 年陈确完成《大学辨》，遭到张履祥等一些同门师友的批评，但陈确没有丝毫妥协，坚持己见。陈确在《大学辨》中首先质疑《大学》真伪问题，《大学》从首章开始，就已不是圣贤经典。传至第十章，已非贤传[①]。陈确断言《大学》并不属于“圣经贤传”，是一部伪书，针对陈确这一质疑，张履祥持相反的观点，在给友人的书信中反复申明《大学》的神圣地位，是圣经贤传，批评陈确《大学辨》，张履祥认为《五经》作为《四书》的主要注释，是宋儒尤其是朱熹将其作为正统道学的理论根基，陈确指摘《大学》是伪书，否认《大学》中的一切思想，无疑是要推翻宋明理学家的精神支柱，必然会遭到张履祥的强烈反对。张履祥与陈确论辩《大学》，就是要证明《大学》并非伪书，陈确怀疑《大学》不是孔子、曾子等人亲自撰写是可以理解的，但批驳其不属于圣人之学这点是有悖圣人意愿的，张履祥认为不能怀疑《大学》中的圣贤思想，这样是在否定圣人的是非言论[②]。

陈确与张履祥关于《大学》真伪的论辩，展现了他们不同的学术主张。陈确认为张履祥笃信程朱之学，囿于程朱门户之见，偏执于朱子的改本，对于信守程朱之学的知识分子陈确不以为然，认为他们的思想受到禁锢，形成了一种习气，使他们失去了自我判断的能力，所以要倡导良知之说，强调自我独立意识。但张履祥反驳陈确先入为主，治学深信阳明而近于禅学，“尊朱辟王”是张履祥的治学原则，他认为陈确治学虽然排斥佛教异端思想，但由于坚信良知之说最后又回到了异端，就是没有做好“居敬穷理”的工夫，进而“师心自用”，此心之外没有其他规矩准绳，固执于一己之私而流为末端。经过这一论辩，张

① 陈确：《大学辨》，见《陈确集》，552 页，北京，中华书局，1979。

② 张履祥：《与吴裒仲四》，见《杨园先生全集》，286 页，北京，中华书局，2002。

履祥更加笃信程朱之学，将其“尊朱辟王”思想贯彻到底，他认为必须以朱熹对《大学》的解释为本，反对以内在的良知来检验一切，他将外在天理作为日常伦理标准，这将有助于恢复礼教秩序，教化人心，使民风淳朴。

2. 张履祥与吕留良的学术交往

吕留良（1629—1683），字用晦，号晚村，浙江石门人，清初浙江著名学者，为学一尊程朱理学，在学术史上产生过重大影响。吕留良与张履祥在学术上有众多相同之处，对张履祥格外照顾，他们的交往开始于康熙三年（1664），吕留良聘请张履祥去他家处馆教子侄读书，对张履祥十分敬重，在《杨园先生全集》中，《与吕用晦》书共有七篇，其中有规劝吕留良刊刻程朱遗书，阻止吕留良继续行医，劝诫其放弃评点时文，在张履祥的影响与说服下，吕留良最终听从劝说，归隐于乡，他们在交往中形成了许多相同的思想观点，共同促进了个人道德修养的完善与发展。

他们都以“尊朱辟王”为治学宗旨。张履祥治学思想出自王阳明“良知”之说，中年业师刘宗周“慎独”之学，修正王学弊端，晚年一归程朱。明清鼎革，世风日下，变乱的社会现实促使他对学术进行反思，最终将矛头指向王学末流的空疏虚浮，成为了彻底的“尊朱辟王”者，是清初朱子学思潮的先驱。张履祥尊崇朱熹教学思想，通过对比程朱和陆王思想优劣来说明程朱理学复兴的必然，他总结程朱讲学精详、谨严，而陆王讲学则简率、放犷，朱子学广大精微、高明中庸，这些都是陆王心学无法抵达的。他批判王学全面又深刻，就是因为王学“好直接”“乐径省”，才导致人心败坏，礼教荡然，最终造成家破国亡。张履祥对王学的批评主要是从其理论缺陷出发，认为王学师心自用，无法运用于实际情况，最终导致社会失序，礼法混乱。与张履祥观点一致，吕留良认为明朝亡于学术不兴，在为学上也以程朱为宗，并致力于朱子学在清初的恢复，他将阳明心学视为危害正道的贼子，对王学进行了猛烈抨击。吕留良认为必须通过正统之学来拯救民众，而“尊朱辟王”就是正学术的最佳路径。吕留良在谈到《大学》时强调，“诚意”“正心”“修身”只能通过“格物”“穷理”来实现，陆王心学起手就说“致良知”，用“致良知”来代替“格物穷理”，离道甚远，不免陷入异端。吕留良同样将王学末流之弊归于空有致知而不注重外在格物，在吕留良的劝导下，张履祥开始评点《传习录》，起初他是不愿动笔的，他认为当时知识分子大多沉溺于王学末流，就算用程朱之学来评点《传习录》，这种笔舌之争是没有多大成效的，但吕留良给张履祥回信："然今日有学识之君子，不就其所知见而折中之，将来日更泯没，又何所依傍哉？事关学术人心，同志商榷，不期行世，似非知小谋大，妄希表见者比。"① 在收到吕留良这一番劝说之后，张履祥开始同吕留良一起评定《传习录》，可惜所评之书后来大多遗失，仅存两篇。在吕留良的影响下，张履祥评点《传习录》，对其"尊朱辟王"思想具有深远影响。

张履祥和吕留良"尊朱黜王"，并不是出于门户之见，而是基于当时社会现实。面对世道衰微，他们将自己的命运和国家民族的衰败紧密联系，将程朱之学作为他们价值立场的全面表达，也是他们批判社会现状的价值基础，因此，"尊朱辟王"思想具有非常强烈的现实关切和社会意义。

他们都恪守"遗民"规矩。依照儒家传统观念，士人群体必须在两方面做到大节：首先要明辨义利，其次要做好出处方面的选择，而能完全做到以上两方面的知识分子少之又少，他们有些沉溺于私利不顾民族大义，有些人急于仕进，留恋官职不忍隐退。明清易代给知识分子带来了沉重打击，他们出处动机的选择也各不相同，有的出于对朝廷不满与失望而选择退隐；有的因为得罪权贵，不得已才选择退避；有的厌弃明代官场习气，无法立功行道。至清初，形成了一个遗民群体，他们能够充分表达自己独特的价值立场，吕留良和张履祥就是其中典型代表。

明清鼎革，许多明遗民心怀家国之痛，他们隐居乡间，著书讲学，反对出仕，不与清朝廷有任何往来。张履祥女儿被恶霸毒死，但他不愿去清廷衙门告状，他将清朝廷比作夷狄之辈，也严禁朋友与清廷官员来往，对于出仕做官的朋友他都一一断交。张履祥将自己人生遭遇和自身道德修养严加区分，并没有因外在环境变动而放松对自身修养，反而更加重视道德修养，依照礼法行事，

① 吕留良：《吕晚村先生文集》，75页，上海，上海古籍出版社，2002。

“修身以俟”，在接受时世命运的基础上，尽己之能，凸显自己的节义精神和处事原则，并不因改朝换代而失据。吕留良除了不与清廷官员往来，还通过评选时文来宣传“夷夏之别”，发布反清言论，到处疾呼，不顾世人忌讳，坚守自己的道德立场。为了反抗清廷征聘，吕留良削发为僧，面对黄宗羲同清廷官员频繁往来，他一直颇为不满，在他当时所写诗文中，不乏对黄宗羲这一行为的讥讽。出于对吕留良学问和人格的肯定，于康熙八年（1669），张履祥才去语水赴任，他最终接受了吕留良的多次邀请，决定去吕留良家塾当老师。在张履祥晚年，由于病痛原因，衣食无仰，都是由吕留良来接济。在语水社期间，他们相互砥砺，笃信好学，严辨出处，不交游、不出仕，恪守遗民规矩。

第二节　张履祥道德修养思想体系

张履祥道德修养思想体系丰富且完整，要想精准把握其道德修养的内容，就需要深入研讨和分析，挖掘精华部分，以体现其道德修养的积极作用。通过整理归纳，张履祥道德修养体系主要包括：以培养“主敬”“约礼”的君子人格为道德修养目标；道德修养内容主要是修身立己、不废治学、君子境界；道德修养方法则为居敬涵养，克己复礼，读书明理，知先行后，知行并重。

一、道德修养目标：“主敬”“约礼”的君子气象

“君子”是儒家推崇的理想人格，要求个人在自身修养方面做到至真至纯，并且能够移风化俗，《论语》中通过对君子气象的刻画，以此来展示君子人格的内在价值和对世人的警示作用。张履祥宣扬君子嘉言善行，对世道人心大有裨益，在著作《近古录》中记载：“抑使后人稽览，知畴昔之世，教化行而风气

厚，其君子野人，各能砥砺整束，以章国家淳隆之治。”[①] 在明末清初社会多元背景下，商业发达，风俗日薄，礼法失序的情况下，张履祥对君子人格的倡导及实践从未停止，他希望每个人都能持敬涵养，遵守礼法，他将外在的“礼”融入日常生活中，呼吁回到儒家所倡导的传统古礼社会，从而培养德行兼备，内在“主敬”、外在“约礼”的圣贤君子。

（一）内无妄思，主一于敬

儒家“敬”思想是传统道德修养中的重要德目，通过对人内在德行的熏陶和外在行为的引导，把崇高的道德信念落实在日常活动中，不仅促进了个人道德的逐步完善，还有助于社会文明进步。儒家“敬”思想所培养的是以德为主并且德才兼备的圣贤君子，主要有恭敬、责任、礼让、亲仁等诸多道德品质，要求个人由内而外，精神专一，谨言慎行，具备强大的道德意志和务实的道德行为，知行合一，庄敬持重。

先秦时期战乱频繁，各种文化相互激荡，人伦秩序遭到破坏，面对这种乱象，孔子提出“仁”的思想，但“仁”的思想最终实现需要“敬”的加持，要做到“居处恭，执事敬，与人忠”（《论语·子路》）。这样才能实现理想的君子人格。在君子人格的培养要求上，孔子强调要“修己以敬”，这里的“敬”包括自身修养和处事态度两方面。“敬”是个人内心修养的重要原则，体现了个人道德追求，在处理事务上也要“敬”，对事要有严肃负责，一丝不苟的恭敬态度。经过孔子对“敬”的阐释与运用，这一思想后来逐渐成为儒家知识分子普遍追寻的价值准则和道德追求。对人谦恭有礼，对事认真严谨，成为儒家君子人格的一个重要方面。孟子从“性善论”出发，认为恭敬之心是人先天所具有的，只是在后天环境影响下逐渐丧失了固有的本心，所以需要通过“敬”来修养本心，去除物欲遮蔽，回归本性。到了宋明时期，“敬”的含义出现了一些变化，宋明儒者赋予它新的意义。

二程极为重视“敬”对人道德修养的作用，个人只有通过持敬修养的工夫，

① 张履祥：《近古录自序》，见《杨园先生全集》，486 页，北京，中华书局，2002。

才能格物致知最后抵达天理。程颐将“敬”解释为主一，做到心无旁骛，收敛自己的身心，自觉抵制外界诱惑，保持内心清明，然后在行为举止上保持庄严恭敬，如果放纵自己外在言行，便会产生懈怠之情，同样会增加内心私欲，所以对外也要做好持敬工夫。“敬以直内，义以方外”，“敬义夹持”，才能成仁成德。朱熹将“敬”看作圣门第一功夫，必须始终坚持，经常心存敬意，人的心性才能保持湛然状态，他将敬与畏并提，强调要以敬畏之心来涵养自己，体认天理，做到“常惺惺”，时常警醒，自我提示，不使内心有丝毫放松。朱熹将理看作世界本源，要想上达天理，必须经由持敬工夫，通过持敬来探索宇宙间事物的自然之理，进而把握人伦事物的道德准则，格致都从“敬”起手，这样才能实现人的真正立身，回归本真自我，天理自然彰显，到王阳明这里，他将“居敬”和“穷理”合而为一，居敬就是穷理，居敬是存养的首要工夫，而穷理是穷万事万物之理，所以存养就是存心中这个天理。因此，“居敬”与“穷理”是合而为一的，是对二程和朱熹思想的根本突破，使“敬”这一思想成为彻底的纯粹的心性修养工夫。王阳明强调“心外无物，心外无理”，使人一心向内探索，断绝外在念想。我们内心的良知就是善，通过“致良知”来完善内心善念，但怎样做到“致良知”，关键在于居敬，做到居敬工夫，保持内心纯粹，天理就存于人内心，个人只需用敬来存养自己的良知，专注自己本心，就是“敬”，用敬涵养心性，获得天理，就是“致良知”，这就使阳明心学真正成了一种“简易”之学，除“居敬”之外别无他事。

宋明时期，二程、朱熹和王阳明，他们主要从“道问学”和“尊德行”两方面对“敬”思想做了概述。二程和朱熹强调通过敬去格物致知，进而体悟天理；王阳明将“敬”直接落实在人的德行修养上，认为理只需要从自己内心去发现，理具有第一性，也是在这一时期，“敬”的思想得到发展，成为个人自我修养的重要工夫。

张履祥将“敬”看作儒者修身的首要工夫，在继承前人的基础上，将其落实在日用生活中，更注重实践。“敬”体现在日常生活中，就是逊志时敏，修己力行，对此他有明确的解释：“人若不慎，将来虽悔既往，终是无益。学者于修慝改过之先，所以须主于敬。”[①]他将“主敬”看作修身、治学、改过的重要抓手，在万事万物中做到敬，天理就存于形而下的生活中，对天理的感应就来自于人伦日用，在实际生活中做到主一于敬，才能在应事接物上合于天理，在言行中做到敬，去感应天理。张履祥还将“主敬”细化为“动”与“静”两个方面，做到主一于敬必须在“静”中“存养”，“动”中“省察”，张履祥对“主敬”做动静两方面规定，“存养”侧重于在内心去直接体验天理，主一于天理；“省察”侧重外在的对事物进行观察，在动态中克制自己，对自己行为做好省察，谨言慎行，戒除戏言戏动。张履祥所要求的敬是一种生活方式，是要在人伦日用中常“怀惕惕”，严守道德准则，保持一种严谨、平实、庄重的生活态度，不能有些许懈怠之心。“主敬”的君子人格修养就藏在“存养”和“省察”之中，“存养”就是敏于取舍，“省察”就是克己治心，让自己内心专一而合于天理，就是做到了“主敬”要求，二者内外相辅，贯穿于道德修养始终，最终促成道德修养的提高，并彰显于张履祥的道德实践中。

（二）外无妄动，约之于礼

张履祥继承孔子“博文约礼”之学，他一贯强调：“吾人平日为学，大指专守孔门‘博文’‘约礼’之训以终身而已。读书穷理，‘博文’之事也；切实践履，‘约礼’之事也。”[②]在他看来，孔子教导弟子的核心就是“礼”，非礼勿视、勿听、勿言、勿动就是“礼”，他突出强调“礼”的实践性，对宋明时期理学家将道德看作形而上的本体有所发展，在继承宋儒有关“礼”的阐释的基础上，他将“礼”形而下，融入日常生活中，通过对“礼”的实践来达到“克己复礼”，但“复礼”要比“克己”更重要。张履祥同样将老师刘宗周的“慎独”思想看作“复礼”，要求个人在日常生活中践行礼义，遵奉伦理要求。张履祥认为晚明之所以出现异端之说，究其根本是没有做好约礼之学。因此，张履祥在一切日常事务上都遵循“博文约礼”，依照外在的礼义规则约束自己，

① 张履祥：《备忘三》，见《杨园先生全集》，1148页，北京，中华书局，2002。
② 张履祥：《备忘四》，见《杨园先生全集》，1163页，北京，中华书局，2002。

无论交友还是自处，他都以礼严格要求自己。通过对礼的切实笃行，来反对阳明心学虚浮不实，将圣贤之道贯穿在人伦日常中，做一个躬行有礼的君子。

张履祥“博文约礼”之说，关键在“约礼”二字上，他对“博文”的解释主要指读书明理，通过读书去更好地感知天理。张履祥虽然批判阳明心学华而不实，可是在天理体认方面，他也主张人性来源于天理，但他认为不能局限于对这些理论的解释上，应将理论知识与现实生活相结合，在实践中来检验功效。张履祥强调的“博文”主要是指儒家传统经典，包括《诗》《书》《礼》《易》等典籍，这些传统书籍中蕴含着丰富的道德修养思想，要学做圣贤，依循圣贤之道为人处世，都是博学的内容，只有在博学的基础上才能洞察世事，不至于违背礼仪规则。“礼”是道德修养的核心，是一切道德行为在现实世界的依托。“礼”作为我们基本的行事准则，如果人人都效仿圣人言行和自然秩序来待人接物，做事自然有条有理，自身修养也会日益提升。但要使每个人行为都合于天理秩序，就必须有外在的约束，而“主敬”则侧重于内心的诚敬，无法外在量化，“约礼”则是对内在“主敬”的具体化，实践化，以切实可见的行为来修养自身。张履祥将“主敬”与“约礼”二者内外结合，突出了对“礼”的实践性。

张履祥在继承张载、朱熹等先儒关于“礼”的论说的基础上，发展出了自己的礼仪要求。他强调要“知礼为先”：“人怀血气心知之险，最易横溢，不以礼义堤防之，则随感而横。如好色、好斗、好货之类，杀身灭性，靡不由之。所以古人于子弟，自幼导以礼让，授之恒业，驯习既久，习与性成矣。”[①] 人都有好名、好货的欲望，教导血气之人，必须以礼作为标准，用礼义来提防，要从小教育子孙恭谦礼让，将礼作为立身之本，逐渐成就其高尚德行。在“知礼为先”的基础上，还要做到“知礼成性”，他主张：“学道在修德，德盛则性成，而动皆中礼。”[②] 德行的完善与对礼义的知晓是相辅相成的，知礼，明礼就是为了涵养自身，提高德行修养。“非礼勿视、听、言、动，此熟后，即上达天德，

① 张履祥：《备忘二》，见《杨园先生全集》，1115 页，北京，中华书局，2002。
② 张履祥：《备忘二》，见《杨园先生全集》，1110 页，北京，中华书局，2002。

故曰：‘礼者，不可不学也’。”[①] 天与人之间的沟通就系于“礼”，在动作举止上努力做到合于天理，就能照见天理，归于圣贤之道。他一再批判阳明心学重“克己”而轻视“复礼”，他倡导理一而分殊，工夫全在分殊上，“礼仪三百，威仪三千”，都是教人从日用伦常上去做功夫，在现实生活中做好“约礼”这一修养工夫，使言谈举止有依据准绳，防止流入心学“师心自用”的弊端。所以，“约礼”既可规范外在行为，也使内在有了规范，做到内外合一，言行相符，相互交养，亲身去体验去实践，才能成就自我德行，所谓“道不远人”，以一颗诚敬之心去寻道，践道，这样就能精进不惑，抵达圣贤之志，实现“主敬”“约礼”的君子气象。

张履祥在道德修养目标上，带有明显的传统儒家道德色彩，读书要以儒家经典为主，修身遵循儒家传统礼仪。张履祥道德修养目标是以“主敬”为核心的，所以“大纲”的标准以及良好德行的内容所实施的对象也是以“己身”为主。至于如何做到“自敬其身”，完成他所提出的君子人格目标，他提出首先要“恭俭”。能经常在恭和俭两方面做到实事求是，注重在日常细节方面修养，内心就不会有过分奢望，品行自是纯良，言行端正。[②] 这就是对“约礼”的具体实践，“约礼”就是要遵守一定的礼义规则，将外在“礼”作为道德修养的根本规范，内心做到对礼义规则的敬畏，“约礼”是把内在的“主敬”意识外化为可以衡量的标准，通过这种量化标准来提升内在不可量化的“主敬”工夫。张履祥非常重视“主敬”与“约礼”之间的交互关系，他认为应该注重内在德行的修养，从而表现出一种由内德向外在礼义的道德过渡。“主敬”与“约礼”是内在与外在德行的统一，敬是一种内在性情，必须在后天的学习、修养中得以养成，而“礼”则是养成这种诚敬之心的天然土壤，二者相互结合。如果没有外在“礼”的约束，人们行为乖张，恶意曲解“礼”的现实意义，就是“伪儒”；而“主敬”与“约礼”的完美结合，通过“主敬”形成正确的道德观念，在日常生活中建立一种礼义秩序，即做到“约礼”，是杜绝“伪儒”的一种有效手

① 张履祥：《备忘二》，见《杨园先生全集》，1084 页，北京，中华书局，2002。

② 岳立松、邵颖涛：《张履祥教育思想解读》，80 页，太原，山西人民出版社，2018。

段，因此，"约礼"是抵达天理，完成君子人格的关键所在。

二、道德修养内容

张履祥道德修养思想内容涉及修身立己、不废治学、君子境界三个方面。修身立己主要包含立志、实行、慎独自省三个方面；不废治学包括张履祥作为遗民的忠节意识，乱世之中他摒弃名利观念，务本踏实，重建儒家伦理标准，他还将治学与治生相结合来进行自身修养；他的君子境界主要是指人要做到孝敬仁爱、勤勉俭朴、严守礼仪、注重变化气质之性，恢复天命之性。

（一）修身立己

所谓修身，是个人的道德修养活动，个人为了提高自身的道德水平而根据一定的道德规范，自觉去学习、陶冶、改造自身，从而形成高尚人格的过程。立身重在个人内心的道德自觉，是一个人追求自我完善的道德需要，古圣先贤都十分注重立身的重要性，孔子强调修身在于"修己以安人"，"修己以安百姓"。(《论语·宪问》) 孟子说："天下之本在国，国之本在家，家之本在身。"(《孟子·离娄上》) 而将修身的重要性概述最为完整的要数《大学》了："古之欲明明德于天下者，先治其国。欲治其国者，先齐家。欲齐家者，先修其身。……"可见修身是一切道德活动的前提。张履祥受儒家传统道德观的影响，他将修身看作道德修养的重要内容之一，他认为修身的终极目标就是激发人的内在"善性"，成为圣贤君子。

1. 立志

立志是道德修养的重要一步，也是成圣成贤的关键。在张履祥道德修养内容中，首推一"志"字，他非常重视立志的作用，他将立志还解释为"辨心术"，即"主敬"的重要内涵，十分注重意志的能动作用。他强调："大凡为学，先须立志，志大而大，志小而小。有志而不遂者矣，未有无志而有成者也。"①

① 张履祥：《杨园先生全集》，990 页，北京，中华书局，2002。

志向是一个人立身做事的根本指南，是修身的基础，不管遭遇什么样的艰难困苦，学者都要刻厉自求，不使志气颓丧。张履祥所要求的立志不是所谓的“学成文武艺，货与帝王家”的世俗之志，而是追求圣贤之志，他所立志为学的都是有关道德修养的内容，以程朱颜子为榜样，在心中树立“学作尧舜”的奋斗目标，“欲志伊尹之所志，当志范希文；欲学颜子之所学，当学朱考亭”[①]。只有立下远大之志，为学才能精深，然后持身严谨，勤勉努力，就能有所收获，最后成圣成贤。学者之所以志卑气弱，甘于流俗，就是心中没有远大目标，不能够着紧用力，不愿意下笃实功夫，产生了懒惰之意，最终不免沦为平庸之辈。

张履祥的立志说中主要有三项内容：首先，立志要早。人贵在有志，立志是一个人确定生活目标的重要前提，而青少年阶段是人生的黄金时期，思想单纯，如果这时及早立志，脚踏实地，志道践道，以强大的动力去实现自己的目标，对一个人的一生会产生重大的影响，超过古圣贤先都非难事。孔子曾说：“吾十有五而志于学，三十而立，四十而不惑，五十而知天命，六十而耳顺，七十而从心所欲，不逾矩。”（《论语·为政》）要及早确立追求真理的志向，用毕生之力去为之努力。张履祥将立志带给人的重大影响说得清晰明了：“山至阻也而人梯之，海至险也而人航之。志之所在，何往不济？”[②]播种在春季，立志在年少，明确的理想目标是人生成长的精神加速器，张履祥鼓励子孙要想有所作为，就必须及早立下宏大志向。其次，所立之志要正。人的志向多种多样，千差万别，最初是失之毫厘，到最后就会出现谬之千里的失误，所以立志必须要谨慎，要明辨志向的高下，要有儒者志于圣贤之道的坚定信念和人生目标，有了这样的价值追求，才能专心于伦理道德，将格物致知定位在为己之学上，恪守伦理规范，提升自我修养。“持其志，无暴其气。”[③]志向端正，才不会产生妄动之气，做好持志守气的修养工夫，以内心的“主敬”之情来克制内在的“持其志”，通过“约礼”的实践来实现外在的“无暴其气”，做到二者统一，

① 张履祥：《杨园先生全集》，711页，北京，中华书局，2002。

② 张履祥：《杨园先生全集》，711页，北京，中华书局，2002。

③ 张履祥：《杨园先生全集》，1101页，北京，中华书局，2002。

以志驾驭气，不使志向偏离本心，有辱身心，这样视听言动皆合于正，辅之以内在的“主敬”修养，“欲势顺，须用逆，气壹足以动志，故宜持志以守其气。总要持敬，持敬则无事矣”[①]。用“主敬”贯穿立志到践志全过程，来完成进德修业。最后，立志必须有恒、坚定。立志必须要有不达目的不罢休的坚强毅力，这样才能行有所成，只要有恒心，坚持不懈，勇往直前，不被眼前的蝇头小利所羁绊，志向才能坚定。“人既有志，正须下笃实工夫，方得称志。此如志实物者必须梯山航海，志收获者必须春耕夏耘徒抱空志而无实工，究亦何益？”[②]张履祥在对待志向的确立与坚守上，着重强调贵在有恒的意志坚守，如果仅有远大志向，没有锲而不舍、吃苦耐劳的品质，时间一久就会玩物丧志，志向终究落为虚空，沦为俗人。

2. 实行

张履祥认为修身必须做好立志与守志，但光有圣贤之志还无法抵达圣贤之域，还需要一定的格物工夫，要将圣贤之志坚定不移地实行，所以在张履祥的为学中，他一反之前学者专讲理气心性等方面，而转为在事物上去践履，只有身体力行才能实现远大抱负。

中国古代的道德修养注重实践精神。孔子在教育弟子时特别强调要言行一致，谨言慎行，反对言过其实，夸夸其谈地只说不做，只有力行才能实现所立之志。如果道德修养仅停留在道德认知层面而不付诸实行，就只是具有了一种道德精神，这对立身修己来说毫无意义。张履祥的修身是倡导知行统一的，他还将道德修养贯穿于日常生活中，在应事接物中来实践。除了将力行看作修身的道德实践活动外，张履祥还将力行看作一种修养态度，在日常实践活动中要保持一种平实的心态，他教育门人弟子，立志要高远，要希贤、希圣、希天，但在下学工夫上要盈科而进，不急不躁，不能怨天尤人，做到功夫绵密切实，自能日进无疆。“学问之士，素位而行，处富厚从富厚做功夫，处贫困从贫困做功夫，方是实用

① 张履祥：《杨园先生全集》，771 页，北京，中华书局，2002。
② 张履祥：《杨园先生全集》，745 页，北京，中华书局，2002。

其力，方见有得力处，否则道理终在书册上也。”[①] 力行就是从身边的点滴小事做起，素位而行，时时处处去实践，修养工夫就体现在日常生活中，圣贤之志不是遥不可及，只要切实躬行，脱去世俗功利，圣贤之道是举足可至的，可见力行在张履祥道德修养中的重要性，他自己也是躬亲实践，对任何事都做到亲力亲为，对于那种“言语上的巨人，行动上的矮子”一类的人，张履祥称之为“乡愿”之徒。所以他极其排斥结社游谈，以为此种行为最为害人。

张履祥在道德修养上兼提立志与力行，他称自己是“志存《西铭》，行准《中庸》”[②]。在立志上，取准《西铭》，这样就能有的放矢地去修养身心，确立圣贤之志，然后志于道，体验圣贤之境；在实践中，将《中庸》作为力行的规范要求，言行皆符合礼义规则，要“慎事为”，做好“约礼”工夫，只有工夫做到长久才能“践于道”，立志与力行，即“主敬”与“约礼”二者相结合，就体现了张履祥从志道到践道/从知到行的道德修养过程。

3. 慎独自省

修身之道离不开慎独以及对自我的反省。“慎独”是儒家道德修养的重要内容，也是宋明儒学家经常提及的自我修养之方，即是要在人所不知而己独知之处存养本心，自我监督，收敛私欲。“自省”是要受教育者在行为之前和事发之后对自己进行反省思考，是以外在道德准则作为自身道德修养的依据，在二者中，张履祥强调要以“慎独”为先，而“慎独”要通过“主敬”来强化，“敬”外在表现为仪容整洁，言行端庄，内在表现为恭敬严肃的态度，集中精神，心怀敬畏之情，不欺暗室，始终做到严肃不苟，内心光明，没有他人的监督提醒都慎始慎终，自觉遵守道德准则，表里如一。自省必须时刻检省自己，有过即改，做到自敬其身，“朝考习省，勿使一日虚度”[③]。他十分赞赏薛敬轩的做法，薛敬轩在每晚临睡之前都要反思一日所作所为，倘若没有愧疚于心的地方，就会安心入寝，如果有不妥之处，则会辗转反侧，自觉悔改。张履祥多次强调自

① 张履祥:《杨园先生全集》，399 页，北京，中华书局，2002。
② 张履祥:《杨园先生全集》，139 页，北京，中华书局，2002。
③ 张履祥:《杨园先生全集》，995 页，北京，中华书局，2002。

我反省的重要性，他将反躬自省看作学者的第一病，古人动手起念都在动作容貌处所思所虑，“曾子曰日省其身，只是反躬之学”[①]。反省内求是传统儒家道德修养的根本要求，曾子说自己一生谨小慎微，三省吾身，如履薄冰，如临深渊，至死才得以释然。自省能让我们时时发现自身的不足，避免骄傲轻浮，让自己的心志更加笃定，行为更加谦卑，常以圣贤是非为是非，行为举止都按照规矩准绳，约之以礼，始终昂扬向上，持之以恒地去志道践道，“常将贤于我者自比，则于己常见不足，而学日进，志益谦”[②]。张履祥在友人吴裒仲家的处馆教学时作有《澉湖塾约》，其中对弟子从早到晚的每日行为都做了详细的规定，包括熟读、精思、反省等多方面来修养德行。自省在一定程度上就是用善心和善意来改正错误，提高修身的境界，“乐善改过，所以修身；修身，所以成大业也。古之成大业者，莫不以此”[③]。此外，张履祥还强调要以他人的言谈行为来反照自己，古人都是借鉴敦信先贤，坚定不移，将他人比作一面镜子，以他人的行为过失来警戒自己，从而做好“自镜”式的自我反省。“且如诸君今日过此，于予则曰师也，于同舍则曰友也。应思所师者何事？是乎？非乎？所友者何德？损乎？益乎？予不能有是而无非，同舍之人亦不能有益而无损。孔子曰：‘择其善者而从之，其不善者而改之。’则存乎诸友之自取已。”[④]

张履祥道德修养思想均体现着儒家特有的道德精神和文化内涵，他锲而不舍地修己立身，慎独内省，做事皆合于中庸之道，不仅注重自身的道德品质和道德修养的完善，还在“成己”的基础上来“成人”，以期培养具有“主敬”“约礼”品质的君子人格，从而达成“内圣外王”的至高理想。

（二）不废治学

作为儒家知识分子，在明清大变革之后，“外王”的政治理想被剥夺，不废治学是这一时期士人的精神高度和人生信仰。作为明“遗民”的张履祥对治

① 张履祥：《杨园先生全集》，1003 页，北京，中华书局，2002。
② 张履祥：《杨园先生全集》，1001 页，北京，中华书局，2002。
③ 张履祥：《杨园先生全集》，744 页，北京，中华书局，2002。
④ 张履祥：《杨园先生全集》，1002 页，北京，中华书局，2002。

学有着清晰的态度，而这也恰好弥补了政治舞台的缺失，他勤学不辍：“读书所以明理，明理所以适用。今人将适用二字看得远了，以为致君泽民，然后谓之适用。此不然也。即如今日，在亲长之前，便有事亲长之理；处宗族之间，便有处宗族之理；以至亲戚、朋友、乡党、州里，无一不然；以至左右仆妾之人，亦莫不然。此际不容一处缺陷，处之当与不当，正见人实际学问。”[①] 在这里，他将之前理学有关理气心性的探讨转为切实的处世态度，切实践履自己通过格物所得出的理，在亲族乡党中形成了一套符合儒家传统道德要求的礼仪规范，使他的“致君泽民”理想得到了“致用”的途径。恪守“主敬”与“约礼”，他在乱世中规约出了修齐治平的行为价值体系。

1.“遗民”的忠节意识

明末清初的“遗民”群体庞大、壮阔却又十分矛盾，张履祥未曾出仕，入清后归隐乡里，亦属此列。明清易代，刘宗周、祝渊等人视死如归，以死殉节，面对他们的慷慨捐生，张履祥均撰写祭文来表达他的尊敬之情。但他对于“遗民”的出处问题并没有好友吕留良那么严苛，他在谈及许衡出仕元朝的问题时，评价比较公允平实，许衡仕元，是不符合儒家节义要求的，理应受到谴责。但同时，许衡也是一位“贤人”，所以，他的这一行为又可以得到原谅。张履祥对那些“变节”的知识分子给予了更多的理解和同情，没有从是否忠诚于旧朝这一角度来评判士人的忠节意识，他论理的依据是将个人与其所处的时代结合起来，不轻易下结论。所以面对许衡的仕元，他认为这是时命所致，不可一概而论，才会发出“不幸”这一喟叹，但知识分子有一点必须自守，要“洁其身”，就因为许衡没做好这一点，才会受到后人的讥讽。

张履祥身上的政治色彩相比其他“遗民”要淡很多，他不喜集社讲谈，不好名利，严于律己，所以改朝换代带给他的痛苦远胜于自己生活贫困、前途堪忧的困苦。在清廷下令剃发改服之时，他依然坚持自己心中的道义和准则：“富贵福泽厚予之生，贫贱忧辱玉汝于成。吾人生于乱世，正如草木之遇秋冬，贫

① 张履祥：《杨园先生全集》，367 页，北京，中华书局，2002。

贱忧辱，义无所辞，但当刻厉自求，使志气不为摧落。”[①]明朝灭亡给他带来的学术观点的转向，使他将这一乱世看作磨炼自己心性，对自身意志的考验。他勤于耕作，自给自足，闲暇读书，修身养性，不在乱世中随波逐流，始终保持自我的纯洁，还不忘兼善乡里，教化百姓。他不怨怼时运，也不为名利而向当朝统治者卑躬屈膝，他归隐田间，并非佛老所提倡的遗世独立，消极避世，而是将读书和耕作相结合，过着一种治学与修身相结合的生活方式，在另一层面上体现了儒家“兼善天下”的远大抱负。

“立身一败，万事瓦裂”，张履祥谨记这一准则。崇祯末年，风俗积弊，廉耻道丧，面对明清更迭，张履祥守礼循义，遵儒家之道，守儒家之法，甘于寂寞，守节不出，在保持自己道德高节的同时又谢绝人事，“学者能砥砺名节，一变可以至道。若轻视名节，未有不知于同流合污者”[②]，充分涵养了自己的气节。

2. 摒弃名利观念

张履祥经常讲“东南坛坫，西北干戈，其为乱一也”。明末江南地区党社运动兴盛，士人竞相参与其中，他们先是以清流自命，后来又通过遗民的形式自居，互通声气，标榜论战，以标新立异为见长。张履祥对这一现象痛加指责，他极力反对学术清谈，始终不标宗旨，他认为结社虚谈是本末倒置，知识分子舍弃实事求是的践履功夫，转而导向“务虚”之名，最终只会误国。他将为学界定在“祖述孔孟，宪章程朱”，“志存《西铭》，行准《中庸》”上，[③]从明末时代特征出发，认为学者往往立论高深而实践不足，所以他提倡务本踏实，学问皆有所依循。

张履祥强调要读有用之书，他指出：“须读有用之书，毋专习制艺，当务经济之学。”[④]这是他一以贯之教导弟子时的言语。他在乡间处馆教学过程中，所撰写的《澉湖塾约》《东庄语约》，里面都记载了躬行实践的重要性。在治学态度方面，他自然单纯，他说：“学者固不可不读书，然不可流而为学究；固须留

① 张履祥：《杨园先生全集》，1014页，北京，中华书局，2002。
② 张履祥：《杨园先生全集》，1078页，北京，中华书局，2002。
③ 张履祥：《杨园先生全集》，1054页，北京，中华书局，2002。
④ 张履祥：《杨园先生全集》，1497页，北京，中华书局，2002。

心世务，然不可遂入于功利。”[①]他将治学的重心都放在了实践上，他称这一方式为“经济之学”。他始终持身严谨直到晚年，家乡仰慕他学问的士人不在少数，弟子有人规劝他出游讲学，效法古圣先贤，张履祥的回答是：“学者须实下进德修业工夫，不然终日讲学，道听途说而已。”[②]他不随波逐流，不好名利，处处以友道待人处事，对先儒经典极其尊重，他秉承“日常言语行事，即准于经义而出之”[③]。学者须将圣贤的言语行事作为自己实践的依据，中庸而行，笃信先哲遗训，以圣贤为师，儒家常说要取准三代，本质上就是要遵循传统，重视经典。王学末流提出要回归传统，他们以为良知是天然形成的、自现的，无须专门修为，只是因为意气用事而遮蔽了心之本体。所以为了确保心体澄明，就需要致良知，依据现成的良知来处世，先贤经典对道德修养于事无补。张履祥对这种荒诞虚浮的弊端进行了严加批判，他坚持为学必须以孔孟程朱为准绳，出处进退皆以此为规范，才不至于离道。面对明末以来学术荒芜、学者不重视立身之本将儒家经典奉为假道学的做法，他主张重振学术，捍卫道统，祖述孔孟，严守儒家教条。

“读圣贤书，须将圣贤之言立为规矩准绳，以吾身就而裁之，果其用心行己能如是乎？违则改之，和则加勉，方有进步处。”[④]正是张履祥这种严谨而保守的学术风格，使得他明人伦、通物理，不仅注重个人的道德修养，还积极将道德普世化，注重世俗社会的人际关系。

3. 治学兼治生的修养观

张履祥治学与治生相结合的道德修养思想深受儒家传统思想影响，他在道德修养上十分注重实践，除了治学上的勤奋踏实外，还有亲身参与稼穑，解决生计问题。明“遗民”学者身上都不约而同地带有一定的批判思想，张履祥也是如此，他的批判思想主要体现在对明朝灭亡的反思与追问上，基于这一反思，他将治学重点放在切实践履上，以反映阳明心学的空虚不实，积极倡导求真务

① 张履祥：《杨园先生全集》，1136 页，北京，中华书局，2002。
② 张履祥：《杨园先生全集》，713 页，北京，中华书局，2002。
③ 张履祥：《杨园先生全集》，986 页，北京，中华书局，2002。
④ 张履祥：《杨园先生全集》，997 页，北京，中华书局，2002。

实的学风。

在张履祥著作中，有关他谈论学习方法的记录俯拾皆是，与好友的书信往来，家训中的各项规定，都包含了他为学的态度和路径。在治学上他最忌讳浅薄，"学者第一要看德器，德器深厚，所就必大。德器浅薄，虽成亦小"[①]。他主张读书不要有门户之见，要博览群书，集各家之书纵观，如果只读一家之书，守一师之说，长此以往，就类似于服药只用单方，温良甘苦长久得不到协调，则会因药而引起其他的疾病，读书固守闭塞造成的弊端也是如此。他十分看重勤奋在治学中的作用，只要勤勉努力、坚持不懈，取得进步是很容易的，长此以往就会有月异而岁不同的收获。为学上他继承朱熹的"格物致知"之说，并将"格物"具体到实践活动中，使"格物"具有更加实在的意义，具体表现在它通过劳动来获得知识。

在治生方面，中国自古有"民以食为天，国以农为本"的主张，先贤典籍都不同程度地记述了儒家的传统农本思想。明清鼎革之际，"遗民"儒者的生存问题令人堪忧，张履祥强调"遗民"儒者要重视"治生"问题，只有做到"能治生则能无求于人，无求于人则廉耻可立，礼义可行"[②]。"民之大事在农"，到了晚明时期，世道衰微，士人竟以农为耻，终致家国废乱，所以张履祥将躬耕看作治学的重要手段，认为从事劳动对治学有举足轻重的作用，最主要的是能够树立良好的品格。"一家俯仰之需及吉凶诸费不能无所赖藉，若竟不为料理，此身终亦站不定，何处可言人品学问乎！"[③]如果连家人的衣食之需都无法满足，就无法立足于世，则人品学问也同样做不好。人只有通过自给自足，解决衣食问题之后才会行为端正，无求于人，言行合乎礼义要求，在此基础上才有可能谈论学问，所以他反复强调"治生"的重要性。

此外，他认为耕和读是可以相兼的，针对那些认为耕读不能相兼的世人，张履祥认为有三种原因：一是他们整天无所事事；二是他们悠闲散漫，产生过

---

① 张履祥：《杨园先生全集》，1104页，北京，中华书局，2002。

② 张履祥：《杨园先生全集》，1043页，北京，中华书局，2002。

③ 张履祥：《杨园先生全集》，399页，北京，中华书局，2002。

多的非分之想；三是一些人只识读文字章句。“人言耕读不能相兼，非也。人只坐无所事事，闲荡过日，及妄求非分，营营朝夕，看得读书是人事外事。又为文字章句之家，穷家累岁而不得休息，故以为俗末劳苦不堪之事，患其分心。”[①]作为儒家知识分子，他认为既要勤耕自立，实践稼穑，又要读书明理，二者相互统一。读书穷理要在实际生活中去体验，去格物而后才有致知，获得自身修养之理，用知来指导行，辅之以“敬”的内在修养，一切主于敬则自然无欲无求，用“敬”来统括知与行，防止道德修养流于表面的“伪道德主义”。他一生致力于处馆读书和田间耕作，身体力行解决治生问题。他除了继承古圣先哲所倡导的“践履”“力行”“自省”，日常洒扫应对上做好道德修养外，他还强调要通过治生来修养自身，做到“知稼穑之艰”，更好地去了解社会人情，明白义理所在，从而提高自身遵循道德礼义的自觉性。[②]

张履祥主张治学与治生相结合的道德修养观，他认为治生对道德修养的提升具有重要意义，将读书穷理付诸实践，能够提升儒者的道德自觉性。对于身处乱世之中的“遗民”儒者，在做好治生的同时离不开读书穷理，他们道德修养的完善更需要去读书明理，只有形成良好的道德品质才能有志于学，更好地投入治学中，学业的精进也有助于道德修养的完善，所以治生与治学是相互促进的，都是道德修养所必不可少的内容。

4. 重建儒家伦理秩序

晚明三教合一的思想风气愈演愈烈，严重挑战了儒家的正统地位，加之当时社会秩序混乱，民生凋敝，这在士人群体中产生了一种危机感。明末东林、复社之后，在士人群体中出现了一种“自我撤离意识”，他们自觉趋向于儒家传统，将比较纯粹的、未受佛道浸染的儒家典籍当作自己的凭借，以区别于世俗文化，并决定以儒家传统为准则来规范社会标准，建立一种“真正的”先秦儒家传统，逐渐形成了一种批判流俗，回归传统的学术运动。[③]刘宗周在整顿

① 张履祥：《杨园先生全集》，1122 页，北京，中华书局，2002。
② 陈鼓应：《明清实学简史》，528 页，北京，社会科学文献出版社，1994。
③ 王汎森：《权力的毛细管作用：清代的思想、学术与心态》，45 页，北京，北京大学出版社，2015。

宗族时，就明确提出要去除一切“世俗之礼”，他强调：“先王之礼虽不尽行于后世，而犹得行之一乡一家之近，以为移风易俗之机。”①张履祥也痛恨这种风俗的败坏，他认为只有恢复礼教才能对抗这种风俗，用儒家传统礼义来抵抗世俗的礼。面对学术日芜、正道不明的社会，张履祥毕生致力于儒家传统伦理的坚持与重建，在行为方面主张回到传统儒家礼仪，他写信给同门师友陈确，痛斥当时学术现状，“吾人生于学绝道晦之日，目前朋友真有朝闻夕死之志者，要无几人……”。②他一生穷困，却坚守道义，始终一节，将儒家典范作为自己修身处世的唯一准则，人伦日用上无不体现君子之道。

在张履祥写的家训《训子语》中，他强调子孙要能固守农士家风，必须有恒业，做到在经济上自立，这样的话在立身方面做到爱敬勤俭，居家方面亲亲、尊贤、敦本、尚实，正伦理、笃恩谊、远邪恶、重世业，最终做到以守身为本、继述为大，就是水到渠成、自然而然的事。张履祥胸怀大志，但科场失意，之后遭遇社稷倾覆，但他从未放弃儒家学为君子的实践，在风雨飘摇中保持人格独立，精进不辍，以最严格的原教旨主义奔走呼号回到儒家的传统古礼。他撰写《近古录》来教化人心，在著作《备忘录》中有许多关于历史政事方面的论述：“学校不以孝悌忠信造士，而相率为浮文以坏乱其心术，学校必当变。取士不以实行，而专以艺文，不足以得贤才，科举必当变。”③在乱世中他仍不忘关心时政，对现实社会给予了莫大的重视。而他最具有影响意义的要数“葬亲社”活动。

生死观问题是明清之际的一大主题。当时丧葬陋习惑乱人心，张履祥成立“葬亲社”，对乡里的知识分子举行定期的集会，逐渐形成一种规则系统，以一种乡民认可的礼义规则来传递儒家的伦理规范，对乡间百姓进行教化，这种重建儒家伦理秩序的积极尝试打破了“礼不下庶人”的传统习俗，做到了“礼下庶人”的效果。“约礼”的尝试和运用，对于宗族邻里和谐，规范人们的道德意识具有重要意义。

① 刘宗周著，吴光主编：《刘宗周全集》，137 页，杭州，浙江古籍出版社，2007。
② 张履祥：《杨园先生全集》，28 页，北京，中华书局，2002。
③ 张履祥：《杨园先生全集》，767 页，北京，中华书局，2002。

（三）君子境界

儒家倡导的君子境界是一种美好的理想品格，寄托着儒家学者对人性的深情赞美。见人行善去恶称其为君子，见人诚实有信称其为君子，君子的类型是多种多样的。在张履祥看来，只有做到在内辨明义理、大道，诚敬无妄，在外恪守全德，遵循道德规范的人才称得上真正的君子，他自己也以成就儒家君子人格为修养目标。

1. 孝敬仁爱

在中国古代，家庭是传统美德培养与实践的重要场地，家庭的和谐安宁是社会稳定有序的基础，在日常生活中主要体现为"孝敬"。"孝敬"之心是人伦道德的关键，是"仁"之本，是个人修身成己的基本道德要求，古语说"百善孝为先"，做人首先要从"孝"做起，孔子也说孝悌是做人的根本，所以儒家一贯倡导父子、兄弟、夫妇是一家中最主要的三亲，要维护好基本的人伦关系，倡导家庭和谐，礼义长存。明清时期，商品经济得到发展，人们的生活得以提高，家庭教育越来越受到重视，他们教育子孙后代立志长存，自立自强，将优秀的家庭祖训作为金银财宝传于子孙后代。张履祥十分看重朱子在"家礼"中所强调的治家观念，倡导一切都从家庭生活的点滴日常中做起，做到家庭和睦，然后就可以"治国、平天下"。

张履祥认为在父母活着的时候就要趁早尽孝，不要等到子欲养而亲不待的时候追悔莫及，在父母死后要极尽哀思，这是做子女的本分。身体发肤受之父母，要热爱自己的生命，爱身修身便已是在尽孝了。张履祥在著作中多次提及："人子事亲多方，只'生事尽力，死事尽思'二语蔽之，总以爱身为本。爱其身则能修其身，修其身然后可以承先，可以启后。哀哀父母，生我劳瘁，所望于子者，岂有他哉？"[①] 张履祥对子孙教育及其严格，疼爱子孙不一定要给他们奢侈的物质享受，而是要以教育为重，注重品德培养，明辨义理，"所以人自爱其

① 张履祥：《杨园先生全集》，1350 页，北京，中华书局，2002。

身，惟有读书；爱其子弟，惟有教之读书"[①]。他所期望的是贤明子孙，子孙的贤明与否则取决于日常生活中的积善养德，尊师重礼，传承优良的家风，这样不仅对子孙个人、家庭有利，还对社会国家的和谐安宁也具有重要作用。他教育子孙在与人相处时要严以律已，宽以待人，树德不树怨，他一再告诫子孙："我有德于人，无大小，不可不忘；人有德于我，虽小，不可忘也。"[②]面对他人的恩惠要谨记于心，至于别人坏的一面无须斤斤计较，不能以怨报怨，要采取正当合理的措施去化解，要有宽容之心，心存宽和之气。张履祥倡导的待人处世要有宽和之气则来源于人内心的道德修养，这种植根于内心的道德涵养就是一种浩然正气。张履祥在处理家庭宗族关系上主张要秉持庄重和谐的原则，要互相体谅，相互敬爱，他借用古人之言来说明家庭和睦的重要性，用碗来比喻家庭成员，用木桶比喻如何经营家庭，碗是从细小的裂痕开始破碎的，起初只是破碎一小块，以至于最后不可收拾，意指睦邻之间要和谐相处、团结一致。如何处家就类似于箍木桶，木桶是由许多小木板箍在一起组成的，虽木板大小、长短不一，但箍得好便滴水不漏，这里有倡导伦理教化的内涵。

张履祥长居乡间，以现实生活为出发点，谆谆教导家族成员们要仁爱存心，孝悌为本，恪守孝敬仁爱的传统家风，他教育子孙仁爱之心要从孝敬父母，尊敬兄长开始，孝敬是培养仁爱之心的根本，体现了张履祥高尚的道德操守和固守传统礼义的坚定信念。

2. 勤勉俭朴

中国传统伦理道德体现在生产、生活方面主要以勤俭为主要内容。张履祥一贯倡导通过"勤俭"来实现自立，解决治生，从而就可以"立廉耻""明礼让"，使自己人格挺立，并付诸道德实践。他说做到"勤俭"是一个人道德修养的根本所在："'恭俭'二字，是立德之本。恭之反为傲，俭之反为侈。傲则必侈，故傲尤为凶德。"[③]他认为尧、舜能够成为一代圣人，而桀、纣之所以成

① 张履祥：《杨园先生全集》，1354 页，北京，中华书局，2002。

② 张履祥：《杨园先生全集》，1355 页，北京，中华书局，2002。

③ 张履祥：《杨园先生全集》，1052 页，北京，中华书局，2002。

为狂人，就是从能否做到“恭俭”开始的，所以，儒者想要成圣成贤就必须时常警醒自己，做到“勤俭”就能治生，衣食足而知荣辱，这时就无旷土，不会出现游民，就可以立德，更好地完成自我道德修养。如果自身无法做到勤俭，就会游手好闲，饱食终日无所用心，最终一事无成，还会造成道德败坏。因此，勤俭节用是知识分子进行自我道德修养的根本抓手，是立德之道。

张履祥将勤勉、节俭看作持家的重要方式。在从事农业生产中，他强调稼穑耕种最主要的就是一个勤字，不可有一丝一毫的懒惰之心。他说：“勤则善心生，爱土物，厥心臧，又勿论已。”[①] 他自己在生活中节俭清贫，以身示范，对子孙和门人起了很好的榜样。《训子语》中有他书桌方面的记载：“先生家居，每坐务本堂东北隅一室，纵横方丈，室中一几一榻，几上《朱集》一本，笔、砚各一，无他物焉。”[②] 从他的书房布置就可看出张履祥安贫守道的居家风范，在衣着形态上，虽然是盛夏时节，但先生依然衣帽都穿戴整齐，正襟危坐，脸上没有丝毫懈怠之意，令弟子们无不惭愧。他告诫弟子在饮食用度方面不要追求奢华，所需皆按需取舍，要合宜适度，主张不可太贫，也不能太富。他延续了儒家关于贫富的思想。面对子贡的贫穷而不谄媚、不抱怨，富贵但却没有骄傲自满的情绪这一回答，孔子认为做到这样是可以的，但还够不理想，即便贫穷也要做到安贫乐道，富贵之人能做到谦虚自守，外加礼义来约束规范自己的行为。张履祥在《训子语》一文中写道：“凡家不可太贫，太贫则难立，亦不可太富，太富则易淫。”[③] 处富贵之家更当节俭，不可挥霍无度，不能将奢靡之风传于子孙。虽处贫贱之时更要勤奋努力，不可一味苛刻悭吝，萌生妄念，也不要去妄求，心生妄念则是败坏心术，去妄求就会丧失礼义廉耻。要自给自足，勤俭务本，取之有道，用之有节，一切钱财来源都要符合道义，这样就能实现人格独立，无求于人，就是立廉耻，行礼义，也是完善道德修养的重要举措。张履祥强调：“计口以给衣食，量人以准日用，素贫贱行乎贫贱，素富贵不忘

① 张履祥：《杨园先生全集》，1425 页，北京，中华书局，2002。
② 张履祥：《杨园先生全集》，1350 页，北京，中华书局，2002。
③ 张履祥：《杨园先生全集》，1351 页，北京，中华书局，2002。

艰难，所需自有分限，不俟求多也。”[①] 坦然面对贫富贵贱，量入为出，避免过多的欲求，俭与奢表面上是有关如何看待物质享乐的态度问题，实则反映了一个人的本性和道德。《左传》里有记载：“俭，德之共也；侈，恶之大也。”勤俭是道德的起点，奢侈是人的最大恶行，正如晚清名臣曾国藩在《曾文正公家书》中记载的一样：“家败离不得个奢字，人败离不得个逸字，讨人嫌离不得个骄字。”[②] 从书中所列举的八条规训——读书、种菜、养鱼、养猪、早起、扫除、祭祀、睦邻，可见勤俭是古圣先贤一以贯之的齐家思想。

所以，在张履祥的道德修养思想中，勤勉俭朴是很重要的一项内容，一切从俭，不要暴殄天物，这是我们的传统美德，也是为人处世的根本，他严格教育子孙要恪守祖宗遗传的优秀家风，节俭朴素，并将这一优良传统植根于心中，强化了人们在社会交往中的礼仪规范。

3. 严守礼仪

“礼”是维系中国传统道德价值观的外在保障，“礼”不仅是个人安身立命之本，更是人际交往的秩序之源，因此，古圣先贤将学礼、践礼作为自己终身追求。张履祥在家庭教育中极为重视“礼”的作用，处处以“礼”为要，将“礼”作为家庭成员的行为准则和道德规范，并用自己的实际行动去教导他人。张履祥对“礼”的重视，一方面来自他对安定有序的和谐社会的渴望，另一方面“礼”能够构建尊卑有序、长幼有别的家庭伦理关系，只有做到在家知礼守礼，才能促进整个社会伦理秩序的稳定和发展，所以，推行以礼传家，明确尊卑等级秩序，以礼化俗，进而实践儒家的修身、齐家、治国、平天下的政治理想，这也是张履祥重视礼义规则的核心之处。

张履祥有关“礼”方面的修养内容比较丰富，对“礼”的重视首先体现在冠、婚、丧、祭等重要环节和重大场合上，他认为这些必须在日常生活中得到重视，“冠昏丧祭，礼之大者”[③]。面对逝者，他都是虔诚祭拜，并且在祭祀

---

① 张履祥：《杨园先生全集》，1351 页，北京，中华书局，2002。

② 曾国藩：《曾文正公家书》，286 页，北京，中国书店，2011。

③ 张履祥：《杨园先生全集》，1494 页，北京，中华书局，2002。

的过程中做到完全符合礼的规定，用“礼”来规范行为。并非仅在公众场合如此，私下独处之时，张履祥依旧遵礼而行，慎独如一，言行一致，“每从先生登舟，必正身拱立，俟过先人之墓，于舟中深揖。又远数十步，始坐。闻之自壮至老，行虽急，未尝间焉”①。他时时不忘礼义规范，切身行己，为他人起了很好的表率作用。门人张嘉玲曾记载了与先生的一桩生活小事，张嘉玲去见先生，先生此时患有脾病，但在与弟子见面时仍然直挺端坐，没有依靠任何东西，举止安详，由此可看出张履祥内心对礼的敬畏。他对子孙在礼法方面的要求更为严格，在《训门人语》中有这样一则记载：他的长子张维恭还未成年，无法戴冠。先生就让他戴头巾来防寒，但儿子不喜欢戴头巾，就在寒冷天气中露着头顶，姚瑚便去告诉先生儿子这样可能会冻坏身体，染上疾病，但张履祥严肃地说给他头巾又不戴，那这个头冻落又何妨呢。可见张履祥对待子孙之严厉。张履祥对“礼”的重视还体现在重视族谱的撰修方面。修撰族谱是为了尊祖敬祖，具有明确血缘关系、促使宗族团结的作用，用族谱的方式来记录世系，有利于增强人们的孝悌之心，唤起宗族意识，是提升家族凝聚力，使家族得以延续发展的重要基石。张履祥格外重视族谱中所蕴含的道德教化功能，他在修撰自己家谱时从道德层面对族人的外在言行做了规范，通过族谱来传递道德精神，增强族人的认同感，使家家能够兴礼让，以此来维护社会礼义规则。他尤其强调在社会动荡之时修族谱的特殊意义。由于社会混论，民风凋敝，礼法秩序遭到破坏，伦理纲常荡然无存，这时修族谱能够使族人明世系，团结宗族，建立尊卑秩序，收归人心，体现人们重孝崇礼的深厚情怀。

“礼”作为中国传统文化的重要内容，对于规范社会生活，增强人们的道德观念具有重要作用，作为明遗民的张履祥始终重视儒者应有的责任和担当，用“礼”来教化大众，重建社会秩序，体现了其济世安民的家国情怀。

4. 注重“变化”“气质”之性

有关人性问题的大讨论在中国传统伦理思想中由来已久。作为一种道德术语，儒家更多的是从伦理角度去审视人性，因而人性就与善恶问题联系在了

① 张履祥：《杨园先生全集》，1458 页，北京，中华书局，2002。

一起。孔子说：“性相近也，习相远也。”（《论语·阳货》）他并没有对人性的善恶问题展开讨论。之后孟子提出了性善说，荀子提倡性恶论。孟子说：“仁，人心也。”（《孟子·告子上》）“心”就是仁，即仁包括仁义礼智，是人的根本道德存在，所以可得心即德，性本善。荀子说：“凡以知，人之性也。”（《荀子·解蔽》）他认为“心”就是认知能力，性是人的认知能力与后天的情欲相结合，自身不具备先天的道德行，善是经过后天的认识而形成的。[①] 儒家传统主流思想强调人性本善，后世儒家知识分子在这一基础上不断扩充发展性善论的思想内容，使得这一学说日臻完善。宋明儒者在人性论基础上发展出了较为完备的气质之说，张履祥在继承程朱等学者人性论的同时发展出了自己的人性之说。

张履祥将人性在理论层面上分为仁义礼智之性与气质之性。他认为，仁义礼智之性是人的本质属性，在人性中处于绝对优势，是我们做人的根本，做到尽性就是要尽到仁义礼智之性，仁义礼智之性是真实不虚的存在，需要在实践工夫中去体悟。与仁义礼智之性相对的是气质之性。张履祥在肯定仁义礼智之性具有重要作用的同时，还表明了气质之性的存在，他认为气质之性对人的道德修养同样具有重要意义。他认为气质之性的说法在儒家传统中一直存在，气质之性是与生俱来的，是人的本能体现。

率先将仁义礼智之性与气质之性并提的是张载，他认为存在着两种性：天地之性与气质之性，而天地之性主要就指仁义礼智，气质之性主要指刚柔缓速之类，前者有时也称为性，后者称为气。程颐提出“性即理也”[②]，他也不否认气质之性的存在，他将气质之性解释为“才”，他说：“性无不善，而有不善者，才也。”[③] 他对“性”的解释有不同的范畴，认为不能一概而论。朱熹将天地之性与气质之性发展到了一个新的高度，认为世界是由气和理组成的，因此人也不可例外：“人之所以生，理与气合而已。”[④] 天地之性主要是指理，而气质之性则是理和气的杂糅。张履祥吸收程朱气质之性的思想，并提出气质之性

① 梁涛：《“以生言性”的传统与孟子性善论》，载《哲学研究》，2007（7），36—42页。

② 程颢、程颐：《二程集》，292页，北京，中华书局，2004。

③ 程颢、程颐：《二程集》，204页，北京，中华书局，2004。

④ 黎靖德：《朱子语类》，65页，北京，中华书局，1986。

是人性的重要内容，在人身上表现为气禀，决定了人的行为举止，人与人之间的差别就是由气禀的不同造成的，气禀不同会造成善恶、贤与不肖之分。但气禀不是一成不变的，人可以通过后天的学习、修养来变化气质。道德修养的不断提升就是通过对气禀的变化来完成的，仁义礼智之性是一个人优入圣域的前提，而气质之性的存在决定了成圣成贤的程度会有不同。他的人性论最终目的还是为了实现“主敬”与“约礼”的理想人格，仁义礼智之性为人的气质变化提供了参考标准，而气质之性的现实存在证实了人性的缺陷，暴露了人的种种欲望，但通过变化气质，去除气禀对本心的遮掩，回归本然之性，方可成圣成贤。人性本善，本来就存有仁义礼智，只是由于气质、物欲的遮蔽使其失去了本来的面貌，才出现了恶，应该经过教育和一定的修养工夫来变化气质，恢复人性本来的状态。因此，张履祥在道德修养上否定“命定”这一说法，极力主张人的气质是可以通过立志、修养、学习来改变的，最终复归本然的仁义礼智之性。

气质之性具有向善和向恶两方面发展的可能，所以学者必须对气质之性要严加培养，促使其向善而去恶。张履祥认为，一个真正的儒家知识分子不光要在道德理性上，即仁义礼智之性方面做到修习与坚守，同时更要在气质之性上努力克服，做到义理用事。张君劢曾说：“一个人对自我进行道德修养就是改变气质之性。去欲、定心、抑制名利之念等均为改变气质之性的办法。人若达到可以改变气质之性的境地，便表示他能控制自己或回到自己本然为善的仁义礼智之性。”[①] 张履祥将人性划分为仁义礼智之性和气质之性，主张人是可以通过学习和修养来实现“变化气质”，完成道德修养的，这也说明了道德修养对个人成长的必要性与可能性。张履祥在道德修养上对气质之性的肯定，是学者能够笃实向前，实学实用的必要条件，也为后世学者进行道德修养提供了理论依据和实践基础。[②]

① 张君劢:《儒家思想史》，120 页，北京，中国人民大学出版社，2006。

② 程宝华:《理学真儒——张履祥学术思想研究》，166 页，北京，中国市场出版社，2013。

三、道德修养途径

（一）“居敬涵养”

“敬”是儒家思想传统中的一个重要范畴，是为学修身的重要工夫，“敬”的理念从先秦儒学到宋明理学既有继承也有发展，但一直都是道德修养的主要途径和知识阶层自觉践履的行为规范，而“居敬”作为道德修养工夫论的重要组成部分，是宋明理学家对先秦儒学的新发展，也是张履祥道德修养思想中不可或缺的一部分，是张履祥针对明清之际风俗败坏，教化衰微，拯救世道人心所开出的一剂良药。

张履祥继承儒家传统，同样将“居敬”看作涵养身心的重要工夫，继承并发展了他的老师刘宗周对“主敬”的解释。刘宗周认为证人工夫就在于“敬”，强调在心体主宰上运用“敬”的工夫，张履祥继承了老师这一观点，即保留“敬”的内在修养，同时又将“敬”外化于行，强调其实践性，他将“居敬”解释为收敛身心，内无妄思邪念，外无物欲遮蔽，将全部身心用于体认天理上，进而将天理落实于工夫上，用“居敬”来贯通人的外在仪表与内在心性，从内、外两个方面对人的道德修养做出要求，他主张：“所示为学之方，以敬为圣学始终之要，兼内外本末、一天人体用，贯动静、彻显微之指。”[①]“居敬”贯通动静，包括动中存养和静中省察，时时做到戒慎恐惧，重视人伦事理，将存养省察工夫落实在日常事物上，“敬以直内”“义以方外”，内外兼修，从而培养人的高尚情操，这与王学末流所倡导的“主静”工夫是截然不同的。

“主静”工夫来源于周敦颐的《太极图说》：“圣人定之以中正仁义而主静，立人极焉。”“无欲故静。”[②]使人断绝一切欲望，达到内心宁静。张履祥在师从刘宗周之前一直都在追求“主静”这一修养工夫，随着夷狄入侵，明朝灭亡，他转而提倡“居敬”排斥“主静”。他说：“至若敬、静一条，尤不能无可商者。

① 张履祥：《杨园先生全集》，98 页，北京，中华书局，2002。
② 周敦颐：《周敦颐集》，5—6 页，北京，中华书局，1990。

儒者‘主敬’而不‘主静’，故其效至于动而无动，静而无静。释氏主静而不言敬，故其流至于空虚无用。”[①] 儒家是以“居敬”为主的，与佛家那种空虚寂静，空无一物有本质的区别。心学家普遍以“主静”为修养工夫，要求在寂静空虚中来体验本心，使心体达到虚明清澈，无私无欲，而忽略了外在客观条件的影响，这种修养方式与佛家倡导的静坐联系密切，极易流为禅学，张履祥所说的“居敬”涵盖了“主静”，将动与静两方面相互结合，统一于“居敬”，规避了因“主静”而导致的流为异端的风险，是要人去体认天理，以天理为道德标准，言行相符，皆合乎天理，不杂一丝人欲。之后，他以“居敬”贯穿治学始终，作为道德修养的根本工夫，“欲求当于理，须是主于敬”。“习气最难变，气最难平，用力克治，只克不去，只缘持敬功夫不密。”[②] 儒者下功夫都是在居敬涵养上，只有做好内在“居敬”工夫，做事才能恰到好处，符合中庸之道，也就不会产生过与不及之弊，所以他将修养工夫重点放在现实生活中，始终持敬，方可避免私心邪念，一切应事接物都符合天理。

张履祥“居敬涵养”的道德修工夫包括内外两个方面，外在修养上，张履祥认为最重要的是动作威仪，“世儒功夫只说求心，至于威仪、容貌、言语、行事，盖以为外而不知检点”[③]。张履祥从言谈举止上来塑造人的外在修养，在日常事务中要整齐严肃，谦让随和，动作规范，通过培养良好的外在行为习惯，以此来存养内在的恭敬之心。“居敬涵养”是内外合一的修养工夫，“敬”的外在标准包括“谨言语”“慎事为”“动容体”，“敬”的内在要求有“辨心术”“明义理”“治性情”，要常惺惺，对自身经常提醒检点，使此心不敢有外逸之处，清澈虚明，不役于物，就是“敬以直内”的工夫，“一曰辨心术，一曰明义理，一曰治性情。已上‘敬以直内’事。一曰正容体，一曰谨言语，一曰慎事为。已上‘义以方外’事。学者辨心术，是始初第一事。然功夫紧要，全在明义理，治性情。存养以是，省察克治亦以是。二者得，则大本已立，大本

① 张履祥：《杨园先生全集》，353 页，北京，中华书局，2002。
② 张履祥：《杨园先生全集》，1127 页，北京，中华书局，2002。
③ 张履祥：《杨园先生全集》，1095 页，北京，中华书局，2002。

立，则动作威仪，应事接物，略加提撕检点可已”①。内在修养是基础、是为人之根本，做好内在修养，然后才可实施“义以方外”，在应事接物上合于义，合乎天理。“居敬”是修身之本，指向内在的道德自觉，外在言行辅之于义，“九容九思”都合于义，内外兼顾，用“夹持”统一内外，做到言行一致，表里如一。

“居敬涵养”兼顾动静与内外，居敬以内，行义于外，强调内在修养的同时不放松外在实行，突出道德修养的践履性，将修养工夫用在切实处，避免空虚玄谈。

（二）格物明理

有明一代在道德修养工夫论上，王阳明侧重“致良知”，刘宗周以“慎独”为核心，陈确体认“本心”，张履祥是以“格物”为主，他的修养工夫更多的是向外探索，而不拘泥于本体方面，将修养重心放在日常生活上，工夫要平实，不能高深玄远。他对格物有详细的分析：“欲知其非，先明乎善。欲明乎善，非格物不能。博学、审问、慎思、明辨，所以格物也。”②实践之前先要明白是非对错，欲明辨是非，就先要了解什么是善的，所以通过格物就能明理知善，因此他将格物解释为“择善”，而通过博学、审问、慎思、明辨就能明善，即是格物。

他继承了朱熹的“格物穷理”之说，但也有新的发展。“穷理”一词出自《周易·说卦》“穷理尽性以至于命”，是指探究万物的本源与道理。通过“格物”来“穷尽天理”，将天理归入人的主体中，使心与理合二为一，达到“尽心知性知天”，进而成圣成贤。朱熹的“穷理”主要侧重于义理层面的对“理”的认识，结果就偏向了对“理”的认识而无法在生活中去实践“理”，张履祥除了强调要在“穷理”的过程中去认识“理”，不能师心自用外，还主张要实践理，做到“明理适用”，注重“理”在形而下的表现。张履祥的“明理”主

① 张履祥：《杨园先生全集》，1074—1075页，北京，中华书局，2002。

② 张履祥：《杨园先生全集》，1071页，北京，中华书局，2002。

要指人在明白知晓义理之后，更重要的是如何将这些理论付诸实践，更加侧重于将“理”落在实际生活中，体现在百姓日用伦常方面。他认为正是世人不注重格物工夫，才出现了许多违礼伤教的行为。他继承程朱理学在道心与人心方面的区别，认为人生来就是由气和理构成的，理之性就是仁义礼智，是至善无恶的，而气之性则有善恶之别，就是因为每个人都具有道心和人心两个方面，就不能单纯用此心来判断事物，必须下格物工夫。他将理论化的天理转变为实际可操作的理，就是要人在实际生活中体会天理，天理就是在庸言庸行中去实践儒家的传统礼仪，他的“明理适用”有着更浓厚的形而下的色彩。

张履祥认为格物与读书是明理的根本，对于儒家知识分子来说，四书五经皆是所读之物，体察儒家经典中所蕴含的微言大义，在头脑中形成一个知识体系，之后广泛阅读摄取更多知识。他强调还要注重读书方法，要仿照朱熹在《朱子读书法》中所列出的六条原则：循序渐进、熟读精思、虚心涵泳、切己体察、着紧用力、居敬持志。从张履祥的《读书笔记》中可看出，他十分重视儒家经典的研读与体会，但他博览群书绝不是为了功名利禄，他的读书是为了“明理”，明理是为了适用，切实与实际生活相结合，他将“适用”一一体现在他的道德修养践履中，从而形成高尚的道德人格，做到有益于世。

明理在于适用是张履祥将朱子“穷理”思想实践化的进一步发展。程朱理学强调“理一分殊”，认为天地万物是由一个太极生成的，万物一太极是理一，物物一太极是分殊。作用在人身上，未发之中是万物一太极，已发之和是物物一太极，可见宋儒在有关天理和人事之理方面都是分开谈论的，没有将二者相互联系。张履祥强调：“先儒言：‘理一无工夫，工夫全在分殊上。’吾人日用致力，只要穷致物理，随事精察而力行之，即不必言未发之中，而未发之中无乎不在。世儒好说本体，岂知本体不假修为，人人具有，虽使说得精微广大，何益于日用？”[1]张履祥认为“理一”的工夫全都体现在“分殊”上，所以每个人都要在日用言行上致力，随事精察而笃行，做好日用工夫，本体便会自动显现，不需要刻意修为，所以张履祥避免谈论本体，本体人人都有，做好日

① 张履祥：《杨园先生全集》，1147页，北京，中华书局，2002。

常修养，本体之理就会不期自明。张履祥强调要从日常生活中去修养自身，将儒家经典中的理论知识付诸在实际行动中，在社会实践中去感悟，领会儒家的孝悌仁义等伦理准则，他将这一行为看作是儒者修身成己的重要工夫。张履祥不断深化他对“适用”的解释，他一再强调明理是为了在日常生活中适用，他所谓的“适用”不是高深玄远的各种大事情，而是百姓民众的身边小事，父慈子孝，兄友和睦，处在乡党宗族之间，便有乡党宗族之理，学问的工夫就体现在处事得当与否上，能不能很好地运用在具体事情上，而不在读书多少，这便是他所说的“适用”了。

张履祥认为道德修养应当以“居敬”为无弊，但内在的“居敬”工夫必须与外在的格物明理相互结合。居敬工夫做到精熟，就不会有得失之忧，明理工夫做到绵密，就不会出现或然或不然的疑虑。他批判心学格心不格外物，自以为达到了“居敬”的境界，殊不知早已流为无忌惮的小人。张履祥通过借鉴心学的过失来论证外在读书明理工夫对道德修养的重要性。

（三）“克己复礼”

“克己复礼”是张履祥道德修养工夫论的另一重要方面，张履祥对“礼”的重视是由于明末以来风俗败坏，礼法混乱，导致儒家伦理道德标准崩溃，他认为三代以上实行礼治，三代以下实行法治，法治在太平时期尚能维持，一旦有变，只靠法治是无法达到效果的。所以他从明朝灭亡的现实出发，复兴礼教，提倡以礼行事，他倡导实行儒家传统礼仪就可以止乱，“知礼为先”“复礼成性”，以此挽救世道，使人崇德向善，民心归厚。

张履祥将“礼”看成是天理在形而下层面的体现。“礼者，天理之节文，若人之言语行为合于天理，自然有节有文，若无节无文则直情径行，便已不是天理矣！”[①] 天理作为礼的形上存在，并不是静止不变的，它有自己的载体和展现，这个载体就是“礼”，即具有指导价值的礼义规则，言语行为都合于礼义规则就是对天理的体认。张履祥认为礼从根本而言起源于人内心的道德仁义，是可

① 张履祥：《杨园先生全集》，1180 页，北京，中华书局，2002。

以通过后天的修养来实现的，要让身心回归仁义，体认天理，就要依礼而行，知礼则性成，在现实生活中视听言动皆符合礼的要求。张履祥将理义看作人心所固有的，“仁义礼智，我固有之，是具众理”①。他认为人都具有认识天理的能力，但并不是说每个人心中都已经具备了天理。张履祥将人性分为天命之性与气质之性，天命之性即“天理”，是至善无恶的，具有能够明善成己的可能；气质之性则是人生来就有的，由于禀气的不同和后天习俗的浸染，有善恶之分。唯有寻礼、知礼，通过日常生活的言行举止来实践理，才能够体认天理，张履祥强调天理是抽象的、无时不在的，所以礼也无处不在并且隐含于人们的日常生活中，是永恒的行为规范，人人都要依礼而行，如此才能抵达圣人境界。因为礼源于人的道德仁义，我们遵守礼，就是对内心固有的良知良能的强化，最终就能知礼成性，能尽其心者，就可知其性，能知其性，最后就能抵达天理。学者想要成圣成贤，必须约之以礼，然工夫全在克己复礼。

“克己”与“复礼”二者是相辅相成，不可分割的，但就重要性来说，“复礼”要重于“克己”。张履祥认为修养工夫莫切于礼，如果不以“礼”为修养之本，虽“克己”工夫做到至精纯粹，心里还是空荡荡的没有依据，形同禅学，他强调：“世儒重言‘克己’，轻言‘复礼’，究其本末皆禅也。夫克己复礼固非二事，然而求端用力之际，莫不切于礼。”②“克己”偏重内省，主要是从心体上做功夫，只“克己”而不“复礼”则会流为禅学，因此他批判王学末流“复其本心”，将内心的良知作为礼义标准，师心自用，将道德修养的工夫全用于发明本心，仅仅向内用力，而忽略了外在的人伦日用。世儒都重视“礼”对外在行为的规范，使内心有所凭借，用“礼”涤除气拘物欲的遮蔽，从而天理流行。张履祥认为孔门弟子教人都是从“复礼”处着手而非“克己”，贤者如颜回也是用“礼”来约束自己，从“非礼勿视、听、言、动”，从“博文约礼”开始的。至于外在的道德修养如何完成呢？张履祥认为必须通过“克己复礼”工夫来实现，儒家一贯倡导用“礼”来调整社会秩序，礼乐是

① 张履祥：《杨园先生全集》，1177页，北京，中华书局，2002。
② 张履祥：《杨园先生全集》，692页，北京，中华书局，2002。

维护人际和谐关系的重要手段，张履祥同样把“礼”看作道德修养的重要途径，通过“约之以礼”来立足于社会，学道是为了修德，道德日盛则人本身所具有的天命之性就会恢复，也就是成性，复归人的本性，成就其德行，则言行举止就都合于礼。

无论是克己还是复礼，张履祥最后都用“居敬”来囊括。张履祥将“居敬”看作一种生活方式，在待人处事上要“常惺惺”，不能有丝毫的懈怠，要不骛高远，务本笃实，始终过严肃庄重、俭朴规矩的生活，“爱敬之心，人所固有，犹必待养而长茂。可见先王制礼，无非养人之性情。礼教不行，日用行习何往而不梏其固有之良乎？”①他将“居敬”与“复礼”相结合，敬是发自人内心的，是人的一种性情，是在后天的生活习惯中养成的，为人交友都秉承一“敬”字，礼的规范整齐是人的爱敬之心得以存养的天然土壤，内心存有对礼的敬畏，一念稍有放松就会百邪群起，经常戒慎恐惧则私欲退场，所以他说敬是“德之聚”。此外，在张履祥看来，人心易受外界环境影响，有气拘之弊、物欲之害与习染之迁，从而导致人心陷溺，所以还需通过外在的“礼”来约束。“穷理”不只是在道德学问上踏实自律，更重要的是将自身的修养通过“约礼”的形式外化于实践中。“‘博学于文，约之以礼’，人之为学，只此成法而已。”②

张履祥复兴传统儒学、重建社会秩序的外在实践也回应了他重视礼仪规范这一行为。将“理”融入形而下的人伦日用中，做到“明理适用”，以此来移风易俗，重建人伦秩序。因此，他在继承朱熹“居敬穷理”的基础上，根据晚明社会现状和学术氛围，“以礼代理”。面对王学造成的束书不观，“知即是行”，空谈心性的浮躁风气，他以“礼”为规矩，在日常生活中有序展开，“博学于文”的同时不忘“约之以礼”，通过必要的外在约束来实现言谈举止合乎伦常。所以只提“居敬”仅仅是向内用功，无法兼顾外在言行，“约礼”则是向外的功夫，是切切实实的行为，张履祥将“居敬”与“约礼”二者并提，将

① 张履祥：《杨园先生全集》，925页，北京，中华书局，2002。
② 张履祥：《杨园先生全集》，1060页，北京，中华书局，2002。

儒家的理论知识与现实生活相互结合，将道德实践切实渗透于下层民间生活中，突破了宋明时期将道德看作形而上的具有本体意味的传统，进一步将程朱理学推向实用化。林国标先生认为张履祥道德修养思想的核心是知识论和道德论互为一体的。[①] 可以说概括得既全面又精练。

张履祥重视“复礼”之学，在礼的具体实行上，他推行乡约，用古礼来移风化俗，规范人们的言行举止，从外到内，都依礼而行，在现实生活的实践中去体认天理，复归本性。

（四）知先行后，知行并重

道德修养最终还是要落实在践履上，张履祥一贯倡导实干精神，他批判那些只说不做的假道学者：“致知者，所以为力行也。今人言致知，多不及力行，岂非好言精微，反遗却平实。”[②] 他主张言知必言行，如果不去实行，只将理论谈得清晰深刻，是不切实际、于事无益的。在知行关系上，程朱一系主张“知先行后”，并在此基础上“知行并进”，程朱理学家将“致知”解释为一般性的知识。陆王心学则不同，他们将“致知”等同于“致良知”，他们认为良知是内心自足的，致知的工夫就是按照自己的本心去道德实践，做到知行合一，他们否定知识的客观外在性，从而用知来代替行，忽视了个人道德修养的外在实践性，仅靠先天的良知良能是无法完成修身之路的。与王阳明的“知行合一”不同，朱熹认为为学功夫必须循序渐进，先有闻见之知，然后才能实行，在知先行后的同时还需做到知行并重，以此来明确二者的内在关系。

张履祥继承朱熹的知先行后说，突出知的重要性，以知为首，他在《愿学记》中有谈到知行关系：“知之非艰，行之惟艰，学者到得知行合一方好，然要到此处，煞费多少功夫，阳明之门起手便要说此话，便不是。”[③] 先知后行，格物致知完成后再去力行，三者的关键在于格物的精细翔实，张履祥将格物推至

① 林国标：《清初朱子学研究》，153—171 页，长沙，湖南人民出版社，2004。
② 张履祥：《杨园先生全集》，714 页，北京，中华书局，2002。
③ 张履祥：《杨园先生全集》，1044 页，北京，中华书局，2002。

一切事物上，就是要人们在现实生活中先有见得，然后再去实践。在知与行二者之间，只有先明白事物的道理，行才会有着手处，否则就会迷失方向，一切都是冥行。要用知来指导行，如果只局限在道德认识方面而不去实践，对于道德的完善终是无益的，所以在成圣成贤的过程中，要遵守知先行后这一逻辑，先要明白道德理义，然后根据理义准则进行道德实践。张履祥强调虽然在“知行”关系上不应偏重一边，空知和冥行都是有问题的，但在实际情况中，还是以笃行为要，他主张要回归到程朱的“穷格事物之理”这一路径上，将自己所知道的理推及万事万物，在事物之中来验证自己的理，但他并不完全承袭朱子这一说法，他侧重于实行，他主张致知在于力行。张履祥重视存在于人们头脑中的孝悌忠信等可以直接力行的观念，不仅改造了王学的玄虚不实，对朱子的“致知穷理”也有所发展。在格物穷理的基础上，他主张躬行践履，在他看来传统致知论的提法，是将心中的理推到事事物物上，再在事物中去验证心中之理，这种人与物之间的循环往复，并没有关注到人如何在实践中获得新的体会，如此所得的知识是僵化的，没办法得到更新。张履祥所培养的君子人格是以德行为标准的，要能自觉做到“主敬”“约礼”，德行是需要实践来完成的，所以，达到“主敬”“约礼”的君子气象本质上是要通过实践来完成的。

因此，理想人格的实现必须体现在日常实践活动中，不能仅停留在认知范围内，致知然后力行，在这里他强调论先后，知在先，论轻重，行为重，要先知后行。另一方面，他强调知和行二者要齐头并进，不可偏废。但这并不矛盾，在一事物中知先行后是以知行相互依存为前提的，如果离开知行相互依存这一前提，便不存在知先行后说，而且知先行后本身就是一个整体，但更侧重于行对知的依赖。但对于当时之世，张履祥主张应尽快拯救王学之弊，用笃行来矫正阳明空谈致良知，舍弃格物穷理的修养工夫。“总之，知行二字偏重不得。空知与冥行，其失均也。若论今日。自应以笃行救之。”① 当然，对于阳明所说的“知行合一”工夫，张履祥并没有全盘否定，他的说法是要辨之以时日，“‘知之非艰，行之唯艰。’学者到得知行合一方好，然要到此处，煞费多少功夫。阳明之门，起

① 张履祥：《杨园先生全集》，847 页，北京，中华书局，2002。

手便要说此话，便不是，所以流弊不可言”[①]。为学处世做到知行合一是最佳的状态，但要达到此种境界必须经过格物、致知、穷理等一系列中间功夫。张履祥认为，正是阳明的良知之说被一些知识分子轻易相信，结果只是陷于末流之端，最终妄为修养境界。他没有否定知行合一的精妙之处，主要是针对阳明不注重外在工夫，企图通过致良知来直接抵达圣贤之道，批评其为一种道德狂诞。

在面对陈确否认《大学》中存在知行思想时，张履祥同意禅学思想只言致知而不关注格物，只是顿悟没有渐修，不是真正意义上的致知，但《大学》中提到的诚意、正心、修身、齐家、治国、平天下都是道德实践的内容，批驳了陈确的质疑，他辩论：“知行本有先后，而世之学者好言合一。乾初主张心学，每事必信诸心，而执行在知先之见，坚不可破。虽不学禅而不自知已入于禅。”[②] 如果将行放于知之前，那就是受了知行合一的影响而流于禅学，销行以归知，最终流向空疏无用，所以，张履祥将知先行后思想一以贯之，来拯救士风民俗。在行的主张上，他认为“行”要比“知”更加平实，行就要做到踏踏实实，他将实行具体化为一系列的道德修养实践活动，同时，实行还是一种修养态度，在道德修养实践中要持平实的心态，他在教人为学、立志方面，立志要远大，但工夫须从笃实处下手，从身边做起，素位而行，不可好高骛远，工夫就在日用之间。

张履祥的道德修养工夫论是在宋明理学的理论基础上建构起来的，他将朱熹的“居敬穷理”之说根据晚明虚浮的学术现状和社会发展要求进行创新，形成了自己特有的道德修养工夫论，在“格物明理”和“克己复礼”之后，他将“致知”与“力行”密切结合，倡导知先行后并且知行并重，将理论知识与实际生活相联系，来改变当时的虚浮风气。

① 张履祥:《杨园先生全集》，1044 页，北京，中华书局，2002。
② 张履祥:《杨园先生全集》，1091 页，北京，中华书局，2002。

第三节　张履祥道德修养思想的践履

一、组建葬亲社，民德归厚

丧葬在乡间都是极为重要的事，是儒家古礼最重要的组成部分，张履祥将丧葬之事上升为关乎国家持久运作的重要地位。在《丧葬杂说》中，张履祥描述了丧葬存在的陋习：“冠昏丧祭，礼之大者。今里俗昏礼犹存古意，冠礼废矣，然未有违礼伤教如丧祭之甚者也。习俗锢人，贤者不免，特为拈出数条使知其非，知非必将求是，庶其亟复之。至此说多言俗敝，罕述礼文，盖其义已备于《家礼》《会典》诸书矣。”[①] 张履祥认为当时的婚冠之礼已经与古人完全不同了，丧祭方面更是违礼伤教，他认为两种礼尤其重要，一是将《大明会典》中的礼仪准则当作日常生活的中心，二是用古礼来维持身份的认同。在丧礼方面，张履祥主要反对招佛道作佛事。清初，桐乡地区迷信风水之说，盛行停柩不葬，惑于择地，使安葬日期迟迟难以确定，用妇人代哭。在祭礼方面也有很多的弊端，如没有祭地，斋戒制度全部废除，祭祀任用僧道神鬼。对于葬制陋习所带来的危害张履祥有切身体验。他祖父去世之后，由于家乡一带风俗衰败，受乡民阻挠，一直未能如期安葬，只好将祖父棺柩停放在乡间，竟被纵火焚毁，他为此痛苦不已，常写信给同门师友倾诉自己愧疚之心。他以宗教般的虔诚精神到处宣扬丧葬改革的必要性，提倡以古礼为中心的新葬礼。

作为一名乡间儒者，张履祥在道德修养上注重践履，为了革除家乡丧葬恶习，改变丧祭之礼存在的弊端和恢复古礼，他和好友陈确、唐灏儒一起推行了一些改革措施。张履祥于顺治十年在桐乡举办了“葬亲社”，具体措施有：“举葬亲社约于清风里……凡所宗内有葬亲者，本宗首、副传之各宗首、副，汇八

① 张履祥：《杨园先生全集》，1494 页，北京，中华书局，2002。

宗吊仪，人三星，致葬家。八宗宗人之子俱会聚。即登于社约曰：某年月日，某人某亲已葬，使未葬者惕然，以七年为期，过期者不吊。”[①]将葬亲社成员分为八宗，每宗各有八人，分别设宗首、宗副，并由他们来管理，宗内有葬亲的，由该宗宗首、宗副传达至其他各宗，八宗之人集体出资吊唁。依据古礼来进行丧葬改革，并对具体葬期做了规定，以七年为准，如果宗内有人去世满七年则不再进行吊唁。并对不按期下葬死者的家属进行相应的惩罚。葬亲社一经成立就得到了很多人的响应，桐乡地区的人情风俗有了很大的转变，也使丧葬改革得到了进一步的推广。吴仲木丧亲之后，他决定仿照古礼来举行葬礼，乡民们为此非常惊骇，随之吴仲木又生了病，张履祥给他写信，希望他能尽快康复，以免当地乡民认为他是不遵守先古习俗来举办丧礼而遭到报应。在他的《丧葬杂录》里收录了诸多先贤有关丧葬的叙述，借此论述革除陋俗的必要，张履祥用传统礼制来抵抗陋俗，他希望能恢复古代的丧葬制度，通过对丧葬习俗的改革来构建和谐有序的礼治社会。

张履祥还为葬亲社制定了必须遵守的准则制度，其主要目的是为了倡导民众积极实践葬亲社约，促人以葬亲为首要原则，立社的现实目的是为了助人葬亲，最终目的则是提倡仁厚的社会风气。张履祥举办葬亲社是从程朱理学人性本善的基础上出发的，用这种葬亲社的方式既可以节省物力还可体现爱亲敬亲之心，这种方式是仁人孝子都可以接受的。张履祥虽然重视丧祭之礼，积极举办葬亲社，但他还是承袭了孔子“敬鬼神而远之”的态度，反对一切所谓的吉时、葬师等主张，认为这些都是邪说淫词。张履祥对葬亲社的要求是既要相互葬亲，又要敦厚风俗，约之以时并积极劝人行善，在一定程度上改善了桐乡地区停柩不葬的风俗，在当时产生了重要影响，他给友人的书信中写道：“敝里葬亲社举后，人情觉有起色，益知天下无不可为善之人。”[②]当地的一些知识分子深受影响，自觉对逝者进行妥善安葬。葬亲社将“礼”作为道德准则去教化民众，从伦理道德层面来化民成俗，唤醒人们的道德意识和道德情感。

① 张履祥:《杨园先生全集》，1500 页，北京，中华书局，2002。
② 张履祥:《杨园先生全集》，45 页，北京，中华书局，2002。

张履祥积极革除丧祭陋习，倡导古礼，并且以身示范。居丧期间严格遵守朱子家礼中的各项要求，在父母忌日的时候，穿素衣素服斋居。日常饮食方面，不食酒肉，勤俭节约，始终粗茶淡饭，不到祭祀的时候不宰杀牲畜，没有客人到访时不摆设酒肉，以蔬食为主。在冠礼方面，他一直遵守旧制，袂尺有二寸，终身未曾改变。

二、推行乡约，化民成俗

对明“遗民”来说，世俗风气对社会秩序的影响是至关重要的，这主要与他们当时所处的动乱不堪的社会现状有关。顾炎武对明晚期的社会风俗进行了考察，记录在《日知录》当中。他认为社会风俗关乎天下国家的安危，是社会安定有序的根本原因，一个和谐有序的社会主要依托于民间风俗是否纯良，因此，进行“移风易俗”是重整社会秩序的关键。张履祥面对家乡秩序混乱的局面，也提出“以合人心、革风俗为急”①，在桐乡县进行他的道德实践。

宋明儒者一贯倡导地方自治，在这方面有很多的论述，其中《乡约》就是其中之一。《乡约》在这里主要指蓝田的《吕氏乡约》，是由宋代蓝田以宰相吕大防为代表，包括吕大钧、吕大忠、吕大临等共同撰写的古代最早的非政府组织的乡民自治公约，也是宋明理学最早的有关人伦日用的礼义规则。其中记录了张载有关礼教思想的详细论述。②明初统治者在全国颁行并运用，主要是为了教化民众，维护统治秩序。

张履祥主张采用《乡约》是为了在乡间建立和谐有序的礼治社会，促进乡村风俗的改善，以此来补充政府职能，重振地方社会教化，“乡约者，讲信修睦，移风易俗之要务也”③。当时社会民风积弊，各项社会规范都已崩溃，到张履祥生活的晚明时期，阳明后学日益泛滥，对当时的社会风气产生了巨大的冲

① 张履祥：《杨园先生全集》，584页，北京，中华书局，2002。

② 李晓东：《论吕大钧之〈吕氏乡约〉在理学史上的地位》，载《西北大学学报》，1987（2），27—32页。

③ 张履祥：《杨园先生全集》，578页，北京，中华书局，2002。

击，他描述当时的社会现状："自幼至长，惟知荣禄一途为生人究竟事，父兄相勉，师友相长，舍事更无所用其心力，以是浸渍膏肓，竟不知礼仪为何物。斯亦孟子所谓'人将相食'之效也。"① 社会中充满了荣禄之气，不论师长还是父兄都将荣禄作为理想的奋斗目标，追逐荣禄最终导致礼义丧失殆尽，这些都是乡间社会秩序的衰败。他通过宣扬传统儒家伦理道德来教化人心，在日常生活中亲自实践以三纲五常为核心的儒家礼教，希望通过自己的努力将古礼推广至整个乡村社会，用儒家道德教化来改善民风民俗，维护乡村秩序。

在清初礼治社会秩序的构建中，乡约是很重要的一种手段。张履祥编写《经正录》，也是为了实现在修身的基础上来化民成俗，恢复社会秩序，使乡风淳朴，人心凝聚。如果社会各阶层的长官都能勤讲乡约，对推进基层社会治理的效果会更加显著，他主张乡约要推行高皇帝朱元璋的"'孝顺父母、尊敬长上、和睦乡里、教训子孙、各安生理、毋作非为'与吕氏的'德业相劝，过失相规，礼俗相交，患难相恤'"②。具体做法是，在各个乡村设置"木铎"这一职位，主要由年老贫穷，无法自立生活的人来担任，每月按时发放发给他们米银，他们则需每天负责在各个村落宣传乡约内容，并将做得好与不好的地方汇报给约正，最后进行年终比评，赏善罚恶，对模范榜样进行公开表彰，以此形成尊老敬贤的社会风气。他在《乡约记》中讲述了自己曾在明末参加的一次乡约活动，他认为乡约活动有利于唤醒民众的恻隐、善恶、是非、恭敬之心，对民众有积极的教化作用。

张履祥重视礼治社会的恢复和重建，以乡约为手段来化民成俗，用"礼"来规范和约束民众的社会生活，积极推进乡村和谐有序的社会建构，希望能恢复明初安定有序的礼治社会，从伦理层面上去维护基层社会的生活秩序。在基层社会推行乡约也是张履祥复兴古礼的一种尝试，用礼来改造民众的思想观念，教化人民，维持社会秩序。

---

① 张履祥：《杨园先生全集》，104 页，北京，中华书局，2002。

② 张履祥：《杨园先生全集》，578 页，北京，中华书局，2002。

三、处馆教学，培育人才

张履祥因为家境贫寒，大半生时间都在处馆教学，课徒生涯长达四十多年，据学者考订，张履祥从二十三岁开始便在颜士凤家从事处馆教学，在乡间设馆十多处，与何商隐、吕留良之间往来最为频繁，多年教学积累了许多实践经验，他在处馆不只是为了谋生，更是为了传教、传道，不仅是学者还是绅士。张履祥处馆教学中，更重视的是传教，成就理想人才。

在具体的教学实践中，他采用安定先生胡瑗的经义和治道并重的方法：“安定先生之教，以经义、治道为二科，今之学者，诚能修身立行，一准乎经义，平日讲求，无非先王经世之实政，以为隐居求志之务，庶几成就一种人才，为天地间见小功用，使斯世斯民有所赖藉。”[①]治学先从修身立行开始，然后再去学习经世实政，张履祥希望在处馆教学中能培养出经邦济世的人才，以期为斯世斯民做出积极贡献。他反对举业之学，教学秉持实事求是的态度，他认为教育不应该功利化，“计惟修身力学，尊所闻，行所知，与斯人共勉于迁善远罪，衍先圣之传，翼王者之化，斯与孟子‘通功易事，不为素餐’之义万一有合，庶无可惭视息而已。非然者，一箪食不可受于人”[②]。提倡实学教育，教育弟子践履笃实，一边辛勤讲学，一边加强自我修养，他“祖述孔孟，宪章程朱”，以孔孟的教育思想为主，教育方法则是沿用程朱所提倡的方法。

在处馆教学期间，他教给学生的主要是“辨心术”和“求实学”，“辨心术”是为人的基础，“求实学”是为人的工夫。“辨心术”指在读书为学时要端正自己的思想，辨明什么是正，什么是不正，然后用功习行，学问才会有所收获。“辨心术”还被张履祥解释为立志，他强调为学始于立志，而且立志要大要正。“人之患莫大于无志，有志矣，患趋向之不正。”[③]“穷则入孝出弟，一

① 张履祥：《杨园先生全集》，93页，北京，中华书局，2002。
② 张履祥：《杨园先生全集》，549页，北京，中华书局，2002。
③ 张履祥：《杨园先生全集》，348页，北京，中华书局，2002。

箪食非其道不受于人；达则行一不义、杀一不辜而得天下，不为。自初学立志，以至没齿，战战兢兢，如临深渊，如履薄冰，以是而已。”[①] 立志要正，不能偏向私欲，以道义为准，从一而终。志向一旦确定，就要持志、躬行，坚守自己的志向，实行孔子“下学上达”的工夫与朱子“居敬穷理”的修养工夫。他说：“志存《西铭》，行准《中庸》。”[②] 通过《西铭》来立志，使内心道德修养归于道，主于敬，将《中庸》作为力行依据，使外在行为合于礼，二者相结合，体现了从“志道”到“践道”的道德实践过程。在“求实学”上，他教育弟子及门人必须用“苦吃苦挣”的精神来追求学术，从人伦日用上用功，勤勉努力，持之以恒，功夫一旦豁然贯通，就可成圣成贤。此外，他还教导学生读书要以儒家经典为主，有《小学》《近思录》两本初学必读之书，还有《颜氏家训》《白鹿洞学规》《二程全书》及宋儒各家语录等。在品德培养方面，他教导弟子“入则孝，出则弟，言忠信，行笃敬”[③]，立身奉行爱、敬、勤、俭的原则。在老师选择上必须择老成且学问渊博之士来教导，使学生将所学知识“体之于心”“验之于身”，将古圣先贤之语用于日常事务中，做到言行与圣贤一致，这样读书方有用处。张履祥在传道解惑的过程中，以自身的实际行动去对抗空谈性命、流于疏浮的学风，以培养“主敬”“约礼”的君子人格为治学宗旨，处馆授课这项实践活动，还对明末清初的实学思潮产生了一定的影响。

对于张履祥道德修养方面的实践，学术界有不同的界定，大多数学者认为张履祥奉行的是草野儒学，代表了民间的朱子学，恪守程朱之说，祖述孔孟，笃信死守。面对阳明良知之说导致的人心虚浮、社会败乱，他认为只有辟王学、尊朱学才能回到有序社会。朱熹制定《家礼》是为了推行礼教，建立尊卑秩序，以此来实现儒家“内圣外王”的政治理想。张履祥遵信朱子这一思想，用古礼来教化民众，规范乡村秩序，移风易俗。在乡约内容的选择上，他以朱熹改订的吕氏乡约为准，而不是晚明后期经王阳明修改的《南赣乡约》。张履祥被当

① 张履祥：《杨园先生全集》，1137 页，北京，中华书局，2002。
② 张履祥：《杨园先生全集》，1054 页，北京，中华书局，2002。
③ 张履祥：《杨园先生全集》，1087 页，北京，中华书局，2002。

地称为移风易俗的“表率”，认为他“于今日之风俗人心大有裨益”①。

第四节 张履祥道德修养思想的历史评价

张履祥道德修养思想是中国传统道德修养的重要组成部分，他的道德修养思想中所体现的内在“主敬”与外在“约礼”的君子气象、注重德行的价值准则以及丰富而深刻的道德修养内容，将传统道德修养思想推向了新高度。但张履祥身处明清交替之际，受时代背景和阶级局限的影响，其道德修养思想不可避免地带有消极落后成分，这就需要我们“取其精华，去其糟粕”，理性看待其道德修养思想的历史价值以及历史局限性。

一、张履祥道德修养思想的历史价值

（一）张履祥道德修养思想丰富了传统道德修养内涵

张履祥在继承古圣先贤思想的基础上提出了自己的道德修养观，他的道德修养思想在一定程度上丰富了传统道德修养体系。学术思想由晚明发展到清初，一个重要转向是由阳明心学回归朱子之学，促成这种转变的因素有很多，其中就包括学术思想界的奋发有为。而张履祥是这一时期的重要代表人物，作为明清之际“尊朱辟王”的先导者之一，他的“尊朱辟王”思想有力地推动了清初朱子学的复兴与发展。张履祥的道德修养工夫是对程朱理学工夫论的补充和发展，他侧重内外结合，动静相提，并且都落实在日用生活中，落实在修身行己的道德实践上。张履祥从朱熹的“穷理”之说发展出自己的“约礼”之学，他认为穷理不是读书的最终目的，服务于自己的道德修养才是终极目的，如果只是一味地读书穷理而不与道德实践相结合，这样的道德修养终究是虚空的、站

① 马新正：《桐乡县志》，1337页，上海，上海书店出版社，1996。

不住脚的。除了穷理之外，还需通过外在的“礼”来规范与约束，这样道德修养才能循环持续。在知行关系上，他抛弃了朱熹所讲的理气等形而上层面的内容，代之以孝、悌、忠、信等切实可行的概念，改造了朱熹过于注重形而上的表述，也修正了王学的不实与空虚，在他看来道德修养是靠做功夫来完成的，致知而后力行就是修养之方。张履祥切实践履的道德精神通过创办“杨园学派”对当时的社会发展产生了深刻影响，对清初学术的转型发展也产生了推动作用。

明清之际朝代更迭，社会巨变，张履祥受到沉痛打击，他深感王学的空疏无用，认为姚江之学以异端思想危害正统，教人不从工夫上做事，不经过道德实践就能成圣成贤，是一种“小人”之学。姚江之学将良知看作心之本体，主张通过顿悟来完成自我修养，否定理性道德的存在，排斥传统儒家的道德修养方法，这些说法与张履祥倡导的居敬涵养、约之以礼、践履笃实的道德修养方法格格不入。近世学者深受王学之害，省却格物工夫，直捷径行，最终导致礼仪荡灭，个人私心愈加膨胀，造成了混乱的社会秩序。面对混乱的局面，张履祥倡导“尊朱辟王”，他继承朱熹的“居敬穷理”之说，并结合当时的时代背景和社会现实，发展出了自己特有的“约礼”之学，将“主敬”与“约礼”二者内外结合，最后落实在人伦日用上，运用在格物致知、知先行后、知行并重方面，从而使他的道德修养思想具有了“践履笃实”的特点。朱子学的兴起与发展是对晚明以来王学发展的彻底否定，复兴程朱理学成了清初学术发展的主要任务，通过对传统思想观念的继承与发展，使儒学中的积极价值观念得以延续，从而来维护社会稳定，重建社会道德伦理秩序。张履祥作为清初朱子学的重要代表人物，他崇实黜虚、践履笃实的学术精神开启了一个时代求真务实的社会风尚，因此他的道德修养思想成为清初复兴朱子学思想的重要组成部分。

程朱孔孟等古圣先贤非常注重自身道德修养与实际行动，至晚明，学者多沉溺于声色货利，好高明而遗弃平实，缺乏笃实之行。张履祥钻研先贤典籍，将理论和实践充分结合，理论要能经得起理性的逻辑推导，并且这种理论要能在生活中随时得到证实。学者萧一山在比较明末与清初学风差异后说：“夫有明末之空疏，始有清初之敦实；有明末之蔑视读书，始有清初之提倡经术；有明末之轻忽践履，始有清初之注重躬行；在在皆明学反动之结果也。"①他认为学风由明末的空虚转向清初的敦实，这一转变确实得益于士人对晚明学术的深刻反思，以及程朱之学所倡导的践履躬行。清初学术是对晚明以来思想的反动，在这一反动中，贡献最大的还要数明"遗民"，他们彻底反思明朝灭亡的原因，最后集体发出"明亡于学术"这一呐喊。对此，钱穆评价道："明末遗民，他们虽含荼茹蘖，赍恨没世，而他们坚贞之志节，笃实之学风，已足以深入于有清一代数百年来士大夫之内心，而隐然支配其风气。……明末一般社会风气之堕落，学者之践虚欺诈，名士之放诞风流，经历亡国之惨祸而态度激变。刻苦、坚贞、强毅、笃实、博综，遂为晚明遗老治学为人共有之风格。"②张履祥等"遗民"儒者无论是在志节还是在学风方面都对清初学术的发展产生了积极影响。尤其是张履祥遭逢明清鼎革，一直秉承传统，尊朱辟王，践履笃实，隐居乡间，以移风易俗为己任，将自己的"外王"思想运用于乡间社会，主张"庸言庸行"，在乡村风俗改革方面有许多主张，对后来学者以及湖州一带的社会文化也产生了很大影响。

（二）形成了以践履笃实为特色的杨园学派

张履祥的道德修养不同于宋明儒者，他舍弃了理、气、心、性等形而上的修养内容，主张要在实践中去完成道德修养。经历明清易代的巨大伤痛，张履祥在为学上倡导"尊朱辟王""崇实黜虚"，积极扭转学风世风。他放弃了阳明心学"圣贤可指日而待"的虚浮学说，转向笃实践履的程朱之学，在人伦日用中切实躬行，最后完成了从立志圣贤到践履圣贤之道的修养过程。张履祥的道德修养以"践履笃实"为特色，他与生活在下层的一些知识分子互为师友，这实际上就形成了以张履祥为代表的杨园学派。

以张履祥为中心的弟子在为学上都主张要敬守先哲遗书，笃信圣贤言论，这样对自己的道德修养才有益。张履祥认为古圣先贤著书立说都已经很完备了，

① 萧一山：《清代通史》，753页，上海，华东师范大学出版社，2006。
② 钱穆：《国史大纲》，852页，北京，商务印书馆，1996。

到他这个时代只需做好传承与发扬，用心去实践他们的言语德行就可以了，万不得已要去著书也必须是弥补天地之憾，要对世道有所挽救。晚明学者热衷于著书立说，张履祥认为他们有悖先贤之学，最后皆沦为王学末流一路。

张履祥对高谈性命的晚明学者极力排斥，他说："平生不敢高谈性命，只就'庸言之信，庸行之谨，有所不足不敢不勉，有余不敢尽'处做功夫，已不能庶万一，何况其他。要之，性命之理，岂外乎此?"[①] 张履祥认为道德修养就是按照儒家提倡的在事事物物中去求道，在庸言庸行中完成，在实际生活下实行工夫，他始终恪守儒家传统，宪章程朱，"信而好古"。张履祥的庸言庸行主要体现在读书与实践上，"吾人日用，惟读书穷理，躬行实践，为必有事之功。自古未有不读书，忽践履，但悬空想象一种杜撰道理而能不悖于圣贤者"[②]。王学末流虚浮空谈，不注重读书穷理，只是静悟本心，而张履祥则将读书与实践相结合，通过读书辨明天理，将天理落实在日用生活中，从而有志于道，并且他的实践工夫并不局限在家庭内部，在外出的时候他都留心体察，"今日至郡，一郡人士毕集于此，百货亦集于此，耳闻目见，比在家之日大段不同，此际正好用心体察也。目下即欲得丧不以系怀，固有不能，但须时时提教此心，常向高明一路，即流俗不得牵拽以往，将来自有过人处也"[③]。外出活动的所见所闻要比家里繁杂的多，语言差异比比皆是，但并不是所有人都不善，要小心谨慎，去体验不同的民风人情，取善去恶，扩大自已的道德实践工夫，但须做好提心工夫，不可只停留在本心层面上，要追求高明之路，在道德行为上下功夫，不能须臾离道。

杨园学派的形成在一定程度上也丰富与发展了蕺山学派的道德修养思想。[④] 张履祥与友人和弟子总共有二十多人，所刊行的著作及内部学术思想极为丰富，他们终其一生务本踏实，在庸言庸行中实践儒家的伦理准则，可谓是做到了修已治人，为真儒学。他们对当时盛行的文社各立门户退而不胜，只与同乡的颜

① 张履祥:《杨园先生全集》，1136 页，北京，中华书局，2002。
② 张履祥:《杨园先生全集》，1109 页，北京，中华书局，2002。
③ 张履祥:《杨园先生全集》，427 页，北京，中华书局，2002。
④ 衷尔钜:《蕺山学派哲学思想》，232 页，济南，山东教育出版社，1993。

统、钱寅、何汝霖等以文行相互鼓励，切磋讲习。[①] 始终不堕圣贤之志，坚守君子之道，反映出了传统儒家知识分子挽救世道，拯救学术风俗的不懈努力。他们一直秉持着“以仁为本、修己为务、中庸为归”的治学宗旨，逐渐形成了一个以“践履笃实”为特色的道德修养团体。[②]

二、张履祥道德修养思想的历史局限性

首先，张履祥道德修养思想存在理论局限性。张履祥在道德修养上重实践，他提出要“致知力行”，在知与行上都倡导“实”，将致知重点落在实践中，通过实践去检验真理。他认为明理是为了适用，进一步补充了怎样去实践他的道德思想，将道德理论最后都落实在人伦日用中。他将高明的学说转化为践履上的笃实，使为人与为学相统一。张履祥反对阳明心学脱离现实生活，只是空洞说教，将学与用相分离，失去了理学经世致用的内涵。他主张要通过躬行实践来挽救社会危机，但关于如何挽救“良知”带来的弊端，没有展开进一步的理论探讨，实践对于认知的重要性这一问题也没有进行理论分析，他只是实践型的思想家而不是理论型的思想家。而老师刘宗周将“慎独”与“诚意”相结合，为道德修养制定了一套完备的工夫理论体系，整个道德修养过程完整系统，具有很强的操作性。刘宗周从“以知解独”转向“以自解独”，这一理论弥补了阳明心学由于“师心自用”而造成的危机。刘宗周要求人们始终保持至诚至敬的精神状态，摈弃客观实际，不断进行内心省察，人人存善去恶，探寻自我道德完善，来解救世道之衰。相比老师刘宗周，张履祥在理论研究方面的确尚有缺憾。梁启超评价道：“杨园因为是清儒中辟王学的第一个人，后来朱学家极推尊他，认为道学正统。……但对于学术上并没有什么新发明、新开拓。”[③]

其次，张履祥固守礼教，要求恢复传统的三代古礼，古礼年久失远，资料

① 徐珂：《清稗类钞》，3780 页，北京，中华书局，1986。

② 吴枫、宋一夫：《中华儒学通典》，1504 页，海口，南海出版公司，1992。

③ 梁启超：《中国近三百年学术史》，111 页，天津，天津古籍出版社，2003。

文献都无法考证查阅，这与当时社会发展要求不相符。张履祥注意到了由于明清鼎革，整个社会秩序混乱，重整人伦道德具有紧迫性，他提出将“礼”作为构建伦理秩序的标准，强调在“克己”与“复礼”中，要以“复礼”为重，目的是让学者在修身过程中有所持守，以礼而行，避免师心自用，从而使道德修养工夫有了一种行为上的指南。可是他对“礼”的要求近乎完美，在他的著作《言行见闻录》中记载了许多因遵循古礼而受到旌表的人和事。张履祥在面对先人灵柩被烧毁时，痛不欲生，七天七夜不吃不喝，他一生弘扬孝道，恪守礼法。同样地，张履祥弟子张佩葱在父亲去世以后，三天不进食，久居屋内不出，蔬食水饮皆不入口。三年内，粗麻布衣不离身，也不去沐浴。海宁沈芳宁，至真至孝，父母去世以后，刺血写下“不饮酒，不吃腥，不内寝”，将这九字张贴在自己居室内，持守不变。但这种守礼的态度过于严苛，在某种程度上，形式上的过分强调往往会导致实质内容的忽视，甚至使“礼”这种形式流于外在的表面，而产生虚伪化。

小　结

张履祥生逢明清鼎革之际，在这样特殊的时代环境下，造就了特殊的人生与学术，他遗世而独立，在乱世之中不忘其志，艰难守正，始终重视儒者应有的使命与责任，在道德修养上“践履笃实”，将圣贤之学实践于日常生活中，将“修身”与“治学”相互结合。张履祥认为修身工夫就在人伦日用中，踏实地去读书和践履，做好修身为己之学，从立志到实行，从居敬到格物，无一不在强调践履的重要性，对程朱理学的发展也产生了推动作用，就是因为他的这种道德践履思想，张舜徽对他十分赞赏：“践履笃实，不欲以空言著书。在清初诸儒中，最为醇朴正大。”①

① 张舜徽:《清人文集别录》，14页，武汉，华中师范大学出版社，2004。

张履祥的道德修养思想起源于王学，日渐成熟后归于程朱之学，思想极具代表性，是晚明清初思想发展的缩影，也是清初朱子学的重要代表人物，其道德修养思想有力地推动了清初学术由虚浮转向笃实。一些清初的思想家们，尤其是明“遗民”，他们认为要复兴儒学传统，由王学返回朱学是第一步，也是自然之事，梁启超也说：“王学反动，其第一步则返于程朱，自然之数也。”[①] 王学骄矜无实，直情径行，程朱之学严谨精微，笃志实行，所以由王返朱，是学术发展的自然路径。张履祥尊朱而辟王，是由于明清易代，强烈的社会现实促使他对原有学术进行反思，他将造成这一世风日下，道德败坏的原因归于王学末流的空虚疏浮，学术坏导致人心坏、人心陷溺，最终使国破家亡，他坚定由王返朱，这也是他道德修养思想的出发点，是他作为明“遗民”，立志于圣贤之学应有的责任。

在张履祥道德修养的具体内容中取准圣贤，固守先圣论说，恪守儒家传统礼仪，在修身立己、不废治学等方面均体现出他以圣贤之言论为立身行事的标准，内在“主敬”，没有过分欲念，外在“约礼”而行，他以天理作为立论依据，他认为理是万物存在的根源，所以是当然之理。理一而万殊，理是一，存在于不同事物中则是多，在人伦日用中有一个固定的理，当具体到处事接物上就散为万殊，就会有相应的准则规范，这就是“礼”。所以张履祥的道德修养的最终落脚点还在于生活中的切实践行，用“理”来提高人们的道德自觉性，加强道德实践，是对伦理秩序的精练表达，要求人们在日常生活中加深对理的认识，也就是要在人伦日用中把握当然之则，人伦日用中的当然之则就是张履祥倡导的传统儒家的礼仪规范。所以，张履祥一以贯之的对天理的体认也就是对礼的认识和实践。

在道德修养方法论上，张履祥排斥阳明心学那种顿悟式的修养，强调要渐修，面对当时大多数学者寂静禅坐，离群索居式的修养，他提出以“主敬”来取代“主静”，居敬涵养，做到敬自然会静，而且不会出现由于单提静坐而流入异端的危险。在格物明理方面，他继承朱子的“居敬穷理”说，通过对万事

---

① 梁启超：《中国近三百年学术史》，90 页，天津，天津古籍出版社，2003。

万物的穷理来致知，去明理，进而达到知善、明善，格物所以致知，格物就能明理，将道德修养外延于实践的层面，将天然之理都落实在行为方式上，有力地批判了王学末流空疏无根，并且充实弥补了程朱理学在形而上之理的空洞无实。在具体的实践上，他痛惜于明末伦理秩序的破坏，提出将“礼”作为社会道德准则。要做到“克己复礼”，但以复礼为重，就是为了防止学者在修身过程中师心自用，无所依据。用礼来规避道德修养中的空虚，使道德修养工夫具有外在标尺和行动指南，来规约道德行为，以此挽救明末以来造成的道德危机。

张履祥一生未曾出仕，他隐居乡间，躬行践道，将圣贤之学应用于现实生活中，致知力行，明理适用。明“遗民”与儒者的双重身份，使他没有了治国平天下的机遇，他将济世情怀依托于乡间，在当地举办葬亲社，革除丧葬之弊，慎终追远，使民德归厚；推行乡约，移风易俗；在处馆教学，培育理想人才。张履祥并不是独善其身的君子，在内强调慎独自修、上达天理，对外主张经世致用，切实力行。张履祥后半生穷困潦倒，但他认为即使生于乱世，也要保持健全独立的人格，始终依靠自己的力量去谋生，在《易·困》中以葛藟作为自己奋起努力的动力，可见其对人生态度的乐观积极。他一生修德勤学，居仁由义。

张履祥“践履笃实”的道德修养精神，对自身道德修养的真切实践以及对“主敬”与“约礼”君子人格的孜孜追求，被后世称为“醇儒”“真儒”“大儒”。从遗世到济世，张履祥一直“恐惧修省”，专注于修己之学，虽身处乱世之中，但他不入党社，与人为善，安命守义，一点也不比其他儒家学者逊色，甚至可以说，张履祥与黄宗羲、顾炎武、王夫之等学者一样，为明末清初学术发展、社会转型做出了重要贡献。他生前贫穷普通，但去世两百年以后，他的形象被重新塑造。他祖述孔孟，笃信程朱，堪称道德典范，最终入祀孔庙，他的道德修养思想被广泛地传承与弘扬，也彰显了他在学术思想界的重要地位。

第三章 “素位之学”：陈确道德修养思想研究

第一节 陈确道德修养思想形成的背景

陈确，名道永，字非玄，原名箎永，字原季，号逊肤，明朝灭亡后更名为确，字乾初，以此表示自己“遗民”的决心。陈确于万历三十二年（1604）出生于浙江海宁县，逝于康熙十六年（1677），是蕺山门下三杰之一。他的一生恰逢明清变革之际，遭遇很是坎坷，前半生经历了“国破”家亡的悲愤，后半生又困顿于疾病之中。陈确的生平经历可以分为两个阶段，一是四十岁之前，二是在四十岁后与友人相约蕺山后的转变。青年时期的陈确为人正直，沉浸于博弈、篆刻、作诗和书法之中，寄情于涯巅水岸之间，恣情音律，可谓是一名潇洒名士。但是在拜师蕺山后一改往日风格，实心于圣学，足不出乡，潜心著述，以《大学辨》阐明《大学》非圣经贤传的原因，将“素位”作为自己的立身之道，并且创办省过社督导后人改过，是一位名副其实的实行者。

一、时代背景

明清之际的社会大变革，改朝换代的政治剧变对于陈确思想的形成提供了客观条件。这一时期无论是思想上还是政治文化上都发生了巨大的转变，士人们纷纷提出自己对当时社会的反思以及对政治弊端的批判。在这样一个动荡不堪的时期，工商业的发达深深地冲击了传统的社会关系，使得纲常伦理和宗教礼法受到了沉重的打击，面临着危机。同时，实学思潮的兴起促进了学者们对实用之学的迫切追求。

生活于明清易代之际的陈确，在经受了“国破”家亡的悲痛并且目睹了先师和同门友人的殉节后，足不出乡，潜心著述，以先师刘宗周的“千秋大业”为己任，形成了自己的学术理论体系。在明清实学思潮中，陈确摒弃浮华的玄远之学，主张实用的经世之学，提出了以工夫实践为主的修养方法，对清初的笃实学习起到了一定的推动作用。

（一）社会经济背景

自明神宗以来，明朝的政治危机愈加严重，封建君主专制不断趋于顶峰化的同时，其专制的弊端也日趋严重。明朝中后期的皇帝似乎都有不议政的共同特征，使得宦官当权，有志之士报国无门，百姓苦不堪言，封建统治的腐化日渐严重。由于商品经济的繁荣发展，土地交易频繁，所以在明中期时土地兼并现象已经随处可见，而皇家、贵族阶级和官僚对土地掠夺更加严重，严重阻碍了生产和农业的发展。土地兼并在明中后期达到了顶峰，明朝的贵族阶级利用职权之便争夺大量的民用耕地，无人敢言，这使得田地多归属于官僚和豪强之手，百姓则无立锥之地，贫富悬殊越来越大。在土地兼并中失去耕田的农民被迫沦为奴仆、佃户，有的流亡，阶级矛盾尖锐，社会危机重重，农民起义爆发，战争频繁发生，封建统治危机日趋严重。

明朝中后期，商品经济的繁荣，使得传统重农轻商、重义轻财的价值观念发生转变，士、农、工、商的阶级地位受到冲击，追逐名利、工商皆本的新价值观逐渐为人们所接受。

经济上的繁荣势必会刺激消费，使得人们更加追求物质享受。明中期之后，社会底层的普通百姓也受到社会风气的影响，在服饰上，男子的细简褶、女士的夹裙和棉裙被细软的绢帛所替代，甚至有男子头戴冠巾丝履，妇女则是珠宝首饰，琳琅满目。普通百姓试图通过改变服饰衣着进而提高自己的身份地位，这种变化在明朝后期时已经绵延不断，呈愈演愈烈之势。在饮食上，明代不但有种类丰富的蔬菜，还有各种肉食并且各种做法也相继涌现。在居住上，明人更加要求典雅精致。尽管在明朝初期就非常明确地对各级官员的房屋居住做了等级限制，但是在明末这种限制如同虚设。那时修建的住宅房屋，面积宽大，院中还带有书斋和花园，可种花草亦可养鱼。对于没有能力修建花园的人，也要在房屋的前面或者后面开辟出些许余地去种植花木，养鱼种莲，对情趣的追求颇高。在出行上，乘车比骑马更加流行，出现了泛滥的现象。百姓对于物质享受和利益的追求愈演愈烈，而且当时沿海一带海上贸易比较发达，人们可以通过海运来享受比较新奇的东西。

（二）思想文化背景

提及晚明学术风气时，很多学者都认为晚明学风空疏，学者们都是坐而论道，空谈心性。明朝是我国封建社会中央集权制度高度完备时期，处于封建社会末期，统治者为了进一步加强对人们的思想控制，推行八股取士，使得学校成为科举的附庸，这也导致科举制度几乎彻底丧失了它原有的进步意义，变成知识分子的桎梏。明朝实施的八股取士的科举制度埋没人才，摧残知识分子，是造成晚明空疏学风的重要原因，也是我国在近代落伍的重要原因之一。八股取士制度有利于统治者维护封建制度，加强皇权专制，禁锢读书人的思想以此来达到政治上的统一，同时使得全国上下的读书人都在诵读程朱注疏、八股章句，将一生的运气都赌在科举这条路上。科举制度是为国家选拔人才，为国家建设贡献智慧，而通过八股取士走入仕途的读书人却没有真知灼见。所以，在明朝末期面对社会危机时，这些通过科举走出来的官员既不能论道经邦，也不能战场杀敌，这也是明末学术空疏的一个侧面反映。

明朝覆灭，饱经忧患，盛衰巨变，对士大夫们来说没有比这更难以承受的了。面对生产的快速发展，经济的增长以及国家内忧外患的加剧，士大夫们逐渐关心实用之学。他们不得不主动反思这样一些问题：大明帝国到底为什么会灭亡？经济政治文化等多方面的问题出在哪里？面对这些问题又该如何对症下药。学术界开始了一场大反思和大规模的讨论。士人们认为明朝后期社会各个层面都出现了“虚态”，此时应该提倡实学，以实救虚，鼓励发展实学、实用、实践和实政等，学术界由此产生了笃实、坚实、厚实的学风。明末清初的思想家们更是把空疏的学风作为明亡的根本原因，将矛头对准理学，反对高谈心性。陈确就是将焦点聚焦在《大学》上，将矛头指向程朱理学，以《大学辨》解释其非圣经贤传的观点。明朝灭亡之后的黄宗羲、顾炎武和王夫之等人皆通过一系列的反思之后提出“明道救世”和“经世致用”的主要观点和治学精神。在这些大儒的躬身实践下使得实学思想得以发展，同时形成了崇实废虚的学术风气。

二、陈确的个人经历及学术渊源

（一）陈确的个人经历

陈确出生于贫苦的知识分子家庭，先世是海宁望族，至其祖父时期家道中落，父辈时更是贫困交加，自幼跟随兄长馆学于外，父兄皆为器重。陈确年少时极为聪明伶俐，见解非凡，十六七岁时便小有文名。二十岁之后，数次参加科考，但是都未曾中举，此时的他滋生了厌倦举业之念头，将自己的精力全部奉献于山水音韵之中，超然远寄。据其在《韵铉老人传》中回忆时说：“犹忆二十年前孟秋之望，月明如水，老人与余坐西湖之断桥，老人发歌而余吹洞箫和之。”[①]可见，陈确常与知心人吟风弄月，韵管谱琴，沉醉其中入目无人，路人皆肃然拱听，好不潇洒。在封建社会人人孜孜以求的科举名利于陈确而言皆是浮云，对于士大夫不择手段的获取更是不屑一顾，与封建传统士人对比鲜明，个性独特。二十七岁时，陈确以院试第三补为庠生，进入了科举的大门，十年后又取得廪生资格。他虽为廪生，却一味属意辞章，主张陶冶性情不以雕饰为目的，其诗达六百余篇，多以借物抒情为主，真诚恳切，映射当时的社会现状和底层人民的生活。

崇祯十五年，地方官吏殃民，陈确见之，与志同者数人，为民除害，声讨正义，也失去了三年一次的乡试机会。但这一举动得到了大家的赞同，其子在

① 陈确：《陈确集》，273—274 页，北京，中华书局，1979。

《乾初府君行略》中曾说：“先君子至此而学凡三变：始崇尚夫风流，继询烂夫词章，继又矜厉夫气节，自后一变至道。”[①] 自此之后，陈确未能实现祖辈圆梦科举的心愿，甚至拒绝应试，更加厌烦世俗举业。

崇祯十六年（1644），四十岁的陈确与友人祝开美去山阴拜刘宗周为师，这也成为陈确学术思想变化的转折点。自此之后，他的生命方向也发生了转变，由一位潇洒风流、游于涯巅水岸之间、辞章绚烂的放浪名士变成一位省过诸己、素位而行的好德君子。拜师蕺山后，刘宗周以“圣人可为”为陈确道明为学方向，授其《古文抄义》并期许两人以“千秋大业”为己任。明亡后，先师刘宗周和好友祝开美先后殉节，痛定思痛之后，陈确决定抱道自守，以“遗民”自处，不求功名，以讲学为己任。同时，陈确因为不满清朝统治，便“具呈本学，求削儒籍”[②]。不久之后，他又更名，将名“道永”，字“非玄”，改为名“确”，字“乾初”，以此表明自己不入仕的决心。从此以后，他便以此为志向，专心研读蕺山思想，留下了许多“惊世骇俗”之论。晚年的陈确贫困潦倒，疾病缠身，足不出乡，潜心著述，写下了《大学辨》《瞽言》《葬书》《性解》等著作，并且积极投身于结社之中督导后学。直到1677年，陈确与世长辞。他生活在明清易代之际，也是我国思想史非常活跃的时期，因此，他的思想具有这一时期的特征，既有重修身、尚气节的品质，又有注重日用下学，解决社会问题的豁达。

（二）师承刘宗周

陈确对先师刘宗周十分崇敬，从陈确与友人的书信中可以看出他对刘宗周的孺慕之情比其他同门弟子要深厚。在刘宗周生前，陈确曾三次前往山阴问学，其间刘宗周还以“千秋大业”期许陈确，在刘宗周去世后他三次前往山阴祭奠，甚至在家中设位祭奠并撰写祭文以表达自己的孺慕之情。在见到刘宗周后，陈确被其身上的圣贤气息所吸引，先师的慎独之教、言性等都使得陈确钦佩不已。

① 陈确：《陈确集》，13页，北京，中华书局，1979。
② 陈确：《陈确集》，311页，北京，中华书局，1979。

对刘宗周的敬仰以及其学术的体悟是陈确“素位之学”的思想来源，陈确后半生都致力于对蕺山之学的弘扬。陈确道德修养思想的形成、发展、成熟虽与刘宗周有着密切的关系，但也有自己鲜明的个性和特点。黄宗羲曾评价他“其学无所依傍，无所瞻顾，凡不合于心者，虽先儒已有成说，亦不肯附和，遂多惊世骇俗之论”。陈确师从刘宗周后，有过早期之迷茫，中期对刘宗周之学的践履以及后期的创新与突破。陈确首次拜见刘宗周，他以“圣人之学”为宗旨道明为学的方向，受益匪浅。他说“千秋大业真吾事，临别叮咛不敢忘”[①]，这时他已有坚定的圣学志向了。在《与刘伯绳书》中陈确两次谈到自己对于先师之学的茫然，初入师门对于刘宗周思想有颇多的疑惑，他依然坚持为学须谨慎的态度，为后期继承和弘扬先师之学奠定了基础。

陈确五十岁时，受刘伯绳之邀整理先师遗书，同时受到好友祝渊委托校辑《蕺山先生语录》，这才得以较为全面、深刻地接触刘宗周之思想。在师门中，陈确较为准确地理解领会了刘宗周的“慎独”之说，他讲道：“独者，本心之谓，良知是也。慎独者，兢兢无负其本心之谓，致良知是也。”[②]他用“本心”解释“独”，把慎独解释为“兢兢无负其本心”，此种解释正好符合刘宗周“慎有恪然封守意”的慎独之意。陈确以工夫和本体的统一思想来解释论证慎独，以道德修养的完美人格角度诠释“慎独”的思想，突出了道德意义与工夫的统一，较为准确地继承了刘宗周“慎独”之旨。在刘宗周殉节后，陈确十分痛心，痛定之后决心以“圣人之学”为宗旨，继续传播和弘扬刘宗周之思想，一生孜孜于“见善必迁，知过改过”的圣学道德实践，笃实践履圣学理念，将宋明理学超越的性体概念落于形而下的工夫实践层面，以力行实践去实现性善，呈现善之本体。陈确对于刘宗周的改过学说并非只停留在认知层面，有具体的实践过程，他曾以“证人社之旨”组织了省过社，践行刘宗周的改过学说，督促诸生积极知过并改过。陈确在《诸子省过录序》中详细地论述了自己对于改过之学的独特见解并且形成了一套系统的改过方法，指出改过好比治病，要找

---

① 陈确：《陈确集》，741页，北京，中华书局，1979。

② 陈确：《陈确集》，240页，北京，中华书局，1979。

准“对症之方”和“对症之药”。

《大学辨》和《性解》的问世标志着陈确思想的成熟，他曾公开怀疑《大学》的权威性，认为言似圣，实则旨窜于禅，试图推翻其在理学中的核心地位。在《大学辨》中，陈确反对诚意在正心之前，格物致知在诚意正心之前，他认为“诚”是到头学问，诚兼具身心之意，正心仅仅言心中之念而诚则是身心二者之修。刘宗周以意为心之所发，是后天“念”产生的先天倾向，而陈确则认为意为心之所发，是后天动作发生之念，具有实证倾向。在知行方面，陈确认为知行合一、行到然后知到，与刘宗周的知行思想有一定的差别。刘宗周重内，重诚意慎独之说，而陈确则重外，重视诚身践履工夫，可见陈确对于刘宗周的学说并非只有继承，还有弘扬和创新。

（三）继承发展阳明心学

王阳明去世后，王学后学讲学出现求玄悟证的特点，良知之学发生异变，忽略了形而下的工夫实践，天然率性引发理性本体消解。陈确论工夫与本体时强调“工夫即本体”，没有工夫就没有本体，直接地表达了二者之间的关系，同时也体现了其思想理论重视实用的特色。知行问题是宋明理学讨论的话题之一。陈确对王阳明的“知行合一”更是推崇备至，也是其道德修养方法之一。他认为阳明的“知行合一”与孟子的性善论同等重要。“言性善，则天下将无弃人；言知行合一，则天下始有实学。”[①] 他将孟子的“性善论”作为道德本体，将阳明的“知行合一”作为工夫实践，认为二人都在阐明圣学，功不可没，而且陈确特别重视“知行合一”的实学意义。陈确在此基础上形成了自己的道德修养方法，他非常注重“行先于知”的实际作用。陈确以“知行合一”来解释阳明“致良知”的工夫论指向，在陈确看来，良知本身并不能体现真理价值，必须使其在实践中展示出来才能被人们接受。

在继承的基础上，陈确形成了自己的特色。他曾用“走在路上”和“坐在家里”突出“行”的重要性。因为陈确认为认知活动本身不能产生实际行动的

① 陈确：《陈确集》，422 页，北京，中华书局，1979。

效果，所以他特别重视行先于知。陈确批判《大学》的原因之一就是其“言知不言行”，和禅学无异，因此，陈确非常重视知行并进。他认为认知是一个没有穷尽的地方，必须知行相交才能得到一定的效果，体现了“真知力行”经世致用实学思想。陈确“知行合一”的方法论在继承王阳明思想的基础上，却具有自己的特点，更加注重行的重要性，抨击了程朱理学的“知先行后”说，体现了工夫实践的意义，顺应了明清之际的实学思潮。

第二节　陈确道德修养思想的理论基础

自从孟子提出人性善的观点，继而荀子提出人性恶的主张后，古代哲学家们就一直致力于调和二者的主张并展现自己的见识。西汉的董仲舒提出的性三品说把人性分为上、中、下三等。东汉王充也将人性分为善、中、恶三种。隋唐时期佛教传入，其论心性最为突出，吸引了众多学者，致使儒学独尊的地位有所动摇，一些儒者试图恢复圣学往日繁华，随后就产生了宋明理学。理学家张载首先将人性分为气质之性和天地之性，奠定了宋明理学人性论的基本观点。

人性论是儒家思想的核心问题。陈确在《性解》中对理学的核心价值进行了批判并提出自己的见解。他以“素位”为核心，以道德践履为出发点，注重后天切实工夫，反对宋儒的人性二元论和先天独存的人性本体，以实理实性为中心架构，开辟了明清之际人性论的新方向。

一、善之可能：性无不善

中国传统哲学对于人性的论述主要有性善论、性恶论、性无善无恶说以及性三品论，这些观点都将人性看作与生俱来的天赋禀性。但是陈确却以为人善恶的衡量标准并非来自先天赋予的人性本身，而是人在日用伦常中的行事作为，这是其人性论独特之处。

陈确认为孔子说“性相近”的目的就是说明人性善，所以他继承孔孟的观点认为人性生来就是善的。陈确以为，孔子讲的“性相近，习相远”就是孟子的性善之意，他认为“相近”就是从善的一边来说的，因为不管是为善者还是为恶之人他们的性都是善的，二者的区别就是不善之人放弃了原有的道德本心。如果人人皆可全心全意地去为善，那么人人皆可媲美尧舜。对于“性相近”的论述，刘宗周也赞同这种说法：“‘性相近’，以生而善者为主；‘习相远’，以习于不善者为主。”[①] 性相近则人性生而并无差别并且生来就是善的，习于不善则造成了人性后天之区别，犹如孔子言“我欲仁，斯仁至矣”，为善没有力量不足者，而是有没有为善之心。所以，在陈确眼中，孔子言“相近”就是言性善，而且他还用“四心”肯定了人性善。他在《知性》篇中讲到恻隐之心人皆有之，能尽恻隐之心则知人性无不仁；羞恶之心人皆有之，能尽羞恶之心则知人性无不义；辞让、是非之心亦是如此。他肯定了人皆有恻隐、羞恶、辞让、是非这四心，人在恻隐之心的实践活动中就可以同时践履“仁”，同样在工夫践履中就可以实践“羞恶”“辞让”“是非”，而这正是人的本性活动。因此，人只要尽心为之就可以知其仁义礼智的道德本性，即人的道德本性为善。

陈确不仅提出了人性无不善，而且他还主张人人天生就具有为善的能力。他说：“今人只是不肯为善，为有为善而不能者。惟其为善而无不能，此以知其性之无不善也，夫徐行者，岂人所不能哉，所不为也。”[②] 他认为今人只是不肯为善，而不是没有为善的能力，人也只有在为善之后才会知道人性无不善，所以不用置疑人天生具有为善的能力。陈确以肯不肯为善道明了性善的道德实践能力，认为这种能力众人皆有，内在于人的道德本心并且人们自觉为善时就可以表现出来。既然为善的能力人人皆有，倘若每个人都能尽心为善，则就可以为善而无不能。也就是说，为善还是为恶都是主体的一种自我选择，只有全力以赴地将道德本性中的为善能力尽心地发挥出来，就可以为善且逐渐养成君子

① 刘宗周著，吴光主编：《刘宗周全集》，464 页，杭州，浙江古籍出版社，2007。

② 陈确：《陈确集》，447 页，北京，中华书局，1979。

人格，真正做到“尽其心者知其性也”，最终达到“知性以知天”的境界。

（一）性一而已

陈确的人性论是在批判宋儒人性论的过程中形成的，在主张人性善的同时反对宋儒人性二元说，并坚持“一性也”的观点。在陈确眼中“性即是体，善即是性体”①，并无气质之性和义理之性的区别。他认为荀子的性恶说、告子的性自然说、西汉扬雄的性善恶混论以及后来宋儒的性二元论都是将人不好的一面归属于先天的“气质之性”，这是为不善之人提供了开脱的借口。因此，陈确提出：“性岂有本体、气质之殊耶？孟子明言气情才皆善，以证性无不善。诸子反之，昌言气情才皆有不善，而另悬静虚一境莫可明言者于形质未具之前，谓是性之本体，为孟子道性善所自本。孟子能受否？”②陈确以为孟子提出气情才皆善恰好说明性善也，同时意味着性无气质与义理之分，但是诸儒却说气情才又不善，追求玄虚的性善本体与孟子的初衷相悖。陈确批判宋儒的中心主要就是本体落空，他认为体必须是落于实处，要切实有据，只有落于实处才不会出现“人生而静以上”。所以陈确非常赞同孔孟，在他看来两人的言说都是以实为出发点的，孔子讲“性相近”，“近”就是性之本体，孟子言性善，说明性之本体就是“善”，善就是本体的切实内容。孟子说的四心都是相对善之本体而言的，本体随时可在，即善随处可见。

陈确在与刘伯绳的信中曾提道：“如是，则虽曰‘气质即义理’，亦无不可，犹云‘性即理’也。”③明确提出“气质即义理”之说，强调性之切实的一面，他觉得如果把“自然之性”看作“气质之性”，把性善本体作为“义理之性”，这样“义理之性”就须得通过“气质之性”去展示，在理论上将二者合一。在实践层面上，陈确强调本体就在工夫中，本体是贞定工夫的，而工夫则是展示和表现实体的。④陈确从理论和实践两方面说明了“气质之性即义理之

① 陈确：《陈确集》，466页，北京，中华书局，1979。
② 陈确：《陈确集》，442页，北京，中华书局，1979。
③ 陈确：《陈确集》，466页，北京，中华书局，1979。
④ 汤建荣：《陈乾初哲学研究——以工夫实践为视域》，103页，昆明，云南大学出版社，2010。

性”，同时也指出性善就是要通过后天的力行实践工夫去展现，他说：“要其指归，则一而已。”[①] 在陈确看来，性是绝对至善的，性是一，所以他不同意宋儒的性二元说。

（二）气、情、才皆善

陈确批判宋儒的原因之一就是其对气、情、才的否定。陈确的人性一元论是以刘宗周对气质之性的解释为基础，他肯定气质即性，气质之外无性，陈确在《性解》中说到宋儒强分气质之性和义理之性使得气情才皆非本性，皆有不善。他没有采用“人生而静以上”的性本体，而是以形而下者论性，通过气、情、才将人性展现出来，对理学家倡导的人性论带来了一定的冲击，为其人性论开辟了新的路径。“一性也，推本言之曰天命，推广言之曰气、情、才，岂有二哉！由性之流露而言谓之情，由性之运用而言谓之才，由性之充周而言谓之气，一而已矣！”[②] 陈确坚持人性一元论，性推其本原就是天命，性的内容则可以通过气、情、才来展现，人性所流露出来的状态称为情，人为善的能力称为才，通过扩充先天具有的而获得充盈的生命称为气。陈确为气、情、才做了新的定义，他所说的气、情、才是人人所共有的，可以展现性善本质。

陈确坚持性善论的观点，既然气、情、才是性之表现，那么气、情、才皆善。因此，陈确说道：“性之善不可见，分见于气、情、才。情、才与气皆性之良能也。天命有善而无恶，故人性亦有善而无恶；人性有善而无恶，故气、情、才亦有善而无恶。此孟子之说，即孔子之旨也。”[③] 在他看来，性善是不可用肉眼观看的，只有通过气、情、才的展现才能使人目睹，三者均属于性之良能。既然天命是有善无恶的，那么人性必然是善的，进而说明气、情、才也是有善无恶，这才是孔孟论学的宗旨。陈确以天命有善无恶、孔孟论学宗旨有力地证明气、情、才皆善，对宋儒无疑是一次沉重的打击。陈确认为，孟子和《中庸》

---

① 陈确：《陈确集》，452 页，北京，中华书局，1979。

② 陈确：《陈确集》，451—452 页，北京，中华书局，1979。

③ 陈确：《陈确集》，452 页，北京，中华书局，1979。

都主张性气、情、才皆善，前者以四心明性善，后者以喜怒哀乐之间的中和道性善，所以，在陈确看来，宋儒放弃气质之性而讲“天命之性”为人性是一种堕于佛老之说的体现。总之，陈确反对宋儒人性二元论，坚持性一元说，不仅主张性无不善，而且还坚持气、情、才皆善，肯定了后天力行实践的作用，使得明清之际人性论有了新的发展。

二、恶的来源：“习”

在人性善恶的立场上，陈确认为人性生而就是善的，不善行为的出现是由于“习”的作用。陈确的观点从孔孟那里继承而来，他以为孔子言“性相近”意在说明性善，孟子在孔子的基础上阐明人性善。陈确既然说明了人性善，那人性中的“恶”到底来自何方？陈确说“恶乃习”，在他看来，为恶者之所以为恶就是因为习染的缘故，因此，陈确反对宋儒讲人性分化为气质之性和天地之性，否认气禀清浊决定人性善恶的观点。他在《气禀清浊说》中说道：“气之清浊，诚有不同，则何乖性善之义乎？气清者无不善；气浊者亦无不善。有不善，乃是习耳。若以清浊分善恶，不通甚矣，斯固宋人之蔽也。”[①]气有清浊之分却与性之善恶无关，气清者与气浊者皆无不善，性之不善乃是习，倘若以气禀清浊来区分善恶，则与宋儒无异。陈确并没有否定气清禀浊说，他只是觉得气清的人聪慧，气浊的人愚笨，仅此而已。接下来陈确就明确指出“善恶之分，习使然也”。他说：“清者恃慧而外驰，故常习于浮；浊者安陋而守约，故常习于朴。习于朴者日厚，习于浮者日薄。善恶之分，习使然也，于性何有哉！故无论气清气浊，习于善则善，习于恶则恶矣。”[②]陈确以为气清者可能自持聪明而时常放纵自己，使得习于浮华浮躁的习惯；气浊者则因为先天条件不足而安常守分，抱朴守约。这样做的结果就是习于朴者则德行之间积厚，反而习于浮华的气清者则德行渐趋淡薄。因此，善恶之分，是个人习染的作用，与性无关。

① 陈确：《陈确集》，455页，北京，中华书局，1979。
② 陈确：《陈确集》，455页，北京，中华书局，1979。

不论是气清者还是气浊者，习善则行善，习恶则行恶。所以，陈确在解释孔子的“性相近”时说：“人之性，一而已，本相近也，皆善者也。乌有善不善之相远者乎？其所以有善有不善之相远者，习也，非性也，故习不可不慎也。”① 人只有一性焉，“性相近”意在阐明人性皆善，之所以有善与不善之分是习的作用，于是他提出要“慎习”。

陈确既然认为人性中的“恶”来自后天的“习”故人要“慎习”，那么“习”就是人性到达至善状态的工夫实践。为此，陈确专门制作了《性习图》来阐述“习”的重要性。《性习图》所表达的内容为：“性习善不移为上智，上智移于恶即非性；性习恶不移为下愚，下愚移于善即是性。性习于一曲为曲学，曲学归于正即是性；性习于诡异为异端，异端反常即是性。”②

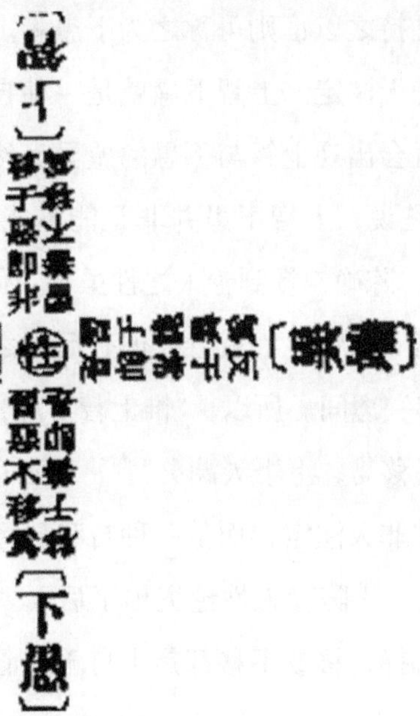

性习图

引自陈确：《陈确集》，459 页，北京，中华书局，1979。

① 陈确：《陈确集》，458 页，北京，中华书局，1979。

② 陈确：《陈确集》，459 页，北京，中华书局，1979。

由上图可知，由于习于诡异所以造成了异端即反常，所谓曲学之所以不正就是因为习于一曲的结果，因此，性则为正为常，若不正或反常就是“习”使之然也。不论是移于恶还是习恶不移，抑或是习善和习善不移则会造成下愚与上智两种结果，那么，上智下愚并非天生如此而是由于“习”的作用。陈确将“曲学”“异端”“下愚”皆以性称之，三者都达到了复归于“性善”的状态，强调了“性善”的不可替代性与权威性。①

《性习图》是陈确对孔子“唯上智与下愚不移”一句的解释。陈确认为“习成而不变者”只有上智与下愚两种结果。上智者习于善便不肯移于不善；下愚者若习于不善便不肯移于善。如果移于不善则智者亦愚，愚者移于善则亦善智，不移则智者愈智，愚者愈愚。所以，“唯其习善而不移，故上智称焉；唯其不善而不移，故下愚归焉”②。一个人若是习于善并且坚定不移，则成为上智者，如果是习于恶且持之以恒则可称之为下愚者。所以，陈确以为，不论是上智还是下愚都并非先天注定。上智下愚就是一种自我价值选择，一个人如果长期的习善或者习恶就会出现上智与下愚的差异。然而，关键就在于主体自己是否愿意“移”，也就是说，上智下愚并非是能不能移的问题而是想不想移的问题。在《性解下》中，陈确曾提到善人之性虽善，但是恶人之性也无不善，只要人人肯移，皆可为善。人性生而就善，但是后天之“习”却相差万里，万里虽遥不可及却就在“移”念间。所以，“惟上智下愚，执心坚石比，为善若勿及，为恶日无已，没身不移易，上下天渊矣”③。移不移造就了智者与愚者的区别。在陈确眼中，智愚并非天注定，而是一种自我选择的结果，也就意味着个体有自己选择善恶的能力。④陈确人性论突出了后天“习”的作用，人为善还是为恶都是主体的自主选择，移或不移都是出自于内心意愿，给予了后天工夫实践足够的空间。

---

① 吴洁:《陈确人性论研究——以〈瞽言〉为中心》，26 页，杭州，浙江大学硕士学位论文，2019。

② 陈确:《陈确集》，458 页，北京，中华书局，1979。

③ 陈确:《陈确集》，460 页，北京，中华书局，1979。

④ 蔡瑞雪:《从性善到性全——陈确人性论辨析》，19 页，西安，陕西师范大学硕士学位论文，2011。

三、善之实现：扩充尽才

陈确认为：“孔子言‘性相近’，亦正为善不善之相远者而言，即孟子道性善之意。孟子之意，以为善人之性固善，虽恶人之性，亦无不善。不为，非不能也。谓己不能则自贼，谓人不能则贼人。使皆尽心为善，虽人人尧、舜可矣，此孟子之旨也。”[①] 在他看来，孔子虽未明确表述人性本善，但“性相近”，正是从性善角度阐释的。孟子继承孔子人性论的观点，并进一步明确表述为人性本善，需要注意的是，孟子只是表述人人具有善的端倪，并非全善至善。为善之人和为恶之人的区别在于，为善之人保持了原有的道德本心，而为恶之人放弃了性善中的道德本心。人性皆善，每个人都拥有性善本体即道德本心，因此，人人都具有为善的能力。一个人想要为善，只要愿意去将其失落的本心寻找回来，扩充存养即可。

陈确发展了孟子的性善说，提出不能凭空说性善，更加强调性善必须与“扩充尽才”等实践工夫相联系，在真实的生活历练中，方能慢慢呈现善的本心。“盖人性无不善，于扩充尽才后见之也，如五谷之性，不艺植，不耘耔，何以知其种之美耶？”[②] 善性只有通过尽心，即扩充尽才后才能呈现它的本真，就如同农夫手中的一颗良种，若没有后天的精心培育就不能茁壮成长，后天就不能够呈现出它的全貌，即不是性之全体。谷物只有在经历风霜之后才能展现其谷性之全，何况人呢？所以，陈确认为人的善性只有经历一系列的践履工夫之后才能达到“性全”。人性从善到全的过程就是扩充才尽即工夫实践的实施，人性没有教养就不能够成就生民之性，但是经过后天工夫实践便能成就“性之全体”，并逐步达到至善状态。孟子讲“四端”时就提出有四端之人，他们都知道要扩大充实，就如火之始燃、水之始流，扩而充之则足以安天下，反之赡养父母都成问题。陈确就此提出：“然爱亲敬长，犹性而未全，必须学问；恻

① 陈确：《陈确集》，588 页，北京，中华书局，1979。
② 陈确：《陈确集》，447 页，北京，中华书局，1979。

隐、羞恶、辞让、是非之心，亦性而未至，必须扩充。要虽仁至义尽，岂于天命之性有加毫末耶?”[1] 爱亲敬长就是道德本心落于日用伦常的表现，但是必须经过后天的学习；那么，恻隐、羞恶、辞让、是非之心就是仁义礼智的初生开始，一经扩而充之，不使其流失，展现出良好的道德行为就足以保家国、安天下。四心若未经过扩充存养，性善就不能完全实现，性之全体更无从谈起。少提之爱、亲长之敬都只是善性萌芽的状态，需要经过后天的磨炼与发展，若无后天的扩充存养工夫，人性就只能停留在最初善的状态。性之善只有经过后天具体的扩充工夫后才能逐渐发展，使得“仁无不仁，义无不义”，呈现其性之全。这在一定程度上，褪去了孟子人性论的先验性，使人性成为与后天实际生活联系的现实存在，为后天的工夫实践提供了极大的余地。

（一）继善成性

人性从性善达到性全的状态是一个动态的过程，在性善的前提下经过后天一系列的实践从而到达“至善”的境界。继善成性就是陈确强调后天工夫实践过程的一个体现。“继善成性”最早出于《周易》中“一阴一阳之谓道，继之者善也，成之者性也”。陈确在吸收先师刘宗周观点的基础上，不喜宋儒从天道角度对其的解释，他认为“继善成性”并非指阴阳造化，而指人的自我修养和自我升华，所以“继善成性”应该从工夫层面诠释而不是本体。

陈确对继善成性的理解与宋儒不同。宋儒大都从人性的天道、先天角度来诠释继善成性，但是陈确却是从工夫、人道以及后天形成的位置思考。[2] 他认为继善成性皆是体道之全功，“继之，即须臾不离，戒惧慎独之事；成之，即中和位育之能。在孟子则‘居仁由义’‘有事勿忘’者，继之之功；‘反身而诚’‘万物咸备’者，成之之候。继之者，继此一阴一阳之道也，则刚柔不偏而粹然至善矣”[3]。继之既是刚柔不偏和粹然至善的天道，也是人的须臾不离道和戒惧慎

① 陈确:《陈确集》，473 页，北京，中华书局，1979。
② 申淑华:《素位之学——陈乾初哲学思想研究》，67 页，北京，中国社会科学出版社，2012。
③ 陈确:《陈确集》，447—448 页，北京，中华书局，1979。

独之事。在陈确看来恻隐之心虽是仁之端也却不足以为善，有恻隐之心就会有羞恶、辞让、是非之心，经过“居仁由义”和“有事勿忘”的具体实践就会成就无念非恻隐，无念非羞恶、辞让、是非之心的境界，才可以为善。所谓“成之者成，此继之之功，即《中庸》‘成己仁也，成物知也，性之德也’之谓。向非成之，则无以见天赋之全，而所性几乎灭矣。故曰成之谓性”[①]。“成之，即中和位育之能，成性则是人“继之”之后的结果。人只有在工夫实践中才能成己之仁，成物之知，成性之德。由此，继善成性的解释有了工夫论的特点。

“物成然后性正，人成然后性全。”[②]万物只有经过一定的生长变化才能性正，人物之性皆是天赐，人性必须经过教养才能性全，通过工夫实践使得人性得以扩充从而达到至善。

（二）尽心知性

尽心知性出自《孟子·尽心上》中的“尽其心者知其性也，知性则知天也”，是陈确人性论工夫层面的又一体现。陈确以为人性无不善，人人都有为善的能力，善与不善都是个人肯不肯做的问题，这就为性善提供了可行性，并且从理论上提供了性善的可能性，使不善之人放弃不为善之可能。既然性善具有可行性，那么陈确就指出要行善，只有真正的行善之后方能知性善，否则只是纸上谈兵，毫无意义。

因而，陈确说：“尽其心知其性也”是孟子讲性善的本质，其所谓的“尽心”就是“扩充尽才”的展现方式。在陈确看来，“四心”对应着仁义礼智“四端”，四端就好比人的四肢，只有扩而充之才能保家国，反之，则不能事父母。“恻隐之心人皆有之，能尽恻隐之心，然后知吾性之无不仁。羞恶之心人皆有之，能尽羞恶之心，然后知吾性之无不义。辞让、是非之心，莫不皆然。故所谓尽心，扩而充之是也。苟能充之，虽曰未尝知性，吾必谓之知性；苟不充之，

① 陈确：《陈确集》，448 页，北京，中华书局，1979。

② 陈确：《陈确集》，449 页，北京，中华书局，1979。

虽自谓知性，吾岂谓之知性者哉！”[①] 恻隐、羞恶、辞让、是非之心人皆有之，倘若能将这四心经过后天的工夫扩而充之就会使得人性中的仁义礼智显现，也就达到了知性的效果。所以，人只有尽心于善，扩充善心，才能成人成圣。陈确继承了阳明的知行之旨后认为行之工夫才是真知，所以“尽心”二字就是合知行的彻始彻终工夫。在陈确看来，尽心既要做到彻始彻中的知行工夫，又要做到存心以养性。

在如何克服习中之恶以及怎样达到性之全体时，陈确提出“必自知学后，实以吾心密体之日用，极扩充尽才之功，仁无不仁，义无不义，而后可语性之全体”[②]，主张以逆觉本心的工夫，尽扩充尽才之功，阐明孟子的“尽心知性”并发挥《周易》之“继善成性”具体道德践履工夫以实现性之全，这在明清之际的思想中无疑是独具一格的。

陈确人性论肯定了人性善，赞同人性一元说，相信气情才皆善，确信人人具有为善的能力，为善或是为恶都是主体的选择，为性善提供了可行性。人性生而就善，所以“恶”来自“习”，故人要慎习。在人性善的前提下，陈确提出人性如同谷物必须经过后天的精心培育才能展现其性之全体，通过扩充尽才的方法阐述和发展了《周易》的“继善成性”和孟子的“尽心知性”，为后天工夫实践提供了极大的空间。陈确的人性论虽然在理论上来源于孔孟，但是先师刘宗周对其思想的产生有着实质性的作用，甚至可以说陈确的人性论思想是对刘宗周的继承与发展，但又有自己的独特之处。刘宗周认为人性善，不善之因源于习，“人性无不善，而心则可以为善，可以为不善，即心亦本无不善，而习则有善有不善”[③]。可见，刘宗周也主张人性本善，不善者是由于后天习的作用。陈确人性善的说法就是继承刘宗周而来的，他的“继善成性皆体道之全功”也是以刘宗周的观点为基础的。他在《与刘伯绳书》中提道：“先生云：‘继善成性指人心说，非泛指造化事’，已一语道破。心外岂复有工夫乎？知继善成

① 陈确：《陈确集》，443 页，北京，中华书局，1979。
② 陈确：《陈确集》，467 页，北京，中华书局，1979。
③ 黄宗羲：《明儒学案》，1556 页，北京，中华书局，1985。

性为工夫，则虽谓‘继善成性是本体’亦得。”[①]可见，心外无工夫，工夫就是本体，无工夫也就是无本体，那么继善成性既是工夫也是本体，陈确以继善成性为体道之功，责成人心，使得性体不空虚。因而，陈确从工夫层面解释“继善成性”的，在他看来工夫即本体，工夫和本体就是一个。然而刘宗周认为继之者善也，成之者性也，从天道层面解释了继善成性。陈确讲继善成性最大的特点就是他以动态的眼光看待成性的过程，强调人性经过后天发展之后达到的“性全”状态，也就是说陈确更加注重人性在实践中的实现。陈确对宋儒的人性二元说也是继承了刘宗周的观点，但是他反对“气质之性”和“义理之性”之分是为素位之学的理论提供切实的依据。他反对空谈本体，其人性论也很少论述本体，这也是他与先师刘宗周最大的不同。

宋明时期的人性二元说对当时以及后世学者有着极其深远的影响，也曾遭受到许多批评，陈确就是批评者之一。他以孟子性善论为本原，继承并发展先师刘宗周的人性论观点，反对宋儒“气质之性”和“义理之性”之分，以气、情、才皆善再次证明人性之善。他认为善是人性之初始状态，必须经过扩充之后才展现性之全，所以人性必须“继善成性”和“尽心知性”的存养后，才能逐渐发展以求“至善”的境界。陈确的人性论使得为恶者没有了不为善的借口，为善与为恶都是个人自己的选择，是主观意愿，为后天的工夫实践提供了足够的空间，这既是其素位之学的体现，也是其人性论的独特之处。

第三节　陈确道德修养思想的主要内容

陈确继承和发扬了儒家传统的道德修养思想，重视道德修养在日常生活中的重要意义。他的道德修养思想从性善说出发，以“素位”为核心主要涉及三个方面：培养素位君子的修养目标，包含修身、治家、治学和君子观思想的修

① 陈确：《陈确集》，467 页，北京，中华书局，1979。

养内容以及主张内外交养的工夫实践。

一、道德修养目标：素位君子

儒家哲学思想都是以“圣人”“君子”为最高培养目标，作为儒者的陈确其道德修养目标也不例外，但是他的道德修养目标有着“素位”的特征，是以他的性善论为基础，围绕后天工夫实践为核心展开的。他认为人只有通过后天的扩充才尽后，才能回归本心，达到至善的本性和圣人之境。

《论语》中出现最多的是“圣人”和“君子”这两种理想人格，孔子在《论语》中说：“圣人，吾不得而见之矣，得见君子者，斯可矣。”① 他认为通过日常的道德教育很难养成圣人这样的理想人格，而通过教育可以培养出来君子。孟子的道德教育培养目标也是君子、圣人人格，但并非人人都可以达到。众所周知，孟子在当时主张“仁政”思想，因此，他眼中的君子能够实施“仁政”。虽然孔孟都主张将人培养成圣人君子，这样的理想人格是很难达成或者只有一部分人是可以达到的，所以并非人人都可以成就理想人格，众人并非皆可成圣。荀子认为普通人成圣必须经过一个过程，人通过诵经学礼得到提升后最终由士到君子最后达到圣人这样一个完美的境界。不管是孔孟还是荀子，他们的最终目的都是培养圣人君子，能够为国家做出贡献的人，能够实现理想抱负的人，能够造福百姓的人。虽然荀子主张人人可以成圣，但是他也强调圣人是需要经过士、君子、圣人这样一个过程，所以普通人想要达到圣人的境界是非常困难的。

作为儒者的陈确，以培养圣人君子作为自己的道德修养目标，这亦是情理之中。首先，他主张人人皆可成圣。他说：“圣人非人耶？亦人也。圣而非人也则可，圣亦人也，则人亦尽圣也，何为不可至哉！虽圣乎，于人之性会无毫未之加焉；则人之未至于圣者，犹人之未完者耳。”② 圣人也是人，虽为圣人，但是其人之为人的基本本性并无变化，于人性毫无增加，人之未成圣者犹如人之

① 杨伯峻：《论语译注》，105 页，北京，中华书局，2017。

② 陈确：《陈确集》，151 页，北京，中华书局，1979。

未完者。因此，既然圣人于人性无增加，那么普通人也可以成圣。陈确认为人之未完者不可称之为人，好似器皿，未完者不可称之为器皿，人若不为圣与禽兽无异，所以在陈确看来，普通人可以成圣，而且成圣的过程就是人性之全的发展。

陈确提出既然人人皆可成圣，那么圣人是可以通过学习完成的。他说：“求则得之，舍则失之，是求有益于得也，求在我者也，圣学之谓也。夫求富贵而不得，犹不失为贫贱也，然且人人知求之，求之不得而不敢或惰焉。若夫不为圣人，直为非人而已，而人顾莫之学。学之可必至，而犹弗之学业，是必下愚而已矣。”[①] 圣学只要追求就可以得到，放弃则会丢失，求的主动权在自己手中，求之不得则是不敢求或是懒惰造成的，所以圣人可以通过学习达成。但是陈确又说：“善之未至，既欲止而不敢善之已至，尤欲止而不能。夫学何尽之有？有善之中又有善焉，至善之中又有至善焉。”[②] 他认为学习是无止境的，认识也是没有尽头的，所以至善之中又有至善，这就要求我们必须求之不停，学之不停。性善是成圣的前提，“善”内存于人的本心，“求”的过程就是“尽心于善”的过程，只要不断地去努力寻求，努力地实行践履工夫，将修养工夫做到实处，就是知性即达到圣学了。最后陈确说不成圣者就是因为自己放弃了追求，才会自甘堕落。“非今人之与圣贤者远，而古人之与圣贤者近也，由志与不志也耳。”[③] 古人与今人的区别就是，古人有立志成于圣贤的抱负，而非古人离圣贤的距离近。陈确强调必须要有“必为圣人，必不为乡人”的正确志向，有了正确的志向后才会有正确的人生理想、前进的方向，以此为标准，审视过失，加之以身体力行的工夫修养，达到内外修养的效果，方能实现圣人之道。

陈确在理论上给人以实现的可能，他认为人人皆有成圣之能力，之所以有不成圣者，是因为自己放弃了此能力，他认为人必须要有一个成为“圣人”的志向，才能以此为学习的动力。他主张普通人也可以为圣，而且圣人是可以通

① 陈确：《陈确集》，15 页，北京，中华书局，1979。
② 陈确：《陈确集》，552 页，北京，中华书局，1979。
③ 陈确：《陈确集》，242 页，北京，中华书局，1979。

过学习完成的，在学习的过程中要求我们必须求之不停、学之不停，以此达到“圣人”之境。若求而不得则弃之，就是自暴自弃，为“非人”。求圣成圣的途径就是要将修养工夫运用于日用伦常之中，从生活的细微处着手，将道德践履落实于日常生活中，以求做到尽心知性。

既然人人皆可成圣，而且通过学习就可以获得，那么在现实生活中如何具体实践呢？陈确认为学者如今都高谈性命，而他只言素位，所以他主张在素位处做功夫，在日用伦常中力行实践，反求本心，将道德层面的“知”落实在实践层面的“行”上。“素位”出自《中庸》，所谓“素位”即“君子素其位而行，不愿乎其外。素富贵，行乎富贵；素贫贱，行乎贫贱；素夷狄，行乎夷狄；素患难，行乎患难；君子无入而不自得焉”[①]。君子就应该安于所处的地位去做自己应该做的事，不生非分之想。身处富贵，就做富贵人应该做的事，处贫贱之位，行贫贱之事，处于边远地区或患难之中，就做其应当做的事，君子不论居于何位都应该安然自得。朱熹对“君子素其位而行，不愿乎其外”的解释为“素”即现在，贤人君子处在自己所处的位置时，就应该为所当为，即所谓“素位而行”。贤人君子不要杞人忧天、怨天尤人，而应反求诸己，志于道。陈确很是赞同这种人生观点，并说“素疾病行乎疾病，此亦是道，不可忽也”[②]，即便是自己疾病交加也要安于其中，坦然应对。在他看来，“素位而行”就是“循理而行”，是真正的中庸之道。陈确的“素位之学”虽然来自于《中庸·素位章》，但并没有简单地重复继承，而是具有新的思想内涵，同时“素位之学”也是他创作《大学辨》和《瞽言》等著作的理论基础，也是指导他一生身体力行的实践准则，表现了他对日用下学的关注以及对玄远之学的摒弃。

“素位”是众人都认可的工夫准则，是做学问的起点和落脚点。陈确曾说：“惟‘素位’二字，各宜承认。昔贤所谓坐下功夫，在家言家，在馆言馆，各求心安理当。”[③]以往贤人君子皆言坐下工夫，在家言家，在馆言馆，居其位而言

① 朱熹：《四书章句集注》，24页，北京，中华书局，1983。

② 陈确：《陈确集》，142页，北京，中华书局，1979。

③ 陈确：《陈确集》，118页，北京，中华书局，1979。

其事，追求心安理当，这是人人都承认的工夫原则。他非常重视“素位”工夫，他强调“学者高谈性命，吾只与同志言素位之学，则无论所遭之幸与不幸，皆自有切实工夫，此学者实受用处。苟吾素位之学尽，则吾性亦无不尽矣”[①]。学者都是空谈性命，而他只言“素位”，不论幸或者不幸都是切实工夫，皆是学者受用处。陈确主张“实行”“实理”，反对学者高谈性命，他认为学者所谈的理论都应来自于切实的内容，而且应该是日用伦常中“居其位”时所展现的道理，这种“坐下工夫”才是学问的真谛。所以，他非常赞同王阳明的“知行合一”观点，主张实行，驳斥“知之而不行”的空谈学问者。他觉得学者应该依据现实情况的变化而实行坐下工夫，讲求放心与安心的笃实工夫，这才是学者的受用处，也是性之全的体现。陈确很少谈及本体、性命等形而上的道德理论，而是更多强调“工夫即本体”，主张通过形而下的坐下工夫、践履工夫实现素位的君子人格，切实工夫处就是素位之学。切实就是不玄谈、不空谈，而要有理有据，在他看来，形而上概念的直接阐述都是空谈、玄谈，并且都是无依据可言的，只会让人徒增烦恼。

素位是极平常、极切实、极安稳之工夫。陈确在《与刘伯绳书》中说：“素位之外，无工夫矣。素位而行，即是正己；不愿外，即是不求人。素位而行，即是居易；不愿外，即是俟命。素位不愿外，故失即反求，非素位之外，又有所谓证己反求之功也。谓素位非工夫，又从何着落一‘行’字乎？”[②] 从他与刘伯绳的交流中可以看出，陈确认为《中庸》的“素其位而行”就已经将全章的宗旨概括了，余下的内容不过是对素位之学的反复申明而已，素位之外，无工夫可言，素位而行，就是不外求，正己而已，素位而行既是居易也是俟命。陈确将“素位而行”理解为“正己”，即是“居易俟命”，强调反身而求，是一种顺应天理的安然之态度，同时素位也是经过一系列的正己反求工夫后而达到的一种境界。所以，陈确认为素位就是工夫，没有悬空的本体，工夫即本体。素位之学也体现了陈确对“行”的重视，与他辨《大学》的宗旨是一致的，他提

① 陈确：《陈确集》，429 页，北京，中华书局，1979。
② 陈确：《陈确集》，470 页，北京，中华书局，1979。

出《大学》言知不言行，只说效验，不提工夫，以此来判定《大学》是伪书，反映了他重工夫、重实行的“崇实”观点，表现出素位之学内外交养的特点。

素位是道，道不离日用，日用即道。陈确说：“道不离日用，虽饮食男女，无非道之所存，而高明欲一切空之，所谓贤知之过，非乎？吾寡居食淡，于世无求，宛然一老衲，要只素位而行，非有意为之。”[①] 道与日用一直颇受儒者的关注，孔子的“朝闻道”，《中庸》之中的“道也者，不可须臾离也”，阳明的“不离日用常行内”经过王艮的发展变成“百姓日用即道”，认为百姓日用即道，百姓日用之中蕴含着圣人之道。陈确则认为道不离日用，饮食男女皆是道之所存，只要素位而行就可达道。他认为道体是无穷无尽的，无方所的，所以他才会说“道体本能无穷尽，本无方所，故须臾不可忘戒惧，故谓之好学”[②]。由于道体无穷尽、无方所，所以体道之功不可间断。在阐述道德无穷尽后，陈确又提出道体是有迹可循的，即道不离日用，日用即道，自然就是指道体而言的，如果舍去日用，道体则无处可寻，一言一动，无非道也。道不离日用，离日用而言道者就好似废食而求饱者，永远不得饱。所以，只要素位而行就可以达道。

素位之学囊括了陈确的全部思想，素位即中庸、即日用、即下学、即工夫，它出自于《中庸》却无所不容，尧舜之揖让，汤武之征诛，周公之礼乐，孔子之笔削，皆是素位之学。素位是切实工夫处，反对空谈性命，坐而论道，体现了道不离日用，切实可行之道在日用伦常。“素位是戒惧君子实下手用功处。……所谓慎独者慎此，所谓致良知者致此。知得素位彻，是明善；行得素位彻，是诚身。”[③] 素位之学包含阳明的良知之学与先师刘宗周的慎独之学，所谓慎独者慎此，致良知者，素位既要将工夫落实于日用之中，又要通过戒惧恐惧以通达心性，以求最终能够达到明善与诚身、知与行的统一。

素位君子之寡欲见理。理欲之辨是宋儒热议的话题之一，自从朱熹提出

① 陈确：《陈确集》，407—408 页，北京，中华书局，1979。
② 陈确：《陈确集》，577 页，北京，中华书局，1979。
③ 陈确：《陈确集》，470 页，北京，中华书局，1979。

“存天理，灭人欲”以来，后世学者对此做出了众多不同的解释，朱子所提倡的就是以道德教化来防止个人欲望的过度膨胀。陈确围绕着理欲之辨，提出自己“人欲恰当处，即天理”的主张，他认为圣人之心与普通人之心并无差别，普通人对于“富贵恩泽”“忠孝节义”等的追求圣人也向往之，欲并非仅常人、庸人有之，圣人皆有欲也。陈确认为，饮食男女皆出自于义理自然，功名富贵是道德之本然攸归，譬如天道蕴含在日用事物之间，人欲之中也能够体现天理。如果一个人无所求，无所欲，天理从何而来呢？圣人之所以为圣人，之所以与常人不同，不是因为他们无欲、无所求，而是由于他们不纵欲。圣贤常人之分就在于“纵和不纵”之间，并非有欲与无欲之辨。陈确以孟子生与义的观点来阐述自己的理欲观，孟子说：“生，亦我所欲也；义，亦我所欲也。”然而“杀身成仁”“舍生取义”。君子之有所舍弃之后的抉择，舍欲而取真理也。在陈确看来，欲就是人心无尽之生机，人欲正当处就是天理，他讲寡欲就是提倡人要适当地对欲节制，使之适中，以此能够达到天理的状态。

素位君子之切实为己。陈确认为君子为学修身就应当处理“虚实”关系，君子之学为己，小人之学为人；君子之学真心而切实，小人之学虚情而危殆。在他看来，学者如果能太虚完满，在心里无所牵挂一物，并且能够时时反求诸己，切合符节，自然能唯善是取，这样的人可称之为圣人；反之则满无主张，不能辨是非，为人唯唯诺诺，满身浮气，实与虚心无关，与圣学、真学问更是差之千里。[①] 所以陈确指出为学必先立志，在心里立一个“必为圣人，不为乡人”的志向，然后在言实心于圣人之学，以此作为自己的标准，事事躬身力行，迁善改过，知过改过。实心于圣人之学就要仔细琢磨，身体力行，以求能够从有过改过再到无过找过的蜕变，不至善不止。所以陈确言实学就是在“圣人之学”的志向下，事事躬行，身体力行，一心向道，求放心以体道。他认为颜子未到圣人是因为心粗，文王则小心翼翼而已。世俗所称赞的在行、筋节、便宜、公道，若不虚心体察，流毒而已，倘若以道言观之，在行则市侩的别名、筋节

① 张瑞涛：《“言知行合一，则天下始有实学”——陈确〈瞽言〉“素位之学”疏解》，载《现代哲学》，2016（4），114页。

则是刻薄之转语言、便宜是攘夺之战术、公道是自是之写照。[①] 所以素位君子为学应当切实为己，求实求虚，穷理尽性，于切实工夫处着手。

素位君子之过而能改。生而为人，谁人无过，何人无错。即使是孔子也不例外，孔子曾说“假我数年，五十以学《易》，可以无大过”，可见圣贤也有过，人若觉得自己无过其实已经落入“妄想”之境。无过之域，谈何容易，圣人之过贵在自知矣，能从千兢万业中锻炼出圣人之品。学问之道无他，时时知过改过而已。改至无过可改，视为圣人也。知过有三种境界：“上之如颜子不远复，有不善未尝不知，知之未尝复行。次之如子路人告知以过则喜。下之如世俗之恶闻己过使过日积，人不敢言。”[②] 君子之过渺小而甚微，似过非过，他人不可察觉，自知矣，自知自改为大贤以上工夫。

素位君子既要将工夫落于日常事物之中，又要通过戒慎恐惧通达心性，以达明善与诚身之境；既要时时反求诸己，事事反身而求，又要居易俟命，顺应天理性命；既要知过改过，求实求虚，又要避免落于世俗之学。

二、道德修养内容

陈确道德修养思想是在“人性无不善，扩充尽才后”的基础上形成的，他以“素位君子”为培养目标，主张从切实工夫处着手，时时反求诸己，事事依素位而行。陈确的道德修养内容以“素位”为宗旨，主要涉及修身、治家、为学、君子之道四个方面，内容丰富，具有自己独特的见解。

（一）修身

修身是学者求学、问道的初始点，获得良好社会关系的根本，是身体与心灵的同步修养。修身是一个慢功夫，不能仅仅停留在“知”的层面，更要注重实践，提高自身的道德品质。修身以养德，将君子人格作为道德培养目标，加

① 陈确:《陈确集》，431 页，北京，中华书局，1979。
② 陈确:《陈确集》，429 页，北京，中华书局，1979。

强道德自律，逐渐地成人成贤。传统儒家文化将修身、齐家、治国、平天下作为人生的抱负，“修身”起着最基础也是最重要的作用。《大学》在开篇就写道：“大学之道，在明明德，在亲民，在止于至善。”道出了道德修养德最高目标在于“至善”，然而陈确却说“至善之中有至善”，指出人的修养是贯穿始终，不曾间断，求之不停。他认为人只有才学之不已，求之不停的过程中才能达到至善，实现圣人之域。

1. 正心

“心”在陈确思想中有着极其重要的地位，他说“学莫先正心”“正心为指南之针”。[①] 儒家学问以修德成圣为目标，以躬行实践、践履笃实为途径来实现理想人格，其工夫实践的核心在“心”，心为一身之主，格、致、修、齐、治、平皆是心之所为，所以要先正心。[②] 陈确反对空谈心性，很少论及形而上之事，认为脱离人事，不务实践，唯求了悟得玄远之学，与佛教禅学无异。他主张把握人人皆有的道德本心，推行其本心之良，才是成德之关键。

陈确正心的工夫不同于程朱的半日静坐半日读书、修养体察、学习致知。他认为孟子七篇主旨皆为“求放心”。比如孟子在第一章中讲的是仁义，第二章中说与民同乐，这也是仁，其他章节都是如此。求人的善良本心、修己的正确道路就是仁至义尽，所以放心也。“学问之事，诚非藐识所窥；然尝妄测前修，求其指要。”[③] 学问之事，虽然高深莫测非不能急于求成，但是求其根本就是“求放心”。不管是孔子所说的时习还是曾子的日省，看似修养方式不同，实际上都是求放心的过程。陈确说：“放心不是此心全放出在外，倘于危微精一之学分毫体贴未尽，即是心所不到处，即是放心。”[④] 他认为本心内含于人的意识之中，对于危微精一之学的体贴差之毫厘就是心所未至之处，所以“求放心”就是对本心的追求。万物的道理就存在于人的心中，君子必须摆脱外界习气的限制，反求诸心，将人性中原有的道德本心呈现出来，以道德本心作为生活的主

① 陈确：《陈确集》，559 页，北京，中华书局，1979。
② 汤建荣：《陈乾初哲学研究——以工夫实践为视域》，181 页，昆明，云南大学出版社，2010。
③ 陈确：《陈确集》，583 页，北京，中华书局，1979。
④ 陈确：《陈确集》，427 页，北京，中华书局，1979。

宰，这就是“求放心”的工夫。求得所丢失的道德本心就是“正心”。在陈确看来，心能够权衡事物，同时又是义理的准则，所以心是一切修养工夫的决定条件，正心就是非常必要的了。只有以“至善纯真”的“心”作为出发点，才能够正确地去完成格致工夫，才能在日用伦常中行素位以成圣。

2. 立志

人无志不立，事无志不成。阳明则说志是气之帅，人之命，木之根，水之源。所以，立志是为学的首要任务，是修身的关键，是实现生命意义和道德践履的努力方向。陈确强调为学立志，为心立个主意，“必为圣人，必不为乡人”之志，在志向的引领下，更加努力地身体力行，迁善改过以趋于至善。

陈确认为学莫先定志，立志为圣贤，才会有圣贤之学可言，志于功名者，富贵不足以使其动摇；志于道德者，功名不能使之动摇。“故志于富贵，则所格所致皆富贵边事矣；志于功名，则所格所致皆功名边事矣；志于道德，则所格所致皆道德边事矣。”[①] 为学方向由“志”决定，所以为学必须先立志，立志于圣学，就会致力于成人成圣之学。格物致知也是学问之事，倘若人之志向就是功名利禄，那么人之所格所致之事都会以此为目标，志向如果陷入物欲之中，人心便会以富贵功名来衡量一切，逐渐地沉迷于富贵享受之中无法自拔，如此必不会成德成圣。相反，如果人以成贤成圣为志向，则人所格所致之事都是道德之事，人的日常生活才会充实有意义，以达圣人之境。

人的志向会激发人前进的动力，指明前进的方向，使人积极主动地向着目标迈进，但是人如果不立志或者立志不当都会失去人生努力的方向，也就无法成就圣人之性，所以立何志也是关键所在。当人志于功名富贵时，那么在日常生活中为人处世中便会以利益为中心，用益处权衡一切，甚者会因为自身利益而违背道德良知，触碰法律，不达目的不罢休。因此，志必须以道德为归宿，志于圣贤。陈确的立志说与刘宗周的辨志观点相近，刘宗周说：“学须有决为人，不为禽兽之志。”[②] 为学必须立为人之志不为禽兽之志，若不以成人为目标

① 陈确：《陈确集》，559 页，北京，中华书局，1979。

② 陈确：《陈确集》，464 页，北京，中华书局，1979。

则会陷入禽兽之陷进而不自知。如果志向不明确、不正确，即使每天谈诵圣经，事事躬行，再多努力都是徒劳。

在立志成为圣贤的指导下，陈确说：“志学则心正矣，而后有立、不惑、知命之可言。至于耳顺，从心而化矣，惟至诚为能化也。”[①]孔子五十岁依然以圣学为主导，立志圣学则心正，而后才会有立、不惑与知命可言；心正则至诚，至诚则能化矣，才会有从心所欲不逾矩的圣贤之境。人在确立志向后，身体力行，于日用伦常之中事事修养实践。立为圣学之志，要有一颗真切向上的心，在日常生活中时时戒惧恐惧，避免陷入禽兽之中，事事不放过，修身以俟，以人道尽天道。陈确多次强调学莫先定志，立志为学后，躬身实践，知行并进，以身体道，恢复圣学，其乃儒者之责。

3. 诚身

陈确非常重视“诚”的学问，他认为“诚是到头学问”，可见其地位之高。“诚身”出自于“顺乎亲有道，反诸身不诚，不顺乎亲矣；诚身有道，不明乎善，不诚乎身矣”[②]。孝顺父母就要做到内心真诚，内心没有赤诚的爱就不能孝顺父母，只有明白什么是善行后，才能做到至诚，“知得素位彻，是明善；行得素位彻，是诚身”[③]。陈确主张在日用伦常中践履诚身与素位，素位是君子戒惧恐惧的修身工夫，诚身则是素位所达到的效果。“修身而身修，齐家而家齐，治国而国治，平天下而天下平，如是，则可谓之诚矣。”[④]人的道德修养应与客观存在的“物”联结起来，而后经过一系列的工夫实践活动，才能有机会完成治国、平天下的目标。所以，诚身是“择善而固之”的工夫修炼。

陈确本人赞同“诚身”说而反对“诚意”观点。他认为“诚身”可言内外工夫，而“诚意”偏内而略外，不符合“诚”的本义。言诚者皆是指向内外，《中庸》言诚身不言诚意，说明如果“诚”只停留在“意”层面其实就是不诚，

---

① 陈确：《陈确集》，574 页，北京，中华书局，1979。
② 朱熹：《四书章句集注》，24 页，北京，中华书局，1983。
③ 陈确：《陈确集》，470 页，北京，中华书局，1979。
④ 陈确：《陈确集》，574 页，北京，中华书局，1979。

又说："反身而诚，乐莫大焉。"[①]诚身已经包含了内外的彻始彻终工夫，与《大学》的诚意不同，明善已经是诚之事，所以，诚身就是从内而外、由知到行地身体力行。陈确道德修养思想在修身方面的内容包括正心、立志与诚身。他认为心是权衡一切事物的准则，所以为学需正心，求实弃虚，求放心，求心安；志向是人前进的方向和动力，为学必先定志，以"必为圣人，必不为乡人"为志；再经过内外交修的诚身工夫，素位而行实现成德成圣。

（二）治家

在中国传统文化中，"家文化"具有非常特殊的地位，家是形成人的基本道德观点和道德素养的主要场所，我国自古以来就具有优良的家庭治理传统。古语曰："国之本在家。"据《礼记·大学》中记载："古之欲明明德于天下者，先治其国；欲治其国者，先其齐家；欲其齐家者，先修其身；欲修其身者，先正其心。"家国一体是中华传统的社会特征，社会治理是需要经过家庭教育落实在每一位成员的行为上，家文化的产生与国家命脉休戚与共。陈确的治家思想是从孝、勤俭与礼三方面展开的。

1. 行孝

"天下无不是之父母"，这句谚语流行于宋朝时期，是说父母亲在行为上没有任何过错，也折射出古人在处理家庭事务中父母处于绝对权威的地位以及为人子必须顺从父母的处事原则。陈确对这句话极为赞赏，认为这是能够让家庭和睦的准则。他说："父母有过，皆是人子之过。兄弟有过，皆是一己之过。谁之父母兄弟而使之有过而不省，将不己之责而谁责乎？"[②]他认为为人子就应该将过错归于自己，兄弟之间有过，皆是自己之过。父母兄弟有过而不省，亦是己过。他并没有否认父母兄弟会有犯错的情况，而是将父母和兄弟出现过错的责任归咎于自己。"必不可曰'人子是'，则父母之过无不是，信矣。在兄必

① 陈确：《陈确集》，556页，北京，中华书局，1979。
② 陈确：《陈确集》，421页，北京，中华书局，1979。

不可言‘兄是’，在弟必不可言曰‘弟是’，则兄弟之独无不是，又信矣。”①父母过无不是，兄弟过无独不是，由于不能说为人子者无过失，因而父母无过失。对兄而言，不能说为兄者无过错，对弟而言，不能说为弟者无过失，所以兄弟之间没有全无过错之论。父母不存在任何过失，兄弟之间没有全无过失之人，世间万物有是非对错，却不能独自认为自己没有过错，为子者、为兄者、为弟者都能认识自己的过错，这是父子、兄弟之间维系感情的准则。

谏于父母。《礼记·曾子事父母》中记载：“父母之行，若中道则从，若不中道则谏，谏而不用，行之如由己。”父母的行为如果合乎道义就应该遵从他们，反之则应该劝谏，劝谏后不从应该顺着父母意思做，就好像自己出的主意。跟随父母的错误而不去劝谏者不孝，劝谏而不从亦不孝。孝子的劝谏在于准确表明自己的意思而不去争辩。在传统儒家文化观点中，以谏父母者为孝，以顺从不谏者为愚孝，若亲有过就应该坦诚相待。陈确认为“天下无不是之父母”，父母没有过失只是就为人子来说的，如果父母在处理其他事情不妥善时，就应该给予及时的劝谏。“君子之爱人以德，不以姑息。只一味掩盖，一味将顺，于家庭谓之恶养天伦，于他人亦谓之成人之恶。”②他认为君子爱人以德，不可姑息，父母兄弟有过错就要劝谏，如果一味地顺从，隐瞒过失是纵容其缺点的成长，对家庭、对他人都是不负责任的行为。圣人亦有过，但是圣人勇于面对过错，父母之无过只是就人子而言，倘若父母的某些行为违背道义就应该及时劝谏，给予正确的观点，为人子应当敢于劝谏父母。

陈确反对当时以作寿文为孝的情况，寿文未免有些虚浮，就如学不切实，虽是亲人却流于虚伪。陈确当时根据友人自身的情况给予了行孝的建议：“道体素羸，兼以久病，幸万分保爱。”③对于徐徽之，他提出保全自身就是守身之孝，是当前最切实、最要紧之事，但是对于陆丽京则是对寿文的反对。因此，陈确主张人子行孝要从日用之中最平常之事做起，在日用伦常中体现礼义廉耻，孝

---

① 陈确：《陈确集》，474—475页，北京，中华书局，1979。

② 陈确：《陈确集》，421页，北京，中华书局，1979。

③ 陈确：《陈确集》，89页，北京，中华书局，1979。

敬父母须切实，避免流于虚浮，这是其“素位之学”的体现。

2. 勤俭治生

陈确的素位之学不仅体现在工夫、信念上，还体现在实际生活中。在他看来，学者要有勤俭治生的本领，主张经世致用。他提出人盗有限且能治，而自盗无尽且不可治，所以生活必须节俭。所谓自盗，就是指在日常生活以及日常行为中不节俭，自盗无限且不可救，所以他主张勤俭是治家之根本。“凡物要有收拾，凡事要有料理，此又是勤俭中最吃紧工夫。”① 勤俭中最要紧的事就是要会料理、会收拾，相反而言，如果没有料理、收拾，即使极其节俭勤快，其效果和无料理、无收拾等同，就如读书人读死书的道理一样毫无用处。料理收拾之方需虚心访求，如日用家居，煮粥煮饭，至庸至易，必求其至，精细工夫。陈确强调勤俭必须要有料理收拾，而且在日常生活中必须虚心求学，于精细工夫处着手。

正确看待贫困问题。在生计问题上，陈确主张贫困不足以使人忧虑，贫穷且无素位者才需要忧虑。他说：“弟所以惓惓于素位之学者，固今日贫士救时之急务，即学者他日入道之金针也。”② 他的素位之学并非简单地坐而论道的学问，而是提倡化解近忧，能够未雨绸缪的长远之计。故陈确指出人之所以会出现生计问题是由于内心不安于贫困，如果人安于贫，有于安贫之外求生计，那么生计自然不会拙。“安贫故勤，安贫故俭。勤俭者，贫士之素也。”③ 人只有安于贫困才会勤俭，勤俭者自然不会不安贫。陈确不仅要求人要安于贫穷，而且指出持家也要有精明的算计。当然，他所说的算计并非算计他人。他首先讲到善算自身而非算人，算妻子不算父母兄弟，对自己和妻子严格要求而宽容待人；在生产时算天地，积极地进行耕种；在日用生活中表现为循礼和从理；在对待仆人时，要体恤宽容，有礼有度，不能吝啬，给予的生计能使其维持家用。所以安贫者不忘贫，日用生活是陈确“素位之学”的直接表现形式，是日用即道，

① 陈确：《陈确集》，524 页，北京，中华书局，1979。
② 陈确：《陈确集》，621 页，北京，中华书局，1979。
③ 陈确：《陈确集》，437 页，北京，中华书局，1979。

道即日用的直接体现。

3. 循礼与从理

循礼主要表现在婚嫁丧祭之事须依礼而行。陈确说道：“家无大于父母，事无大于养生送死，而尤可以素位行之。”[①]家中之事父母为大，事无大于养生送死，而其都可以素位而行，更何况是对子女之爱与教养婚嫁的恒规，所以他立家约要求婚嫁丧祭必循礼。他主张子女之弥月不可受人贺，不开喜宴，要惜物养福；六七岁以上，择端重之人为师，先教以循礼节、知孝敬，忠实为本，读书次之；在婚嫁上，对于礼金要约定数目，量力而行，一切以实际情况为准不可责难人；在丧祭上，棺须预制，不必太高大，周身即可，葬时须族葬、深葬、实葬。[②]凡是依素位行之，以事父母之礼推及抚养幼子，以宾客之礼推及待亲昵者，所以家中无不可行之礼，推之于国则天下之理得也。从理指的是日用饮食之事。“余布衣亦多三四十年者，但病不能手自折耳，前此未尝不勤折也。”[③]从理不从欲主要表现在以美食奢侈为耻，以勤俭朴素为美德，陈确本人可谓是一表率，是为后人的榜样。

陈确的治家思想一方面体现了他对贫穷问题的看法，他主张学者必须勤俭治生，安于贫困，算计生计力行节俭之道；一方面倡导为人子行孝须切实，从日常事物中做起，要敢于劝谏父母兄弟，使其走正确的道路，避免流于虚浮。他的治家思想是其“素位之学”思想的具体表现，以日用生活为主，从切实处着手，力行实践，以人道彰显天道，实践出真知，成就素位君子。

（三）治学

陈确的治学思想深受先师刘宗周的影响，内容丰富且贴近现实，以切实工夫为主，对于当时的学风具有引领性作用。他的治学思想主要包括四个方面。

① 陈确：《陈确集》，513 页，北京，中华书局，1979。

② 陈确：《陈确集》，513—517 页，北京，中华书局，1979。

③ 陈确：《陈确集》，388 页，北京，中华书局，1979。

1. 学者以治生为本务

儒家传统文化皆以圣人君子为培养目标，既能心怀百姓以平天下又能修身齐家。内圣外王之目标是每个儒者的追求，是达则兼济天下，穷则独善其身的豁达。陈确在人性无不善的基础上提出人人皆可成圣，要求将工夫落于日常，以日用之道体现体道，使得普通人有成圣之希望。他认为学者应该以治生为本务，以素位为宗旨，以求君子之道。他提出学问之道犹如有国者守国，有家者守家，士则守身，如此而已。但他所说的身并不是一已之身，还涉及父母兄弟以及妻子，上侍奉父母，下抚育儿女，维持家庭生活，这些都是自己分内之事，绝对不可责怪他人，因此，他强调勤俭治生是学人本事，治生是学者分内之事，是学问的一部分。

今之学者以学为古人为由，以为治生是蝇营狗苟之事，莘野不取于学术，所以才会不明道义，学不切实，使道非道、义非义而不自知。周官既定为量出入，《中庸》的"行素"二字，《大学》的生众食寡、为疾用舒，孟子的"易田畴，薄税敛，食时用礼"等，这些例子表明勤俭治生看似小节却是真道义的体现。[①] 对于这些真道义之事，倘若有国者违之必失其国，有家者违之必失其家，有身者违之必失其身，虽然失去的大小不一样但结果都是得罪祖宗和圣贤。所以，不以物小而不为，他认为治生本无事小事大，皆是分内之事，就应该尽心尽力为之。他指出读书治生是真学人本事，甚至治生优先于读书。他说："然弟如世俗之读书治生而已，则读书非读书也，务博而已矣，口耳而已矣，苟求营利而已矣。"[②] 然而世俗子弟读书非读书，务博、口耳、只求营利而已；治生非治生，知自己而不知他人，知有其父母兄弟也，这样的读书治生毫无意义可言。所以既不能读书者又不能治生者不可称之为学。"士苟志学，则岂唯能读书治生而已哉！修、齐、治、平，悉于斯焉取之。"[③] 治生以学为本务，士若志于学，则读书、治生、修、齐、治、平皆可取得。

① 蔡瑞雪：《从性善到性全——陈确人性论辨析》，西安，陕西师范大学硕士学位论文，2011。
② 陈确：《陈确集》，158 页，北京，中华书局，1979。
③ 陈确：《陈确集》，159 页，北京，中华书局，1979。

学者以治生为本务，一方面通过勤俭持家使得家庭生活得以维持，事不分大小，做好分内之事；另一方面学者志于学，以学为本务，治生落于日常，修齐治平皆可得之，是素位之学的又一表现。

2. 学者要以孝悌忠信为本

陈确在《圣人吾不得而见之矣章》开篇中提出圣人君子不常见，是因为圣人之学本于有恒，而有恒之道存在于务实之中。他说：“若夫无为有，虚为盈，约为泰，虽欲恒，得乎？”[①] 可见，学者为学难在有恒，这也是夫子痛切唤醒世人之处。

学者必务实。学者不论是有意为善还是无意为善，都必须要务实。今天学者的弊病就在于想要成为善人，做善事，却好高骛远，不肯从切实处下手，不遵循礼仪规范，不能以素位行之，最终导致为善不终，所为似善非善。所为非善表现在日常生活中就是丧葬规格欲厚于父母，婚嫁欲后于子女，交际宴会时则欲厚于亲戚朋友，然而厚于其则是力不从心，力所不能及者，追求过于表面，为善则流于形式，最终则得之以薄。“礼，贫者绌礼从力，则务实之理得，素位之义行，其於善，虽终身焉可也。”[②] 对于普通人而言，在日用伦常中素位而行，务实之中得理也，终身可行善焉，所以为善必须务实，必须持久不流于形式，不必追求虚浮。

陈确说学者要以治生为本务，治生又以读书为本，为学者必须务实，不能追求虚浮之形式，以切实工夫为准则，尽心尽力做好身内之事。圣学难学章句其意在自相发明，犹如时习之学，开始于为人子、为人弟。所以陈确说：“君子虽无所不学，要必以孝悌忠信为本，观下数章可见。”[③] 他认为圣人虽然无所不学，但是所学内容都是以孝悌忠信为本，圣贤之书虽难分章节，务本之言却数章可见。知学仁就必须先学习孝悌，不可务外，学者对内反省自身，对外可徵诸国，这些都离不开忠信敬爱这四字，孝悌就更不可少了。所以，他将孝解

① 陈确：《陈确集》，540 页，北京，中华书局，1979。
② 陈确：《陈确集》，540 页，北京，中华书局，1979。
③ 陈确：《陈确集》，538 页，北京，中华书局，1979。

释为“孝，中于事君，终于立身；和不可过，言行无失；敏慎以求之，切磋以精之”[①]。他认为孝可事君，可立身，可和不可过，使得言行无失，所以要慎重求之并且要有极其精细之工夫；知人然后才能正有道，不失亲且友犹在，然后才能信交来远，以孝辅仁，吾学大厉也。所以《中庸》说“思事亲，不可以知人”，侍奉亲族不可以不了解他人，而又不怨恨别人对自己了解不足，做到这些可谓是笃实君子了。程子曾主张论性则应该以仁为孝悌之本，陈确反驳这种观点，指出程子仁是性，孝悌则为用，性中止有仁义礼智，并无孝悌的观点甚误。陈确说：“孝弟而非性，将悖逆反是性乎？”[②]如果孝悌、孩提之爱、少长知敬、不学虑反而不是性，那何者为性？这正是程子言性时的错处。陈确则赞同孟子的“仁之实，事亲事也；义之实，从兄是也”[③]。所以他坚持孝悌是仁义礼智信之本的观点。人知道孝，了解孝悌是远远不够的，他指出人只有学孝悌，习孝悌才可称之为善学善习者。不论是孩提之爱还是少长时期的敬抑或是良知良能，都必须要经过学习才能展现，而且学习是不可以间断的。孔子以“文行忠信”教以子弟，所以子弟以孝、悌、忠、信之品质贤于人，古代教者都是以忠信为教，学者以忠信为学，将文行、孝悌皆归旨于忠信，其可谓之为圣学。

3. 学须切实

陈确认为凡学问之事，必须先论真假，其次论是非，至真者不失为圣。而今之学者学不以切实为真工夫，使得学问流于虚浮而不自知。他说：“良由吾学虚浮，难相感动耳。弟细反病根，只欠切实工夫。”[④]他认为今之学风之所以虚浮就是因为学者没有切实工夫；学者无切实工夫就是为学不诚，不诚则学虚浮。古之学者学习是为自己，而今之学者为人，学者皆被习心习见所禁锢，使得心之明不能显现，平日之学并无实学实得，不能以诚动物，使得道学沉沦，是世俗之学的弊病。

在日用中体现切实工夫，陈确本人少言形而上之理论，他所提倡的切实工

① 陈确：《陈确集》，538 页，北京，中华书局，1979。

② 陈确：《陈确集》，539 页，北京，中华书局，1979。

③ 朱熹：《四书章句集注》，269 页，北京，中华书局，2011。

④ 陈确：《陈确集》，117 页，北京，中华书局，1979。

夫都是在日用之中体现，事无大小，于日用之中求义理。他在写给吴裒仲的书信中提到所谓的日用切实工夫就是在家庭日用之间事事不能轻易放过，孝敬父母，兄弟之间以诚相待，避免意气用事与口舌之争，将此类推于其他事如父母兄弟妻子之养、事君以忠等。所以他说：“学古不容有依傍，然亦须著实。如置物然，必着实地，始无欹倾之患。”[①] 他以置物架做比，认为学是不需要有所依傍的，即使是有依傍也只能是“实”。陈确辨《大学》的原因之一就是因为其内容近禅，缺少下学功夫，只是空悬“至善”。此外，他还提倡身体力行的为学观点。可见，陈确坚持为学应从实处着手，从日用伦常中下手，重视下学功夫，反对空谈义理。

4. 学须多问

“学问之事，必无穷尽”，故“学何以不惑”。世间学问无穷尽，凡学者定会有疑惑，既有不惑之处就必须虚心请教。陈确以适京师者为例，证明学之问的重要性。要到达京师者必须得走一程问一程，日日走，日日问，每当有疑惑时就要向他人请教才能够到达目的地。即使是已经抵达还是要询问，因为不确定某衙门、某下处，甚至有的地方经过数次，没记下还需多问。千里征程为“我”所阅，但彼土之人所知者不过数十里之地，然而这数十里也是“我”脚下最切要之路。因此，陈确主张学问之不惑处必须要问，不仅要问而且要多问。他说：“此几十百人之足，必无我之辙迹，此几十百人之胸，亦必无我之原委。”[②] 从启程之日起所问者不止几十百人，这些人的脚下没有“我”的辙迹，心胸中没有“我”的原委，可见问之重要性。然而古代圣贤之学都是切实之学，学之问也是切实之问，所以不嫌识小而不问不学。

虚心求教是学习不可或缺的方法之一，《论语》中孔子曾多次对其进行论述。他说：“三人行，必有我师焉，择其善者而从之，其不善者而改之。”[③] 即使孔子的知识涵养已经非常高了，但是他依然虚心向他人学习，见到贤能的人

① 陈确：《陈确集》，123 页，北京，中华书局，1979。

② 陈确：《陈确集》，541 页，北京，中华书局，1979。

③ 杨伯峻：《论语译注》，103 页，北京，中华书局，2017。

努力学习，虚心求教，希望和对方齐平。同时他又说道："敏而好学，不耻下问。"[①] 学习没有固定的老师，好学的人不以向自己地位低、学识差的人请教为耻，学者应时刻保持清醒的态度，向身边的人学习，当学习遇到困难和疑惑时，一定要多问多请教以此来解答疑惑。在学习的道路上只有虚心学习，发现问题，提出问题，寻求答案，虚心求教，取人之长、补己之短，足下之路才能越走越远，知识才会愈加丰富。

陈确治学思想以"素位"为宗旨，要求学者既要以治生为本务使得家庭生活得以维持，又要以学为本务实现修治平的圣人之境，学者必须要务实，从切实处下手，遵守礼仪规范，以孝忠信为本务，将工夫落于日用伦常之中，于日用之中体现道，素位而行。而且学者还要时刻保持虚心求教的学习态度，学问之事无穷无尽，只有多问才能走得更远。

（四）君子观

作为儒家学派的创始人，孔子最为推崇的是圣人，他认为圣人应该具有"博施于民而能济众"的能力，但是这种能力普通人很难达到，因此他提出了君子的现实理想人格，其包含了儒家仁义礼智信等品质。《中庸》提出君子要慎独，要时刻践行"仁"，不可须臾离道，就孟子而言，其眼中之君子既有高尚品德又有治国理政平天下之能力。在儒家君子观的基础上，以素位为宗旨，陈确阐述了自己对君子的一些观点。

1. 君子务本

朱熹将《易经》中的"君子以自强不息"解释为"不以人欲害其天德之刚"，称之为自强不息，可谓之善言勤矣。[②] 陈确反对这种说法，他认为勤的流弊在于虚心。他说："日用当行，即胼胝耕嫁，尽足风流；一为习俗所移，即丙夜亲书，益形秽鄙，在义利之间而已矣。"[③] 日用当行为习俗所移，所以，士所

① 陈确：《陈确集》，67 页，北京，中华书局，1979。
② 陈确：《陈确集》，83 页，北京，中华书局，1979。
③ 陈确：《陈确集》，83 页，北京，中华书局，1979。

以为士，农所以为农，商所以为商；而士之所以为士者，并非只有读书作家而已，备百行而为士。故士不轻易言，不会不勤，百行之中又有缓急先后，因此他主张君子务本。为君子者心益虚，则行益勤，其行愈勤，行事越简，则德行越懋。陈确非常重视虚与勤之态，他在与吴仲木的书信中说到，仲木之勤和虚，就是先贤最得力处，心虚者不可不勤，勤者之心不可不虚，虚而不勤就会没有实得，勤而不虚就不会有精理。所以，君子务本应从勤与虚处着手，心虚则行勤，行勤则德厚。“君子之道，务本而已矣。本立而为从之，何近何远?”[①]君子之道在于务本，没有远近、高卑可言。滞于卑迩者是不会到达高远之境的，若务于高远者却不自安于卑迩者，同样不会到达高远之域。所以，身心至近而且基于平治，戒惧至卑也而臻位育。

道不入异端。陈确将佛、老之学以及葬师都称之为异端，异端自为异端本不必辨，他之所以辨异端是因为吾道入异端就必须亟待辩解。人知其为异端者佛老是也，异端之倍道益甚，祸事益深，如同被葬师之说麻痹。陈确反对佛老之说以及葬师之说，他觉得他们都是空谈心性，没有坐下工夫以及躬行实践，对葬师更是进行了强烈的抨击，认为他们都是异端学说，有悖于素位。他接着指出吾道而异端者，大学之教。他说：“然二氏之徒日繁，而其教日益横也，则奈何?”[②]自程朱以来，学习其学说的人日渐增加，致使其思想学说传播快，影响甚广。他觉得这不是二氏之罪，是诸儒自已造成的，就好像夷狄入侵中国不是夷狄之罪，中国之大而无人能为主，导致夷狄入住，此中国之罪也。圣学日衰，吾道无人，然而二氏之人愈多，其教日横乃是大势所趋。面对此种情况陈确指出贼出于内部所以要自治，因此他非常重视切实工夫，他批判《大学》非圣经贤传要求将其归还于《礼记》之中，以恢复圣学。

陈确提出学者为学应避免异端，应远离佛老之学。虽然他提倡为学须从切实处着手，从日用伦常中体现道，但是他也提出道则非俗，俗则非道。道和俗是一个相反的概念，道非俗，俗非道也。今之士人往往言道而行俗，可谓真俗

① 陈确：《陈确集》，250 页，北京，中华书局，1979。

② 陈确：《陈确集》，166 页，北京，中华书局，1979。

也。他说："故虽今之出者，未可遽谓之俗也。而士恒侈然自以处为道而出为俗，乌知处之为离乎俗也！"[①] 这些都是俗之行为，又提出若出以贿升，诞上欺下皆是斯俗而已。贤者不制于财，丧礼不设佛事、不设乐部而不逡巡者姑俗而已。他将俗分为这几种，认为无事非俗，无时非俗肯定是俗人而已，俗则不必言道。故道有礼焉，非俗之谓也，道有本焉非徒矫俗之谓也，一味地对外在节文进行矫正并对习俗改正并不是道。"人惟有所不足于内，而后求饰于外，于世俗靡然之事日以生焉。"[②] 人如果不求于内而追求外在之饰，则世俗之事日渐增长。因此，陈确主张日用不离道，道不离日用，离日用而言道者犹如废食而求饱终不得饱也，空虚且是无据之玄谈，而道则非俗，俗则非道，道之如人之四体，无体则似木偶，君子之道在于务本，本立而道生。

2. 私必有道

宋明时期，理学家们将"存理灭欲"作为自己的理欲观点，但是在明清之际学者们开始对程朱的理欲关系进行了强烈的抨击，陈确就是其中之一。面对当时世俗流于物欲以及佛老虚无之学的盛行，他提出了理欲共生的主张。陈确反对佛道的无欲说，他认为无欲是不可能实现的，缺乏现实基础，而且如果过分遏制人的欲望就会适得其反，会使人们走向纵欲的道路。他认为人欲只有适度和过度之分，没有有无之别，因此他主张人欲不需要过分地遏制，强调了人欲的正当性和合理性。

陈确坚持理欲共生的观点。二程认为天理是宇宙本体和道德本体的统一，与人欲相互对立，所以他们主张存天理灭人欲，因而他们强调通过指定礼仪法制来遏制人欲。在王阳明看来，天理人欲并不对立，良知就是天理的显现，心即理，心如一面镜子，经过致良知的工夫后才能避免其不被人欲蒙蔽。刘宗周坚持理欲统一，他认为天理是通过人欲表现的，天理寓于人欲之中，人欲同时也受到天理的规范和制约。陈确继承了先师的观点，主张理欲共生的说法。在《无欲作圣辨》中，欲是从人心中生的，百善也皆从心中生。陈确在肯定了欲的

① 陈确：《陈确集》，169 页，北京，中华书局，1979。
② 陈确：《陈确集》，171 页，北京，中华书局，1979。

合理性后，又提出“以理制欲，私不胜公”的主张。“欲胜理为小人，理胜欲为君子，绌欲从理，儒者克己之学也。”[①] 他强调用道德理性制约人心中的欲望，如果越过天理去满足欲望就是小人之欲，反之则是君子之欲。他认为人欲不必过分遏制，人欲正当处就是天理。富贵恩泽、忠孝节义，人之所欲也，圣人也有欲望，只不过将其化为天理。陈确对人欲的强调是立足于人的现实需求来贴合天理的，试图打破封建礼教加于人身的枷锁和负担。

陈确在理欲共生的基础上也提出了自己的公私观，他的理欲统一观也突出了公私统一，强调个人是整体的基础，只有个人利益得到满足的同时集体利益才会存在，因此他提出了私必有道的公私关系。他说：“有私所以为君子。惟君子而后能有私，彼小人者恶能有私乎哉！”[②] 他肯定了君子也有私，认为君子之所以为君子就是因为有“私”，将君子的理想人格和“私”联系起来了。在传统的儒家观念中，君子都指的是大公无私之人，有私者乃小人也，陈确将“私”赋予了君子的特性，这种观点在当时具有其独特性。君子之私与小人之私不同，君子之私而真、而笃，小人之私而假、而浮，有私才能自爱，自爱后才能爱他人，而后爱天下。陈确提出君子虽有敬爱之心但是却有远近差别，君子爱敬自己的兄弟要超过同乡之人，爱自己的儿子胜过兄弟的儿子，爱其家而超过别人之家。正是因为君子有此敬爱之心，才会爱自己，爱自己正心以修身，修身而后治国平天下，才会将治国平天下作为自己的责任与担当。因此君子之私合乎道义。“然则孝子之所以私其父，忠臣之所以私其君，贤友之所以私其友，恭弟之所以私其兄，贞夫之所以私其妇，亦必有道矣。”[③] 孝子私父母，臣子私君，贤友私友，弟私兄，夫私妇等这些有私之行为都是合乎道义的，是人欲的正当处，故君子之私必有道。陈确眼中的私是合乎道义，是合理的，是以“私”为起点达到“公”，“合天下之私以成天下之公”[④]。

---

① 陈确：《陈确集》，469 页，北京，中华书局，1979。
② 陈确：《陈确集》，257 页，北京，中华书局，1979。
③ 陈确：《陈确集》，258 页，北京，中华书局，1979。
④ 王中江：《明清之际“私”观念的兴起及其社会关联》，载《湖南社会科学》，2003（4）

3. 死合于义

明清之际是一个天崩地裂的时期，陈确作为明代"遗民"，一方面他继承了儒家传统的节义观念，主张士人要保持气节，不向新朝称臣；另一方面他与传统的忠节观有所不同，反对以死殉节的行为。

明末清初国家易代之际，许多士人以殉节表达对旧朝的热爱，对于忠烈之士陈确非常敬仰。在老师刘宗周和好友祝开美殉节后，陈确非常地悲痛，无奈自己不能死。"晚死惭师友，宵征戚母兄。愁心风雨恶，病骨露霜轻。"①表现出他当时内心的痛苦与纠结。在《祭山阴刘先生文》中，陈确表达了对当时清军入主时人们投降的不满，同时也十分惭愧，"独确懦不能死，又不能编名行伍，为国家效分寸之劳"②。他并非贪生怕死之辈，只是因为有老母需要供养。陈确对当时的忠烈之士十分敬仰，对此他提出了自己的死节观，他说："死合于义之为节，不然则罔死耳，非节也。"③他认为死要合于义才可称之为节，不然就是罔死，人既然不是随便生的，就不可随便死。孔子主张"杀身以成仁"，孟子主张"舍生取义"，在他看来在为成就仁义之前死就是匹夫之勇。他以比干、伯夷、叔齐为例，证明实现节义并非必须死。比干是被纣王杀死的，如果不被杀能活到周朝；伯夷、叔齐二子不食周禄，饿死在西山，以二子之义即使生活在西山之下寿终也是大义凛然，千古照耀，何必死？他对当时的死节现象进行了分析，认为在当时有死于事者，死于义者，死于名者，死于愤者，不得不死者和不必死而死者，如果用无愧于古人来衡量，百人之中没有一二。他问到，做到忠就是仁了吗，如果不能肯定又怎可说杀身便成仁了呢？所以他主张"节"不可过，也不能不及，故"中节之谓和"。他认为人之死要中于节，合于节，生有所以生，死亦所以死，就好像四季交替，阴阳交更，与天地同节，死生应顺其自然。他说："君子且不可苟死，况可苟生！不苟贫贱死，况苟富贵生！君子之于生，无所苟而已。"④君子既不能苟生也不可苟死，不能贫贱死也不能富

① 陈确：《陈确集》，703 页，北京，中华书局，1979。
② 陈确：《陈确集》，154 页，北京，中华书局，1979。
③ 陈确：《陈确集》，152 页，北京，中华书局，1979。
④ 陈确：《陈确集》，155 页，北京，中华书局，1979。

贵生，君子不能苟且偷生，故君子不可在终食之间违背仁义，造次必于是，颠沛必于是。陈确否定了用死来体现忠节的做法，他认为活着也能实现对“节”的追求，为当时明“遗民”的忠节观提供了新的理论基础，对许多不必死却以死求节的人进行了否定。此外，陈确认为子女应该在养生方面多下功夫，于父母切实受用处着手，送死时发自内心，真心地悲伤即可。这与其死节观念一致，重生不重死。而且陈确不赞同当时妇女殉夫以求贞烈的做法，他认为丈夫死后，为人妇者应当孝顺老人，抚养孩童，经营好家业，处理好家庭矛盾，此为真烈妇，不赞同用死来表现效忠家庭和旧朝的做法。

在陈确看来，活着去继承道统，实现生命的价值比一时之死要困难得多，生死都应顺其自然，死更要合乎节，他的后半生可谓是对节义的一种无声、无言以及倔强的践行，是他对异族统治的一种反抗与不屈从，也是他素位而行的真实写照。

陈确的道德修养内容是以其“素位之学”为旨归，以其人性论为基础，以人道彰显天道，于扩充尽才后见性全的道德实践基础，将思辨的理论落实于现实世界中的生命个体价值与意义的自觉体认，归宿于一个实理、实行、淡泊而纯粹，极其平常却至纯至真的日常朴素生活。詹海云曾说：“陈确的论学宗旨就是素位，他对素位之学的理解仍然没有跳出《中庸》。”他认为陈确的素位就是《中庸》所说的“思不出其位”“无入而不自得”，并说“思不出其位”就是陈确反对离人言天，不喜言本体，抨击风水，驳斥《大学》谈治国平天下的夸大之词，甘心以遗民自处，正是他“无入而不自得”的真实写照。[①] 陈确的“素位之学”包括尧舜禅让、汤武征诛、周公作礼乐、孔子笔削，是心存戒惧的君子着手用功处，日用伦常中的礼义廉耻，君臣亲友之间的孝悌忠信，是道即日用的具体表现，素位之中有大道，学者须在日用事物中切实体验，躬行实践，行素位以诚身，居易正己。

① 詹海云：《陈乾初大学辨研究——兼论其在明末清初学术史上的意义》，3—6页，台北，明文书局，1986。

三、道德修养途径

道德修养的最终目的都是使人成德成圣，工夫修养实践就是成德成圣的重要途径。陈确道德修养思想以性善为前提，注重力行实践工夫，强调工夫即本体，只有通过躬行实践才能彰显性善本体，体悟天道。对于陈确来说，工夫实践是非常重要的，工夫思想以反求本心为本，佐以后天的修养工夫，内外交修，以此成就人的性之全体，成就圣人之境。

（一）反求本心

孟子以“本心”作为性善的根据，认为仁、义、礼、智、信等道德法则，恻隐、是非等道德情感皆“根于心”，心即是仁义礼智之理又是仁义内在于心。[①]王阳明讲“心即理”，那么本心就指良心，人所固有的，良心指的就是人的良知，所以想要了解道德之理就要在心上下功夫，最主要的功夫就是使本心能够真实地呈现出来。陈确强调，心可以从两个方面理解，一种是将心作为思虑器官，是认识之心；另一种是能够权衡义理的道德本心，犹如孔子之仁，孟子之本心，阳明的良知，刘宗周的独体，所以陈确认为心在工夫实践中的作用不可小觑。陈确说：“盖存乎人者，孰无仁义之心！呼尔与之，乞人不屑；蹴尔与之，行道之人勿受。”[②]他认为人皆具有仁义之心，即便是乞丐，在面对生死抉择之时也会出现羞耻之心，乞丐也不接受呼尔与蹴尔之物；即使是杀人者与行盗之人，遇见孺子掉入井中也会生起恻隐之心，所以道德本心是人人具有的，并且时时都可以展现出来，即便在极端的处境之中也能显现。人不论高低贵贱都有仁义之心，因为它是一种超越人躯体的存在。仁义之心不仅君子有，小人也有，他说：“虽极恶之小人，其心未尝不知善之当为与不当为与不善之不可

① 汤建荣：《陈乾初哲学研究——以工夫实践为视域》，176页，昆明，云南大学出版社，2010。
② 陈确：《陈确集》，600页，北京，中华书局，1979。

为，但虽心知之，而不能力致之，以必为善而必不为不善耳。”[①] 小人闲居为不善无所不至，但是当他看见君子时便会遮掩自己的不善之行为，此即小人良心的展现。就算是极恶之人，内心也是非常清楚善之可为与不善之不可为。因此，心是是非善恶的判断标准，每个人都具有，小人与君子之差异就在于不能依道德本心而行，不能以心作为生命的主宰。在陈确的工夫论中，“心”具有至高的地位，他认为心为一身之主，主导着格、致、修、齐、平之事。

1. 求“放心”

陈确反求本心的工夫不同于朱子的“半日静坐、半日读书”，他认为学问之事虽然高深莫测，但是求其指要就是求放心之学。他说：“放心不是此心全放出在外，倘于危微精一之学分毫体贴未尽，即是心所不到处，即是放心。”[②] 他认为心有放失的可能和危险，对于危微精一之学的体贴要是有分毫之差，就是心所未到之处，所以才要求“放心”，求“放心”并不是向外索取自己所不具备的事物或者求理于外的过程，而是本心的一种自求，自觉地反求本心，使本心能够真实地呈现，外在行为能依本心而行。

“夫不反求诸心，而惟事物之求，此义外之说也……若亦不能反求其心，则弟向所云‘心正则格致皆正，心偏则格致皆偏’。”[③] 如果只在外在的事物上求本心，就是义外之说，外在事物之理就在我们心中，必须超越事物外在之形体的限制，反求本心，将内含于人的道德本心呈现出来，让道德本心成为我们行为准则，这就是求“放心”工夫的关键。心正则格致工夫皆正，求回放失的本心就是正心，学者必须时时提醒自己，使得本心呈现时能够自觉地意识到，并且能够自我做主，这才是最根本的工夫，所以陈确说“一日千里之学”。孟子曾说：“学问之道无他，求其放心而已。”陈确在此基础上认为本心就是一切工夫的开端，其他的工夫修养实践必须在寻求本心的工夫之上才能呈现出本心的真实状态和真正价值。

① 陈确：《陈确集》，600 页，北京，中华书局，1979。
② 陈确：《陈确集》，430 页，北京，中华书局，1979。
③ 陈确：《陈确集》，597 页，北京，中华书局，1979。

2. 求心安

求心安是陈确的求“放心”之工夫的进一步拓展与发挥。他说：“既安中求未安，已当中求未当，乃是真学问。”[①]他认为为学的目标就是在“安中求不安，在已当中求未当”。这是古代圣贤所行之力行工夫，是真学问。他以为道不必问，不管是人道还是天道都是求诸心而已，以道德本心为起点，心所不安者不为，以人道彰显天道。“此未安之心，即圣人与我同然之心。知其未安而必求其所以安，即是礼，不必又从不安者必勿为也！”[②]陈确认为人之所以为人，圣人之所以为圣，其差别就是人虽有道德本心，但是圣人有未安之心，在未安中求安，心之不安，就要进一步追求并求心之所安，能够使自己的一切行为和思虑都是心之所安。求得这样的道德本心而不放失，戒慎戒惧，求得心安理得，使得道德本心能够呈现出来，依心之所安而行，产生笃实的道德行为。

不论是求心安还是求“放心”，陈确以为二者都要以日用伦常为主，在日常生活中求得。他说：“道不远人，只就在日用寻常间，因吾心之已明者而一一措诸践履，便是进步。”[③]他认为道不远人，道就存在于人心之中，人只要在日用伦常中按照“心之已明者”而行，践履笃实，事事依礼而行，时时挑动良心，心中自然会产生一种抵抗外界习气的力量，他尤其强调要在本心迫切处不肯放过，就能求得心安理得。他主张在家庭日用中求心安，在日用事物中反求本心，求本心的工夫并非是脱离日用去空谈道德义理，因此他反对仅仅通过静坐观察未发之气象的为学工夫，若是脱离日用事物去体证本心就是“蒲团见空悟，流毒良不轻”[④]。可见，他坚持在日用中体道，践履笃实，反对玄虚的学习之风，于日用伦常中求放心、求心安。

（二）知过改过

陈确的人性论注重实践践履，认为性虽善但是必须要经过后天的工夫修养

① 陈确：《陈确集》，118 页，北京，中华书局，1979。
② 陈确：《陈确集》，78—79 页，北京，中华书局，1979。
③ 陈确：《陈确集》，241 页，北京，中华书局，1979。
④ 陈确：《陈确集》，651 页，北京，中华书局，1979。

才能于“扩充才尽处见性全”。只有在具体的道德践履下才能彰显性善本体，将人的道德本心呈现出来。因此，不仅要有先天的反求本心的工夫，还要从后天的生活实践着手，切实笃实，在日用中体悟道，“窃尝验之，虽事从心生，然心亦从事生。……所以古人用功，贵内外交养。如心体一时未得干净，更外考之于事；行事一时未得安稳，又内求于心”[①]。陈确主张内外交养的工夫实践，“事从心生，然心亦从事生”是指由心而发的一些具体的实践活动，事物也是在本心的呈现下展示出了自己真正的价值；然而外在的事物或者环境有利于人的本心的呈现和表达。人有善的念头就会去做善事、做好事，如果每天都做善事、做好事，人怎么又会有恶念产生呢？这就是一种潜移默化的效果，在善的环境和状态之下就不会产生不好的想法，所以当人的本心有不明的情况出现时就需要通过外在的修养工夫来使其恢复。经过不断的内外交养工夫，人的身心自然会得到锻炼，使心逐渐有所体悟，而不是强制之学，用一些条条框框来束缚自己。

陈确坚持“知过改过，便是圣学”[②]，强调工夫修养与为学工夫主张一致，他认为人要事事躬行，时时改过，见善必迁，戒惧恐惧，于安中求未安，无过中求有过以求圣学之境界。陈确的改过说是继承了师父刘宗周“证人改过”学说，对其所著的《人谱》特别推崇。他说：“有蕺山先生之《人谱》在，此确所欲从事而未能者。”[③]陈确时刻以蕺山的言行来鞭策自己，时刻监察自己的过错，事事不轻易放过，力行实践，见善必迁以大圣人之学。他一方面重视先师的《人谱》并以此为方程，而且还组织了“省过社”来鞭策大家改过。他说：“惟圣人无过者，妄也。圣人有苦自知，直从千兢万业中磨练得出圣人之品。”[④]他批判世儒讲圣人无过的观点，认为圣人亦有过，即便是孔子也不敢说自己没有过错，只能说自己没有特别大的过错而已；圣人有过错，但是圣人贵在自知，能够及时发现及时改过，因此他提出知过称之为智，改过则称之为勇，无不知、无不改称之为仁。人之于日用伦常，时刻都有可能犯错，改过无处不在，他列

① 陈确：《陈确集》，137 页，北京，中华书局，1979。
② 陈确：《陈确集》，122 页，北京，中华书局，1979。
③ 陈确：《陈确集》，238 页，北京，中华书局，1979。
④ 陈确：《陈确集》，431 页，北京，中华书局，1979。

举了大概二十种人日常中习惯犯错的地方。陈确认为人们会因为一些特定的习气而不自知生活的过错，以至于错过改错的机会而全然不知。所以他主张虽然人人有过，但是有过并不可怕，重要的是知过与改过，他还强调学者要通过克己、自知自改、内省等方法来改过。

陈确认为学问之道无他，只有时时改过，无不知、无不改时就是圣人了。他将知过改过分了三个部分："上之，若颜子之不远复，有不善未尝不知，知之未尝复行，几于圣亦。次之，亦若子路人告之以过则喜，犹为贤者之事。下之，则如世俗之恶闻己过，终至于过恶日积，人莫敢言，真下愚不移矣。"[①] 陈确以为，颜渊能够知道自己的过错，知道了就不会再重复出现是知过改过的最高层次，与圣人无异；次之则是子路很高兴别人告诉他自己的过错，尤为贤者之事；下之，世俗之人则很讨厌别人说自己的过错，日积月累，也无人敢说，可谓下愚。贤者之过甚微，并非常人所能发现，只有自己可以体察，颜渊能够知道自己微小的过错后及时更改，时刻反省自己不去犯错，此之为大贤；然而子路自己没有发现自己的过错，只能通过别人发现并且告知，甚至众人皆知唯独己不知，是粗浮本色也，但是他能闻过而喜，改之则可称之为改过之勇，仍然是贤者之辈；下愚不移之人不喜闻过，厌恶别人告知，有过不改，放失本心无学问可言。陈确以为对于日常事物中的戒惧恐惧工夫，即便身处幽暗，人不闻己过之处，也要反求本心，自觉地改过。

人停留在"知过"的层面是不够的，不仅要知过还要改过，要有切实的改过工夫。陈确说："力行之功，莫先改过。吾人日用，过失最多，自圣人且不能免，何但后学。"[②] 他指出人在日用之中的过失最多，圣人都难免何况普通人，我们必须细心体察，知道自己的过错并及时改正，并且要持续不停地改过，改而不已，逐渐地改过工夫纯熟，日过逐渐减少，改过也就不用费力，这就是圣贤学问。反之，如果知道错误而不改，而认为改过不需要外在的工夫，只求内在的独体，这就是自欺欺人。陈确的知过改过工夫是对蕺山《人谱》的继承和

① 陈确：《陈确集》，429 页，北京，中华书局，1979。
② 陈确：《陈确集》，93 页，北京，中华书局，1979。

发展，体现了道德践履的切实之处，是明清之际笃实学风的标志。

（三）知行合一

明清之际，学者们对于“知行”问题有着激烈的讨论，主要有“知先行后”“重知轻行”“知行并进”等说法。在知行问题上，陈确继承了王阳明的“知行合一”思想，他主张心知力行的实践工夫，他认为“言知行合一，天下始有实学”①，十分重视知行的重要性。

陈确辨《大学》的原因之一就是“以知为始事”的“知止”观点，他强调“行”是“知”的基础，是“知”的开始，是认识的前提。他在《行路歌》中有过这样的论述：“人谓行路须识路，我谓识路先行路。登路问路问即行，于家讲之终不明。”②他认为行到自然就会知道，想要看见屋外的路就必须走出去，行路是识路的前提，只有走在路上问路立马可以前进，在家问路终究是讲不明白；即使在家讲明白，起而行之有盲，所以他主张行是知的前提。他说古人之学都是走在路上问路，而今人之学都是坐在家里问路，在静中求理，所以他反对朱子的“知先行后”的说法，如果先知后行就会有知而无行，终究还是无知之人，必须有力行工夫后才有正确的知识。

陈确提出知行合一说，非常赞赏王阳明的“知行合一”观点，称赞其知行合一观点可以与孟子的性善同功，是宋儒顶门针子，有光复圣道之功劳。他虽然极其称赞王阳明的知行合一学说，但并非与其观点一致。王阳明的“知行合一”重在言“知”，谓“吾心之良知，即所谓天理也”③，“我今个说‘知行合一’，正要人晓得一念发动处，便即是行了”④。王阳明的“良知”指的并不是经验知识的概念，而是一个先验的范畴，他所说的“行”是一念的发动处，重在一念的产生，强调的是道德意义上的知行，是道德意念的发生。而陈确所主张的“知行合一”是知之必行，心知力行，是具有实践意义的知与行，是在具

① 陈确：《陈确集》，442 页，北京，中华书局，1979。

② 陈确：《陈确集》，693 页，北京，中华书局，1979。

③ 王守仁：《王阳明全集》，113 页，上海，上海古籍出版社，1992。

④ 王守仁：《王阳明全集》，96 页，上海，上海古籍出版社，1992。

体的实践活动中的知和行的相互作用，相互推动，“行”不是“一念之发动处”，而是“行到然后知”的行为动作。他认为读书人如果做不到身体力行就是不会读书，实心于圣人之学就要事事身体力行，见善必迁，知过改过，用力行诠释学问。他说：“行之笃，故求知益详，诚则明也；知之详，故力行弥笃，明则诚也。”① 人们只知道舜的知识在行前，却不知他在知前有行，只有行为笃实，知识才能够详益，反之，知识越详细则行为越笃实；行为笃实，知识益详，诚则明；知识详益力行笃实，明则诚业。因此，王阳明之“知行合一”的“知”重在良知，是先验的认识，“行”是重在指意念的产生，强调的是道德意义上的知行合一；而陈确在继承王阳明思想的基础上，更加注重通过力行实践获得“知”，他不赞同一念的“行”，主张实行、实践，具有实践意义的知行合一。此外，陈确还说：“故知无穷，行亦无穷；行无穷，知愈无穷。先后之间，如环无端，故足贵也。”② 在知行的过程中，他提出如环无端，知行无穷无尽，无止可言，犹如他所说的“善中有至善”，道德修养是一个终身的过程，没有穷尽可言，需要我们时时身体力行，事事循礼，知行合一，知过改过，迁善必改以达圣人之境。

“事从心生，心亦从事生。”陈确的道德修养工夫特别重视“心”的作用，他认为道德本心人人皆有，人只有力行实践时才能呈现此心，所以他主张在日用伦常中求“放心”，于安中求未安，事事物物素位而行，求得心安理得。他不喜空谈性命和静坐之工夫，强调通过后天的躬身实践工夫，要求人们闻过必改，见善必迁，知行合一达到内外交养的效果。

第四节　陈确道德修养思想的践履

拜师蕺山是影响陈确一生的重要决定，从此之后，他的人生方向发生了

① 陈确：《陈确集》，547 页，北京，中华书局，1979。
② 陈确：《陈确集》，599 页，北京，中华书局，1979。

变化。其子陈翼曾在《乾初府君行略》中说道：“二十以后，试屡蹶，遂薄视一衿，放浪山水，恣情声律，韵管谱琴，时共一二知交，吟风弄月，超然远寄……同游山阴先生之门，奉先生慎独之教，益从事于安然之学。而操其功于见善必迁、知过改过。”[①] 陈翼将陈确的一生分为两个部分，在拜师蕺山前，他数次科考未果，遂厌倦举业，放浪山水之间，恣情音律之中，与一二知交韵管谱琴，吟风弄月，超然远寄；又或是与人博弈，篆刻临池，得心应手，奇妙之至。与祝开美同游山阴之后就奉行蕺山先生的慎独之教，从事于暗然之学，极力主张见善必迁、知过改过之工夫，求无愧于所独知，兼动静，合人己，无往而非慎。学识逐渐渊博，见识愈加独到，胸怀宽广而践履笃实，学问切实而义理精微。这可谓是对陈确一生最全面的总结。在拜师蕺山后，陈确时刻以“千秋大业”警醒自己，他接受了先师的慎独之教后，感到自己“身过满天下”，自此一心向道，不再留恋于辞章之学，由恣情山水之间的潇洒名士转向了克己内省的笃实君子。陈确十分推崇先师的《人谱》，可以说“素位之学”就是对刘宗周的改过说的进一步弘扬与发展，但是他对于先师改过思想的继承并非就此而止，而是有自己的实际行动。他不仅在思想学术上积极提倡知过改过学说，而且还主动参加集社活动，将改过落实于日用之中。陈确主导的改过实践活动主要有省过社和同人将会。

（一）自身修养

陈确思想的核心是“素位”，而他所理解的“素位之学”并非简单地安时处顺，关注的绝非自我个体。作为一名儒者，他绝不会放弃儒家万物一体、民胞物与的济世抱负。但是身处明清易代之时期，面对清朝廷的统治，传统的行道方式于明“遗民”而言已然不可行，他们只能将行道转变为存道，而存道的最基本前提就是要存己，成为道的担当者。陈确曾指出道在自身，自身明，则道明于天下，所以，陈确一方面追求自我的保全与安稳，另一方面绝不可能放弃儒者济世天下的责任担当。陈确的这种人生价值取向并非仅仅是纸上谈兵，

① 陈确：《陈确集》，12—13 页，北京，中华书局，1979。

而是将其贯穿于整个人生活动和社会实践中去。面对现实好友相继殉节，他撰写了《死节论》《出处同异议》等文章来阐明明清之际的“遗民”如何面临生死、出处以及生计等问题，与此同时，陈确自己在平时也积极参与乡村治理，主张兴修水利，提出很多切实可行的建议。遭遇荒年时，他更是将自己的粟米贡献给饥者。在陈确三十九岁时，因不满海宁各级官吏对百姓的残酷虐待以及横征暴敛，他同一些义士为民请命、声讨官员，却被问罪，取消了乡试的资格，体现了陈确敢于伸张正义，保护百姓的思想性格。在拜师蕺山后，他更是坚定地继承了先师之品节，在乡间隐居，过着十分清贫的生活，读书治学，参与讲学活动，督导后辈学问，坚决不与清朝廷合作。面对清朝廷的剃发令，他抱着至死不从的心态与其抵抗，最终他具呈本学，上书请求削掉儒籍，表达他不向异族乞讨苟活的决心。顺治时期遭遇连年大旱，百姓苦不堪言，饥民满道，面对这种情况陈确忧心如焚，他对海宁地方官员建议实行水利之治，恳请官员体恤民生疾苦，解救百姓于水火之中，在他身上体现了儒者的济世为民之情怀。

在陈确的诗歌中同样蕴含了其个人对“素位之学”的践行。不论是自我身心的安放还是兼济天下的儒者抱负，皆以自得为宗旨。于陈确而言，他所向往的理学生活既包括耕种读书、亲人朋友之事的生活追求，又有自我精神愉悦、学问日进之喜，更有济世为民的儒者之情怀。陈确曾撰写《至道篇》和《行路歌》表达自己体道之感受，泰然自得之气象，立志成圣之决心。他以《坐箴》规范自己日常行为，时时反省自身之错误，及时改过，在日用伦常之中提升自己的道德修养，完善自己的思想品行。他主张婚丧嫁娶之事必须要循理而行，在《丛桂堂家约》中专门规定了嫁娶之规矩以及礼金之数目，告诫自己的孩子要依理办事，遵循规则，不可随心所欲。陈确一生求真学问，推崇真儒，作诗抒发真情，将“素位之学”贯穿于自己一生，也用一生践行了“素位”二字，真正做到了素位而行，是为后人之榜样。

（二）举办省过社

顺治六年时，陈确的侄子陈枚在浙江海宁的黄山举行省过之社，参加省过社的成员有八人，大都是陈确的子侄和学生。对于这次集社活动，陈确疾走二十里来黄山参会，但他碍于师长身份并没有直接参加，而是凭借着对成员们的了解与熟悉对此次集社活动进行了指导与监督，并赞扬了集社成员的改过之举。活动结束后诸子将各自的过错记录下来，汇编成《省过录》，陈确为之作序。在《诸子省过录序》中陈确写道："此吾向者山阴先生之教也。予小子不克举行，而诸子能力行之，吾深自愧。"① 陈确深感自己不能力行先师的遗志，而他们能行其"所不能行"之事，他对此非常高兴，也乐意与会参加指导。

在刘宗周《人谱》的基础上，陈确表达了自己对于"省过"的理解与观点。他提出学者们的气质之偏各自都不相同，所以要有针对性地改正。他以医生看病把脉，诸经受病不同，所治之方缓急先后各不同为例，指出省过也要发现其"对治之方"和"对症之药"。如果诸子省过没有对症之药，省过而过错越多，这就与自己生病而自言其病，没有施正确的治病之药，毫无用处。省过社之目的就是察识个人修德之中所遇的病根，只有察识得越清楚，才越能起到治标治本的作用。所以在日用的道德实践中如同预防疾病一样"节饮食，慎起居"，这样防止错误的产生，只有在平时的日常起居中多加注意、谨慎，才能真的预防更多过错的滋生。在这次活动中，他指出了各个成员的"对治之方"以及"对症良药"。他提出诸子所日省之过都是偶感之过和养成之病，偶感之病不治而自愈，养成之病不治就日渐加深。"柔者治之以勇，浮者治之以静，未严者治之以严密，不达者治之以达，以卓然之行治庸，以欿然之心治自是，以弘治不弘，以谅治不谅。"② 这是陈确根据诸子所省之过提出来的"对症之方"，偶感之过虽有一时之苦不足以造成人之患，养成之疾若是不及时施药就会有不能拯救之忧患。

在指出诸子的不足之后，陈确又勉励他们孜孜好善，勇于克己，各去所偏，进于道并非难事。在此基础上，他进而提出诸子不仅知道省过，而且还要会审查过从何处生。因此他说："君子之慎独，去私而已矣。所谓未发之中者，无私

① 陈确：《陈确集》，228 页，北京，中华书局，1979。
② 陈确：《陈确集》，229 页，北京，中华书局，1979。

而已。去私即是格致工夫，无私便是诚正气象。”[①]他认为勤奋好学只是在治标而不是治过之根本，只有固元气，全天理，慎独去私才是根本，去私就是格致之工夫，去私便是达到诚正气象。倘若诸子能够绝尘而行，他也愿意追其骥足，勉施鞭策。

省过社虽然有继承刘宗周证人社之意，但也有一定的区别。在刘宗周看来，“心”是集主体与客体于一身，为了阻止狂人自医己之狂，应该引入第三者作为客观的角色进行控诉。所以，刘宗周举办证人社的目的就是通过集会团体，由成员之间帮助自身进行省过纠察，这是一种“勘过”之外的监督外省方式。证人社的主旨就在于证人，刘宗周在《证人要旨》中指出：“学以学为人，则必证其所以为人，证其所以为人，证其所以为心而已。”[②]可见，证人社之意在于讲学明道，帮助各个成员能“既证既修”，能学以为人。他希望通过证人社众人可以察识自己之过，由他人告知自己之过，改过之后才能成圣，而且他人必须正言相规，言辞委婉，直到其改过为止。如果有不虚心接受者并且未曾及时改过者，就要施以“出社”之惩罚，严重者开除会籍。证人社是刘宗周的内省之路“改过之学”的一种外部监督改过的方法，是对改过学说的补充。然而，省过社之发起者并非陈确本人而是其子侄，他是以师长的身份进行督学后并为之作序。省过社之旨在于察识自己道德修养之中的病根，只有找准自己的病根，才能实施对症之药，只有正确的药方，才能治本。如果诸子在省过之后并没有及时改过，也没有寻求改过之方，就如同知道自己的病根却没有治病之药，还是毫无起色。所以陈确主张在日用之间的道德践履中如同预防疾病那样省察自己的过错，在饮食起居之中察识并改过，更具有可操作性，更为平实，是其“素位之学”的体现。

（三）参加同人将会

陈确主导参加的集社活动除了省过社之外，还有同人将会，与刘宗周的证

① 陈确：《陈确集》，230 页，北京，中华书局，1979。
② 刘宗周著，吴兴主编：《刘宗周全集》，5 页，杭州，浙江古籍出版社，2007。

人社性质相似，主要以讲学明道为宗旨，相互劝勉，相互改过。

顺治八年，陈确与友人相聚于南湖宝纶阁并作有《南湖宝纶阁社约》一文，从中可以看出此次集会以“改过”为目的，以《证人社约》为指导，以讲明圣学为宗旨。陈确则提出同人有过如果不敢正面提出而背后私议是背毁，有损厚道，故愿各位同人能时时省察，本之以无欺，进之以深造。当时陈确作诗表达自己对先师“千秋大业”难穷之苦闷与“吾道一时逢剥运，天心昨日见回阳”①的感慨。次年三月，陈确与友人前往山阴祭拜刘宗周，他在《题永安湖社集》中说：“蕺山讲堂春尚在……新来会得无言意，一笑托筇出晚烟。”②诗中表达了自己当时对圣学和道学的感悟颇为满意，语言中无不洋溢着自得之喜悦。顺治十年，陈确与同人再会于南湖，这次集会以陈确为首。集会以探究性命之理为主题，“必终日，究性命之理也”③，同时欢迎会外的士人参加并要求记录将会内容，以便于观其宗旨。集会内容还是以《证人社约》为主，若有违约者必须面规，若未改心藏之者，以待后规。康熙二年（1663），钱云士在南湖举行集会，陈确也参与其中，这次集会时陈确已经五十九岁，是他最后一次参加集会。这次也是结社成员最多的一回。这次集社活中以“讲学以力行为贵，毋徒为口耳之学”④为讲学之宗旨，讲学的目的就是要修身，要迁善改过，只有通过仁义忠信之学人才能养成仁义忠信之德，圣学讲明后人才会分辨善与不善，才会迁善改过，所以讲学是十分有必要的。在《会永安湖楼序》中，陈确再一次强调了改过的重要性，他认为日用之中最切实的工夫就是改不善之过，人非尧、舜，安能无过，有过即知，知道后必改才算得上学者。他对先师的《人谱》极其推崇，认为其对改过之学的讲解最为详细，学者检身之功应当遵奉《人谱》。

顺治十三年（1656）丙申五月之朔，陈确与张履祥和沈朗思有龙山之会，因为友人张玙取消了广东之游，所以友人们都十分高兴，陈确作有《志喜篇》

---

① 陈确:《陈确集》，806 页，北京，中华书局，1979。

② 陈确:《陈确集》，772 页，北京，中华书局，1979。

③ 陈确:《陈确集》，399 页，北京，中华书局，1979。

④ 陈确:《陈确集》，233 页，北京，中华书局，1979。

记述此事并表达自己的喜悦之情。张玙因家中有老母却想去前路之外的广东与友人相聚，陈确与张履祥都认为此举甚是不妥，所以张履祥作《赠张百方序》劝解友人“父母在不远游”，张玙就放弃了广东之约并与友人相聚于龙山。陈确对友人的做法十分赞同，并且对于能够勇于指出友人过错的张履祥十分敬佩。他认为张履祥的“能言”之勇在于责人，张玙的“能听”之勇在于克己，而要做到责人与克己，困难重重，由此可以看出陈确对于改过之学的重视。“所谓良知，只是知过；所谓致良知，只是能改过。”[①] 陈确认为良知就是知过，但是致良知就是改过，张玙就是良知之学的典范。他认为张玙是改过的榜样，是学习《人谱》改过学说的具体实践，应该将此成功改过的典范记录下来使其他成员相互学习。

邱维正和许幼赓在顺治十七年（1660）和次年（1661）发起并成立了书社和义社，这两次的集社活动时间相距较短，活动地点相近而且参会人员差别不大，故名异而实合。书社和义社都是上承顺治十年（1653）的南湖义社而成立的，举办的目的并非士人雅聚，而是要帮助流落于本地的文人生有所依，能死得其所。书社、义社与龙山之会的举办意图都有帮扶友人之意。

陈确自从崇祯七年（1634）参加集社活动到康熙二年最后一次参加活动，其间活动断断续续，跨越明末清初两个朝代。明清之际正是我国古代文人集社活动发展迅速时期，就陈确个人而言，对于参加集社活动的态度随着社会的变迁以及个人的遭遇而不断地发生变化。年轻时期的陈确对于这种活动并不热衷，祖辈们希望其能在科举上有所成就，科考小有成就后由于交游有所拓展，他开始主动参加集社活动。当时他参加集社的目的多为游于山水之间，饮酒作诗，如枕涛庄社就是他第一次参加的结社活动，其间以作诗为主。游于山阴和经历了明清鼎革之际的各种变化后，陈确的集社态度发生了变化，将务实、改过的思想融入活动中去，如省过社、葬亲社，对友人和当地百姓都产生了一定的影响。晚年的陈确深受贫病交加之痛苦，隐居山间并且没有参加集社。

根据陈确参加的集社活动我们可以看出其主要有以下几个特征。第一，参

① 陈确：《陈确集》，218 页，北京，中华书局，1979。

加集社的成员多为陈确的同学、子侄、做客此地的文人雅士，活动场所多选择在风景秀丽和人文气息浓厚的江南西湖一带，这些在陈确的诗集中都有所体现。第二，集社活动的组织者大都是像张履祥、邱维正、陈确这样有声望之人，对于结社成员具有一定的号召力，他们将集社讲学作为自己理学思想和务实精神的主要宣传阵地，参与者不管社会地位高低、尊卑皆能以平等友好作为相处之道。第三，集社活动成员群体之间的维系除了有号召力的招集者外，还有相应的社约及其活动来维持集社的发展，社约对成员参加集会的时间、地点、人员、集会缴纳的会金以及会金的来源、使用，集社活动举办的目的、宗旨等都有相应的规定。第四，明清之际社会动荡造成了经济的衰退，影响了当地的生产生活，所以参加集社的成员大多数是布衣或者“遗民”，而且当时所作的诗歌都是以沉重感伤为题材，表达了当时士人的情感。总的来说，陈确参加集社的目的就是倡导改过学说，提倡士人要有务实精神，事事从切实工夫处着手，素位行之以达圣人之境。

第五节 陈确道德修养思想的评价

陈确从明清之际的特殊社会环境出发，以其丰富的道德践履经验，在继承传统儒家道德修养理论的基础上，提出了自己独特的道德修养理论，这一思想的提出顺应了历史潮流，反映了明清之际时期社会和个人道德层面的需要，具有非常重要的历史价值。他的思想在一定程度上推动了理学向实学的转化，具有鲜明的时代特征。历史地看，陈确的道德修养思想在其产生以及产生之后对当时的一些思想家和社会风俗产生了重要影响，但是因为所处历史环境的制约，他的道德修养思想同时也有其自身的阶级性与时代的局限性。

一、陈确道德修养思想的历史价值

（一）强调人性论的实践意义

陈确的人性论强调人性善而不全，必须经过后天扩充尽才的工夫实践后才能呈现性之全体，坚持“未尽之性不可以为性”[①]，用“继善成性”来论证自己的人性论观点，说明“人性”的形成和完善是一个动态的过程。陈确将人性的探讨转向了人后天的道德践履工夫，认为人性是在后天道德修养的过程中不断发展和完善的，指出了道德修养对于人性发展和完善的重要作用。他把人性论和个人自身的道德修养实践联系并结合起来，这就使得其人性论具有了独特的实践特色。

陈确认为人性之善必须要经过知善行善的道德实践去考察和体认，因此他提出：“为善，自知性善耳，若但知性善而不力于善，即是未知性善。”[②]把个人对性善的认识也融入整个知善行善的过程中，这就使得陈确的人性论与传统的“性善说”有了一定的差异。他把“行善”的实践融进了“性善”的概念之中，以人的实践活动完善性善，将道德践履过程看作“性善”之本身，使“为善”和“性善”具有辩证统一的关系，使得人性具有了实践性质。同时，陈确把对“性善”的认识建立在“性善”的基础之上，赋予了“性善论”观点本身的实践意义。他主张在“行善”的基础上谈“善”进而将“知”建立在“行”的前提下，这种观点给予后天道德实践足够大的空间。他非常重视继善成性的体道之全功，只有具体的道德实践之后才能见性全，经过后天的工夫修养达到知性进而知天，以人道彰显天道，成就至善之性体。

陈确的性善说主张以工夫实践扩充至善的人性，将人性与后天的道德实践相结合，不仅反映了孔孟儒学的旨意，而且还对当时宋儒空谈性命，空疏的学风起了一定的遏止作用，是人性理论上的一个突破，也是对传统人性论的发展

① 陈确：《陈确集》，111 页，北京，中华书局，1979。

② 徐令彦：《试析陈确对“人性论”的理论修正和补充》，载《河南社会科学》，1999（5）。

与拔高。

（二）重视道德践履

陈确本人非常重视道德修养的实践工夫，强调从工夫实践处着手，从日用伦常的切实工夫着手，注重形而下工夫的修养。他主张素位君子的道德修养目标，提出圣人之性与常人无异，因此普通人也可成圣，给予普通人成圣的希望。他所说的圣人并非是遥不可及的，而是在日常生活中素位而行的君子，他提出素位君子应该有切实为己、寡欲见理和知过改过的特征。在陈确看来，“素位”就是实际工夫的体现，是日用下学，所以他主张必须在日用伦常中力行实践，反求本心，将道德修养中“知”的工夫落实于实际生活的“行”上，将“立身正己”的工夫和“切实笃行”的实践相结合。因此陈确非常推崇王阳明的“知行合一”观点，重视“实行”，批评知而不行的空口学问，主张用形而下的道德实践来实现道德修养之目标。他还专门用“走在路上”和“坐在家里”两种情况来论证“行”之重要性，他认为走在路上即使是愚蠢的人经过询问也必定会到达京师，而聪明强记之人终日坐在家里，就算将路程文稿烂熟于心也必然不会抵达目的地。他指出古人之学都是在路上问路，而今人之学都是在家里问路，所以才会有如此之差异，所以他特别强调实践意义的行。同时他提出知行的过程是无穷无尽的，“先后之间，如环无端”，既然认知的过程没有止境，那么必须知行并进后才会有结果。陈确的“知行合一”说继承阳明心学而来，反对程朱理学的“知先行后”论，具有鲜明的身体力行的实践色彩，迎合了明清之际经世致用的实学思潮。

此外，陈确还特别注重改过对于道德修养实践的作用，他认为“日用动静之间，处处是过”[①]。过是伴随着人的日常生活存在的，他认为对于习来的恶必须在日常行为之间时刻检点，以知过改过的工夫才能恢复性体的本然状态，恢复至善之本体。因此，陈确对于刘宗周的《人谱》最为服膺，他认为吾辈工夫必须奉行《人谱》，时刻检点改过，才会有长进。改过的首要基础是知过，陈

① 陈确：《陈确集》，109 页，北京，中华书局，1979。

确将日常中的过错分为“妄想、多言、浮动、忿怒、忽略、闲废、自是、自炫”[1]等二十种，只有知道自己的过错才能有针对性地实行具体的改过措施以及相应的改过功夫，这样才能确保改过功夫真的落于实处。人皆有知是非之心，是非之心就是本心和良知，所以他主张人要省过，既要反省己之过，又要外省举人之过。在知过的工夫落于实处之后，陈确最重视的还是力行实践的改过工夫，人非圣贤，孰能无过，既然过错是不可避免的，只要我们细心体察，必能知己之过，知过并施之以持之以恒的改过工夫，改之不已，渐不费力，这就是圣贤学问。总之，陈确对于知过改过之工夫是十分重视的，他认为“知过改过，便是圣学”[2]，知过则为知，改过则为勇，人若能够省过便会知过，知过便会改过，改过即是仁也；力行实践是改过的首要工夫，人只有在日用伦常中时刻检点自己的过错，并行之以改过的工夫，如此便可恢复至善之性体，达到圣贤之境界。

（三）肯定了人的主体价值

在理欲观上，陈确继承并发展了刘宗周“天理人欲本无定名”的说法，反对无欲说，他认为无欲是不可能实现的，缺乏现实基础，无欲说只是一种玄而又玄的清谈之言。对于世俗之人来说，如果过分遏制欲望，过度强调绝欲，则会适得其反，反而会使他们走向纵欲的深渊。他提出君子与小人之分不可太过苛刻，使得人欲无处躲闪，小人一旦失去了对君子、天理的追求，他们就会结党营私、扰乱朝纲，加速政权的瓦解。因此，他主张人欲并无有无之分，只有过与不及之分，强调人欲存在的正当合理性。他提出“人欲不必过为遏制”，他所说的人欲包括物质需求和精神需求两个方面，但是不包含欲望无限膨胀而产生的贪欲，合理正常的需求是生民之利，是养民之情。陈确一方面肯定了人欲的合理性，另一方面强调天理从人欲中来，使得天理建立在人欲的基础上，使得理欲关系由对立走向统一，将理欲关系从本体论的争论中转向了现象界和

① 陈确：《陈确集》，354 页，北京，中华书局，1979。
② 陈确：《陈确集》，122 页，北京，中华书局，1979。

道德修养中，抨击了道德理想主义的枷锁和封建礼教对人的禁锢，突出了人的主体价值。

在理欲观的基础上，陈确形成了自己独特的忠节观。明清之际面对满族入主，先师好友殉节，他提出死要合于义才可称之为节，不然就是惘死，以孟子之言“可以死，可以无死，死伤勇”反对用草率一死来证明自己的忠节，他认为节义不必死。陈确曾说过：“节也者，不可过，亦不可不及，故曰‘中节之谓和’。”[①]他认为节就好比礼节，揖让进退都不能过或者不及，生有所以生，死有所以死，死生都应顺其自然。同时，陈确反对当时宋明理学对妇女忠贞的严苛要求，他不赞同妇女为求节烈而速死的行为，并且在《书潘烈妇碑文后》中批判了妇女速死的做法，认为烈妇之死是不合乎天理的行为。在陈确眼中生是合于天地之大节，注重生的意义，他认为人应该活着去继承道统，在生命的进程中去践行节义，实现自己的人生价值。

（四）对王学的修正

在陈确的道德修养思想中“心”占主要地位，具有第一性。他在与刘伯绳交流中说道：“无心外之性，无性外之理，无心外之学，无心外之道。”[②]可见，陈确继承了刘宗周的观点，认为无心外之性，无心外之理。由于“心”在其学说中的重要地位，所以在道德修养工夫上，他反对朱熹的知性先于尽心，主张尽心知性，认为尽心先于知性，只有尽心才可以知性。而且陈确非常重视存心、养心、放心、致良知等心学工夫，曾专门用《存心章说》和《尽心章》来解释存心和尽心，认为王阳明的致良知就是救正世人之放心，他甚至认为自己辨《大学》就是收放心之工夫。他将心作为行为的主宰、是非标准的准绳，认为要时时提醒此良心，常作主张就是千里之学，检验事物是否符合义理，其最终目的都是要诉诸心，求心安。正因为有了心的主宰、辨别义理的准绳，他才敢辨《大学》非圣经贤传，以求心安。

① 陈确：《陈确集》，154 页，北京，中华书局，1979。
② 陈确：《陈确集》，620 页，北京，中华书局，1979。

陈确的友人张履祥就是注意到了心在陈确思想中的重要性，所以才极力反对他以心为主宰、为标准的做法。张履祥在《答陈乾初》文章中说："道理要当信之于心，未可全凭古人。夫心何尝之有！人心不同，有如其面，为斯理，天下古今一也。"[①] 在张履祥看来，人心是有所偏弊的，没有理之超越的真理性，反对陈确以心为主宰去辨《大学》非圣经，甚至反对陈确以心作为礼仪的创生之源。可见"心"在陈确思想中具有第一性，有着不可代替的作用。

王瑞昌提到以心学来界定陈确思想学说是"就其大体言之"，而陈确之学有着自身的独特之处。在陈确思想理论中，"心"的超越意义以及形而上本体意义并不是特别突出，而其"崇实尚质"的精神观点明显，与正统的心学有一定距离，因此不可用陆王之心学来界定，王瑞昌称其为"'偏霸'形态的心学"[②]。陈确的心学特色表现为其为心学对自身的一种修正而不是歧出，他在面对当时王学的流弊和社会现实，不再空谈本体，坐而论道，而是将工夫落于切实处，提倡知行合一。在天道观上，他主张日用即道，道即日用；在理欲观上，不悬空谈天理，主张人欲恰当处即是天理；在人性论上，从工夫实践的角度诠释性善，主张继善成性和尽心知性的工夫，强调性全说等这些观点都是对王学的修正。

二、陈确道德修养思想的历史局限性

陈确理论的局限性主要体现在其理论体系的逻辑矛盾。在人性论上，他将性归为气质，"习"决定人性之善恶，他试图消除宋儒关于性的超验意义，但却以孟子性善论为旨，否定了孟子的先天四端之善，结果导致他的性善论趋向告子的性无善无恶说，这也是其理论无法回避的矛盾。在性习图中，陈确将中性置于居中位置，上智和下愚处于两端，习是造成上智与下愚的决定性因素，那么也就是说，善恶取决于后天的"习"，与人的后天修养无联系，使得他的性

① 陈确：《陈确集》，606 页，北京，中华书局，1979。
② 王瑞昌：《陈确评传》，439 页，南京，南京大学出版社，2002。

善论成为一个口号。陈确提出“人成而性全”，将“性善”和“性全”统一起来，赋予人性论实践特色，试图从学术思想上纠正理学的偏弊学风，但却使得性善论变成了为善论，表现了其理论的不完善之处和矛盾之处。

陈确作为封建时期的读书人、知识分子，是站在封建社会内部的自我调整角度来批判时弊的，所以造就了其学术理论不可能超越时代和阶级的局限。在人欲问题上，陈确反对周敦颐的“无欲”说，认为其受到了禅学的影响。在陈确眼中，人不可能做到无欲，但是人却不可放任欲望，过度纵欲。陈确以为“人欲恰当处，即天理”，“恰当处”就是以理来规范“人欲”，并非人欲就等同于天理，而是天理在“恰当处”的人欲中，不能脱离日用伦常来谈天理。黄梨洲曾批评陈确，认为陈确之言是顺着蕺山而言，然学蕺山却不类。从现象上衡量人欲是十分困难的，那么，陈确的“人欲恰当处”的说法就有可能让人有机可乘，假借义理之名而去满足一己私欲，天理岂不是成了虚设？如果只从人心的一己之利而求自私自利，本心何安，岂能无愧，对于小人之私欲，陈确为何不主张去之，黜欲从理，相反，如果顺乎天理、合乎自然、有节制地去取，穿衣吃饭哪里妨碍天理公道乎？黄梨洲从传统理学家的观点，以人心的出发点而言，理欲互为消长，私欲绝不可能存在，只有私欲去除才能存心大公，虚己以利人。

在《与陈乾初学书》一文中黄梨洲认为陈确不喜言未发，所以才将宋儒所言近于未发者一并抹去，认为是禅障，他认为陈确有反对未发、反对本体的倾向。在他看来既然反对本体、反对未发，那么陈确为何又要去谈所存养，存养又是存养什么，所以陈确所言的“涵养”必不是涵养之本体，反而是事情表里的涵养，这对于朱子之学而言可称之为察识端倪，那么，陈确此言不就自相矛盾了。黄梨洲将归于“见在良知”一类，与佛家的“作用见性”意思等同，意在指出只知道在气上鼓动，而不知本源全体以及未发之中，这是黄梨洲之判断标准，此标准也是继承刘宗周而来。刘宗周面对朱子之学的涵养未发之中，谈得太多，而且有些支离，所以他认为未发只能在已发处表现以及纠正。黄梨洲认为陈确只学会了刘宗周学问的一半，就是在气上实践，而另一半即所谓的涵养未发之中就没有完全学到，认为陈确的学问思想就是佛家作用见性之旨，即在发处上的不执着以言性空，确不知本体的真实。[①]黄宗羲指出了陈确思想的渊源就是继承刘宗周的“道心即人心之本心，气质之性即义理之性”等思想，但是他却没有真正理解先师思想之内涵。在黄宗羲看来，当“气”在已发状态时，就会产生过与不及时，“人心”和“气质”就会产生“念”和“习”，这就意味着不可再称之为道与性。因而，对人心和气质没有做本然和非本然的区分，抽象地将其归为人欲，并且将天理和人欲等同起来就会出现混乱，人心和气质中某些非本然的东西也会循着天理之命而存在，长此以往，天理的本真也会丧失。陈确主张人性无不善，恶的来源是后天之“习”，所以他提出人习于善则善，习于恶则恶。先师刘宗周也曾从“习”出发，他指出从“习”出发其实就是从已发状态开始去培育人性，看见善的学习善的，遇见恶的就及时避免。但是就会造成这样一个问题，对于普通人来说怎样去判断善恶，怎样才能甄别什么是善，什么是恶。因此，刘宗周提出要先明白至善之性体，确立性权，才能够在日常学习中辨别善恶。天理对于刘宗周和黄宗羲而言，其地位都是毋庸置疑的，而陈确则认为天理从人欲中来颠倒了其顺序，他认为已发的现实状态就是“性”皆善，不需要在需求一个本然之性。陈确本人虽然不赞同人欲的过度泛滥，但其理论却不如他所愿。黄宗羲与陈确虽然同为蕺山门下，但是二人的心学立场并不相同，对刘宗周思想的理解也不相同，陈确更加注重后天道德践履以及后天工夫的实现。

从陈确的主要著作和思想看，他虽然师从刘宗周，但是思想却与刘宗周大不相同。刘宗周所学所得深且广，既精心钻研理学思想又能体之身心，而陈确的实证思想突出，更加注重诚身和践履，所得甚浅，不仅难望刘宗周之项背，而且与黄宗羲也相差甚远。

① 蔡家和：《黄宗羲与陈确的论辩之研究》，载《国立台湾大学哲学论评》，2008（3），14页。

小结

明清之际是中国社会、文化、思想和学术发生重大转型的特殊时期。陈确在这样一个特殊的社会背景下形成了自己的学术思想，并且形成了自己独一无二的学术风格。朱止溪曾在读完陈确遗诗后说：“君是孤松凌岁寒，骚情那惜傍倚兰”[①]，评价和赞扬陈确的思想风格。纵观陈确的一生，确如经历风霜之后的松柏一样挺拔坚毅，傲骨峥嵘。陈确见解独特，坚持己见，既不人云亦云，也从不拾人牙慧。陈确在少年读书时就表现出独特的自我见解，他不屑于辞章，厌弃举业，不喜欢理学家之言论；在读书做文章之时，反对世人读死书和尽信书的做法。自宋明理学以来，学术界在其影响下因循守旧、墨守陈规的风气日渐严重，面对此种现象陈确深感痛心，他就此提出“吾辈学问，只缘‘因循’二字，断送一生”。他反对学者的假学问、假道学，认为学问之事在于日常、在真假，因此提倡为学必须真实无妄，不入假道学。他认为求学就是求实、求行己、求心安，而不是外在的功名利禄，更不是声名美誉。他从“求真、求实”的角度出发指出，“吾辈学问”必须以“实行、实用”为核心才能有用，否则就是荒废学业，耽误后生。读书人要有自己的真知灼见，要有求真务实的求学精神。

陈确的道德修养思想来源于先师刘宗周，却有着自己独特的思想体系，其道德修养思想以“素位之学”为宗旨，强调践履笃实、尚实求真的为学精神。“素位之学”不但驳斥了明清之际的空疏玄远学风，发扬了蕺山学派思想，修正了阳明之学，而且回应了时代命题，回应了易代之际的士人群体所面临政权更迭的现实问题。素位是戒惧君子实下手用功处，尧舜禅让，商汤、武王征诛，周公制定礼乐，孔子之笔削均被“素位之学”所囊括。尧、舜、商汤、武王、

① 陈确：《陈确集》，59页，北京，中华书局，1979。

周公、孔子所行之不同，却被陈确列为“素位之学”，因为在陈确看来，能够顺逆常变，言随时易，他们皆可立足于自身所处之境遇，笃实践履于日用伦常之间，做到知行合一。陈确在《素位章》中曾说：“素位而行，即是正己，不愿外，即是不求人；素位而行，即是居易，不愿外，即是俟命。”阐述了“素位”的工夫论地位，素位的根本指向在于实行。因此，在传统儒家圣人君子目标基础上，他提出人人皆可成圣的主张。人只有立一个“圣人”志向，以此为动力才能求之不停，学之不停，从生活细微处着手，将修养工夫实践落于日用之中，做到尽心知性。那么，素位君子就应当做到寡欲见理、切实为己、知过改过，既要将工夫落于日常事物之中，又要通过戒慎恐惧通达心性，以达明善与诚身之境；既要时时反求诸己，事事反身而求，又要居易俟命，顺应天理性命；既要知过改过，求实求虚，又要避免落于世俗之学。

在道德修养内容上他以素位为宗旨，以人性为基础，以人道彰显天道将思辨的理论落实于现实世界中的生命个体价值与意义的自觉体认，归宿于一个实理、实行、淡泊而纯粹，极其平常却至纯至真的日常朴素生活。他强调学者要以治生为本务，要谋生计，学者只有解决好自身问题后，才可言治国平天下之事。同时，内心也要安定自足，安之若素地对待贫穷患难与疾病生死。所谓居易就是俟命，是一种安时处顺的生命态度，君子只有顺受其正地对待患难，方可处之泰然。“居易就是循理”，陈确将人道与天道联系起来，循理就是依理、依道而行，以求修心养性。“素位之学”并非只是简单地安于顺命、关注个体之行为，作为儒者的陈确同样也怀有济世救民的抱负，但身处明清易代之际，面对异族政权的统治，传统儒家行道方式显然已经无能为力，只能以“遗民”自处，从行道者转为存道即道的担当者。“素位之学”所体现的人生价值趋向不是空谈义理，陈确将其贯穿于社会生活实践中，探究明清之际“遗民”面对生死、出处和生计等问题并积极参与乡间治理，提出了许多切实可行的意见。

陈确精于古礼，凡是涉及婚丧嫁娶之事皆以古礼而行，即使是平时居家也要严格奉行，但是却毫无理学家的矫情过甚之处。儒家文化自古就非常重视丧葬之礼，对其论述颇多。明清之际，丧葬习俗中掺杂了许多的迷信阴阳风水之说，丧礼繁杂，忌讳甚多，厚葬之风兴盛。陈确对此极其不满，因此他作有《藏论》和《葬经》等著作批判当时丧葬之风并提出了自己的主张。他认为葬的本质就是掩埋，丧葬行为是人之仁心的体现，是对死者生前所尽孝心的一种延续，所以丧葬活动是对死者生前地位以及人格的尊重。他觉得丧葬时衣饰棺椁有薄厚，丧礼有繁简都是合理的，但是为了富贵功名而求于风水，夸大排场并炫耀富贵是极其不应该的，人死如同枯木，了无生气，不可荫福于生者。他提出天至公无私，与人的祸福并不相依；地承天施，万物各有其性，自然枯荣，而人之私心求于福，认为天地万物有其意志能降福于人。

在道德修养工夫上他强调内外教养工夫，认为心是是非善恶的判断标准，人皆具有，小人与君子之差异就在于不能依道德本心而行，不能以心作为生命的主宰。在陈确的功夫论中，“心”具有至高的地位，他认为心为一身之主，主导着格、致、修、齐、平之事。道不远人，只有在日常生活中事事依礼而行，时时警醒，心中自会产生抵御外界习气的力量，尤其在本心的迫切处不放过，在不安处求未安，在日用伦常中求心安。“事从心生，心从事生”，在道德修养之时需要用外在的工夫辅助，他提出知过改过便是圣学，人既要及时发现自己的过错，而且当旁人告知过错时要乐于接受并及时改正，凡事要以素位行之，践履笃实，力求做到知行合一。在知行过程中，他提出如环无端，知行无穷无尽，无止可言，道德修养是一个终身的过程，没有穷尽可言，需要我们时时身体力行，事事循礼，知行合一，知过改过，迁善必改以达圣人之境。

陈确晚年恶疾缠身，缠绵病榻十五年，生活难以自理。在此种艰苦环境中他仍然坚持写作，探索学术真理，与友人辩论学术问题，在完成《性解》后不久就离世了。陈确不仅坚持反对理学末流的争论锋芒，批评当时的社会习俗，而且在学术思想中充满坚定的信念，犹如严寒之中的松柏坚韧而挺拔。明亡后，先师好友相继殉节，他上书永削儒籍，并改名为确，字乾初，以潜龙彰显自己做明“遗民”的决心。晚年的陈确足不出乡，潜心著述，阐明道学，参加结社活动，引导后学。陈确坚韧不拔、坚强不屈的个人品格决定了他具有批判精神的思想风格和只求真理的学术风格，使得他的思想具有独特的时代特色。陈确之诗文清真大雅，寓意深远，体会深刻；书法造诣甚高，可与钟、王媲美；精通音律，抚琴于山水之间；篆刻与博弈无不精通。陈确为学以“素位之学”为宗旨，从日用伦常着手，从切实工夫处入手，强调躬身实践，践履笃实，知过改过已达圣人之境。他虽然师承蕺山，继承刘宗周思想之精华，却又有自己独特的部分，对蕺山学派甚至明清思想都有重大贡献。陈确的学术道路不受儒家经典和权威所束缚，强调理性自得，闪耀着时代的光辉。

第四章 “以事观之”：祁彪佳道德修养思想研究

第一节 “以事观之”、日记与道德修养

祁彪佳（1602—1645），字虎子，一字幼文，又字宏吉，号世培，别号远山堂主人，浙江山阴人，天启二年（1622）进士，历任福建兴化府推官、福建道监察御史、苏松巡按等职。明末散文家、戏曲家。本章主要以《祁彪佳日记》作为研究对象，首先是因为祁彪佳在江南士人中声望很高，是晚明儒家士大夫的代表，研究祁彪佳修身思想可管中窥豹，窥见明末江南士人修身的整体特点；另一方面，《祁彪佳日记》包括祁彪佳十五年内（从崇祯四年七月到弘光元年闰六月，即 1631—1645）撰写的十五卷日记，具体有《涉北程言》《栖北冗言（上、下）》《役南琐记》《归南快录》《林居适笔》《山居拙录》《自鉴录》《弃录》《感慕录》《小捄录》《壬午日历》《癸未日历》《甲申日历》《乙酉日历》等，日记持续时间长，保存完整，为全面研究明末江南士人修身体验提供了宝贵的史料支持。研究选取的事件，一方面是在作者日记中反复出现的事件，反映了其对作者修身持续的影响，如静坐、筑园；另一方面是对作者修身产生重大影响的事件，这些事件的发生为作者修身提供了极好的体验，或可成为修身过程中提升自我的重要契机与转折，如救荒、国变、投湖等。

我国古代传统社会中，士人修身是复杂的过程，宏观地看不同朝代、不同

学术流派，微观至每一个普通士人，都有自己独特的修身方式。但是不论何种修身方式，人都是在遭遇了各种各样的“事”之后，才有可能获得成长。这些“事”并不是西方哲学意义上纯粹客观的、本体性质的偶然突发事件，而是中国传统文化指向的纳入人主体范围之内的事件。二者的区别在于，纳入主体范围之内的事件，包含主体的自觉参与，注入了个体主观能动的力量并以此来改变事态的发展甚至主导事态的走向，这和纯粹偶然意义上的事件是有很大区别的。韩非子说的“事者，为也”（《韩非子·喻老》）正体现了“事”的展开过程就是人作用于世界的过程。也正是通过这种过程，个体不断认识世界与认识自我。认识世界，是对外在自然之物、客观存在的认识。认识自我则包含着把自我放置在适应与改造世界的过程中，以及人与人的交往过程中展现出的本质力量，以此来确定自我的存在，以及自我的限度，这就是个体修养提升的过程。正如杨国荣所说：“正是从事多样活动或做多样之‘事’的过程中，人将自身与其他对象区分开来，并获得了人之为人的内在品格。”①

以往学术界对于古代士人修身的研究，一部分是按照修身的目的、内容、路径、效果与影响的思路去写作，如陈立胜②、杨国荣③；另一部分则是侧重于修身的某个方面展开论述，如李璐楠④、陈立胜⑤；还有一些学者注重中西之间的比较，如沈锐⑥；或是注重古代修身思想的现代转化，如江畅⑦、张娇⑧，等等。上述研究虽然视角不同，但是都侧重以某个或几个核心的修身概念出发，论证其内涵、转变与发展，也就是以名与言的形式探讨古代士人修身，少有学者根据士人所遇之事，以“事上磨炼”的思路去深入考察个人修身的过程与变化，更罕

① 杨国荣：《人与世界：以事观之》，1页，北京，生活·读书·新知三联书店，2021。
② 陈立胜：《王阳明修身工夫论的路径与特色》，载《道德与文明》，2018（5），46—55页。
③ 杨国荣：《荀子的修身思想》，载《学术界》，2021（10），29—39页。
④ 李璐楠：《“修身为本即是性学”——李材的“止修”工夫诠释》，载《哲学动态》，2020（11），41—47页。
⑤ 陈立胜：《“修己以敬”：儒家修身传统的“孔子时刻”》，载《学术研究》，2020（8），30—37页。
⑥ 沈锐：《中西修身之学的相遇与调和——以高一志〈修身西学〉为例》，载《现代哲学》，2020（5），110—116页。
⑦ 江畅：《“修身成人”的现代意蕴》，载《伦理学研究》，2022（4），1—8页。
⑧ 张娇、周德丰：《中国传统修身思想精义及其当代价值》，载《天津师范大学学报》（社会科学版），2019（3），12—18页。

有学者将古代士人修身体验、日记材料、“以事观之”的视角三者结合起来，细致观察与再现个体修身的真实境况。

从“以事观之”的视角出发，考察古代士人修身过程是非常恰当的，因为修养德行，必须在主体间互动过程中或者主体纳物（客体）进入意义世界方可实现，其中既包含如何处理人与人之间的伦理关系，也包括如何改造本然之物，并从中彰显人的存在与本质之意，而不论是哪一种都必须体现在“从事”上，需以“成事”角度方能看出修养的程度。另外，修身不能只在平静当中去观察，也不能片面去看这个人怎样评价自身的修养。他的修养究竟达到了怎样的水平和高度，是要在遭遇“事”的过程中，看他怎样展示自我，由此才能观察到身修的高度和水平。同时，修身的过程就是做事的过程，只有在“成事”的过程中，个体通过认知参与、情感注入、价值评判等将外在的“物”与“事”转化为主体的内在结构，不断确认自身的存在与价值，完成修养的锻炼与提升。此外，用“以事观之”的视角来解读日记，分析日记中的古代士人如何修身，更有其不可比拟的优势。其一，日记虽属于自传的一种，都是对自身经历的记录，但是与自传不同，不能在一生即将结束时全盘总结，只能日复一日地叠加与建构，“以事观之”的视角可以更加真实地还原作者的修身体验，客观再现经历的事件在修身过程中留下的印记；其二，祁彪佳身处晚明社会，明代学术思想深受王阳明心学思想影响，祁彪佳本人也不例外，《王文成公集》是其经常阅读的书籍。王阳明与朱熹修身思想的一大区别在于朱熹提倡通过读书内在涵养天理，而王阳明强调通过事上磨炼不断体认本心。以事件为中心，选取祁彪佳主要人生经历，也是考虑到王学的实际影响。

第二节　静坐修习与内心平静

自宋代以来，随着理学的兴起，士大夫们就经常进行焚香静坐的修习。我们翻开《祁彪佳日记》会发现，祁彪佳一边静坐修习，一边对身心状态进行自我省察，静坐修习的感悟包含了他对为人处世和外在事物的关怀，其践行也最能体现他修身工夫的特色之处。

明末大儒刘宗周以威凤、琼琚比之祁彪佳，以他为跻世之虞周瑞、纾时艰之天下宝相期许，可谓推崇之至。[①]可在此形象的背后，他似乎也长期徘徊在主静与应世之间，内心极其矛盾痛苦。杂念是精神世界的困扰，这会动摇人的道德意志，杂念四起的精神世界与洒脱通达的圣人境界之间的强烈对比不断刺激着祁彪佳，使他“求闲不得闲，求静不得静”，内心无法平静。日记中经常出现“觉此心散乱愈甚”的记录，祁彪佳期望通过静坐修习使得内心平静。日记中出现83条关于静坐的记录。

祁彪佳在京为官时，在许多良师益友的指导下进行了较为认真的静坐实践。经过对日记的整理，谈及静坐的记录有14条，据日记《涉北程言》记载，他向颜茂猷学习静坐：“十一月十六日……予邀颜壮其讲玄修‘一点在其中’之道。晚坐，予复询‘日用应酬，了无把柄’奈何？壮其以‘与人为善’四字作主，正昔儒所谓‘不必逐事，不必遗事’也。”[②]此处的“一点在其中”与“守心十二法”都是具有道家色彩的修养方法，可见在当时的大多数士人看来，只要方法有效，并不严辨儒、释、道。[③]祁彪佳询问颜茂猷日用应酬，仍然觉得没有把握的标准，甚觉无奈，颜茂猷告之“与人向善”，也就是王阳明的“在事上磨”，祁则从个人修养理解儒家的“不必逐事，不必遗事”。《涉北程言》载：“十二月二十九日……予有岁时之感，几不胜悲。午后，乃静坐于吕祖座之旁，李子木亦至，相与披阅道书。”[④]此时，祁彪佳独自一人在外做官，静坐既可以消除孤独感，又可以使内心获得暂时的平静。《栖北冗言（上）》载：“正月初五日……听姚心无与颜壮其谈所学得手处。心无言结丹之后，时见日光影现于

① 刘宗周：《刘子全书》，456页，台北，华文书局，1968。

② 祁彪佳：《祁彪佳日记》，张天杰点校，17页，杭州，浙江古籍出版社，2017。

③ 吴震：《颜茂猷思想研究——17世纪晚明劝善运动的一项个案考察》，49—87页，北京，东方出版社，2015。

④ 祁彪佳：《祁彪佳日记》，张天杰点校，30页，杭州，浙江古籍出版社，2017。

前。壮其以光不内摄，丹且未成，欲以所传传心无，而彼方津津自得也。谈竟起，或步、或坐于吕祖座旁。予焚香为候，以豆子验念之起灭，尽香一枝，凡掷豆三十二枚，我心散乱至此哉！”[①]颜茂猷等人所谓的结丹是道家的，祁彪佳则是用佛教的“分豆识念”之法来进行静坐，识别的是念头的善与恶。祁彪佳曾一度想采用颜茂猷所传授的静坐之法，但是怕自己意念不够坚定，于是去占卜得谶不相符而作罢。此后，祁彪佳因为“庙廊”俗事太多，并没有坚持静坐。但是，祁彪佳认为静坐对于自身的修养是大有益处，尤其是在“去其浮气”方面。比如《栖北冗言（上）》载：“五月初十日，赴姜端公招，无别客，得畅言之，端公教予每日以一时静坐，去其浮气，愧未能也。”[②]由于有日常俗务和公务需要处理，他在开始静坐时，坚持时间短暂，容易心绪散乱，当他无俗务缠身时，静坐就会得力许多，静坐一日相当于两日。“三月二十三日，客无至者，闲暇时，得阅疏抄疏。信乎，苏长公所谓‘无事此静坐，一日是两日’也。”[③]

祁彪佳也在私人交往领域经常出入佛老，日记中记载到，他在崇祯四年去鹫峰寺拜访尹笃大师，大师正在讲“动静合一之功”，祁彪佳认为这与儒家中的“悟入”相似。他还听到僧人在做晚课时的钟声，而觉“心形俱寂”。由此，在归家之后祁彪佳曾去寺庙进行静坐。

祁彪佳归家后的三年，祁彪佳常常“独自习静于书室”，日记中记录有9次。例如《归南快录》载：“十一月初五日，静坐小斋，扫除一室，供达摩、观音、弥勒诸像，时时持佛号，稍摄纷驰之心，然愈觉其散乱矣。”[④]此阶段，为了实践静坐，祁彪佳特辟一室——“静者轩”，供达摩、观音、弥勒诸像，虽有许多方式，但仍然不得要旨，内心愈觉散。

为了提高静坐工夫，祁彪佳还经常与白马会会友举行“七日静参之会”。检索日记，祁彪佳记录“七日静参之约”有7条，首次记录在崇祯八年（1635）十二月初四日，《归南快录》载：“初四日……闻讲会仍在白马山，移舟去，诸

① 祁彪佳：《祁彪佳日记》，张天杰点校，35页，杭州，浙江古籍出版社，2017。
② 祁彪佳：《祁彪佳日记》，张天杰点校，58页，杭州，浙江古籍出版社，2017。
③ 祁彪佳：《祁彪佳日记》，张天杰点校，49页，杭州，浙江古籍出版社，2017。
④ 祁彪佳：《祁彪佳日记》，张天杰点校，183页，杭州，浙江古籍出版社，2017。

友毕集。迟午，陶石梁方至。诸友共饭，石梁别予去，沈厹如、管霞标、史子虚同至九曲，诸友定七日静坐之期，予登舟归。”① 祁彪佳与友人在白马山会商定“七日静参之会”的日期。然而祁却因为“俗务纠缠未获如约”，对此他感到“甚为悔恨”。祁彪佳第一次实践“七日静参之会”，是在崇祯九年（1636）二月十一日，但也只坚持了两天，其间王金如给了他很大的鼓励和帮助。《林居适笔》载：“二月十一日……抵寓，会中诸友王金如、王俊仲、秦淡如、吴与参、金士望、陈汝理、钱千之及季超兄咸在，吕梅夫后至。午后，稍习静坐。晚，秉烛深谈。金如所以规予者，切中膏肓，令人通身汗下。二月十二日，晓起，稽首于金如，谢其言教。自兹称先生，执弟子礼。焚香静坐，觉此心散乱愈甚，每经行念佛，辄以爪搯手指，几为肤裂。因与金如言：‘浮念倏起倏灭，终无了当，然易起亦灭耳。倘喜怒哀乐有如浮念之无碍，于太虚亦庶几乎？’金如言：‘喜怒哀乐因有根在，故中和难耳。因不怕念起，但须认此心即桌子碍砖，无非是心。’金如将指明其故，予止其且勿言，待予静参之。”② 可以看出，在静坐之后是具有省过会性质的夜谈，王金如对他进行了“切中膏肓”的规劝。第二天，祁彪佳拜王金如为师，继续向王金如学习。祁在此阶段依旧“觉此心散乱愈甚”，他念佛以及用痛觉来克制浮念。还与王探讨浮念的起灭，并且希望王不要说透，自己在静中参悟。从以上可以看出，祁彪佳此时静参实践只是偶尔一次、两次，一旦遇到日常应酬就此终止，而且静坐期间仍然精神涣散，不得要旨。因此，祁彪佳为了不被俗务所扰，便与白马会诸友约定共举“七日静参之会”，并且提前料理俗事。在崇祯九年（1636）四月初九日至十七日进行了实践，《林闲适笔》载：“初九日，石雨师别，与为寓山七日之约。予因俗务纷纭，恐妨静课，乃预为料理。初十日，张太羹有使至，予手复之，以用静持动之道相勖，时张有推敲之者故也。与王金如、章凝如、郑九华及季超作静课于寓山，约于辰后，坐香二次；午后，坐香二次；晚坐香一次。各以香半炷为节。晚，于月下送王金如至陡亹。十一日，暄热，流汗，静坐中神思更觉昏

① 祁彪佳：《祁彪佳日记》，张天杰点校，188 页，杭州，浙江古籍出版社，2017。
② 祁彪佳：《祁彪佳日记》，张天杰点校，203 页，杭州，浙江古籍出版社，2017。

乱。出静，阅《楞严经》，完‘七处征心’之旨。十二日，雨，王金如携程自昭至。予静究心体，窃意心体同于太虚，万物不能离空虚，岂能离心，心外又岂有物？金如与磁炉曰：此亦心乎？予应之曰：心。金如曰：香在何处？予不能对。十三日，僧无量过访。顷之，石雨师至，谈法甚畅。师勘验人学问，于章凝如‘性光充满’处，未为许可。十四日，与石雨师披阅《楞严经》，师于经中缘所遗者讲解，与诸说异。十五日，石雨师别去。予与季超兄自山抵家候老母，少顷仍还山。午后，德公兄携斋，供邀季父坐话山中，风雨甚厉，及秉灯而归。十六日，予以心与万物同体者，盖万物无物，因见性闻性而始有，合眼无见、塞耳无闻即无物矣，以是见万物总是一心。金如以予于万物处尚信之不确。是日午后天霁。十七日，与诸兄撤静课，方欲出山。”[①] 此次为期七日的“静坐”十分讲究形式，地点在祁家的寓山园，参与者还有王金如等人，每天静坐五次，上午、下午各两次与晚上一次，每次为半炷香。一炷香约为现在的半小时，此时祁彪佳每日的静坐时间七十五分钟。静坐时间比之前有所增长，这是他习“静坐”很大的进步。这次静坐还和读书、讲学结合，祁彪佳前两日还会觉得神思更加混乱。其间还下山等候老母，和叔父谈话。由此可见，祁彪佳想安心实践静参颇为不易。

随着修养工夫的推进，祁彪家的静参进入了新的阶段，据日记记载，祁彪佳崇祯十年（1637）三月初八日至十九日又实践了“七日静坐”，《山居拙录》载：“初八日……泊舟白马山房，与管霞标诸友习静。晚，互纠过失，余问以工夫下手之要，坐二香方别。就宿舟中。初九日，晓至外父家，祝太夫人寿……从城外抵家，偕郑九华、沈尔肃、僧绀珠至寓山。晚，于月下，坐香一炷。初十日，季超兄亦至。静坐之工，上午香二炷；下午如之；晚一炷，鸣磬为节。时游人至者，令庄奴闭门谢却，多不得入。十一日……是日，以应酬少，坐香三炷，且觅心境，散乱殊甚。十二日，为清明节，大风雨，及午而霁。坐香之次，作七言绝句五首。十四日，入山。方早饭，僧绀珠同古道师至，坐香如前规。……入晚，月色皎然，人在琉璃国中。散香之次，作书复徐勿斋。十五

① 祁彪佳：《祁彪佳日记》，张天杰点校，213—215 页，杭州，浙江古籍出版社，2017。

日……晚，散香抵家。十六日，在书室阅《海门语录》。十七日，出寓山，止坐香一炷……是夜，月色朦胧，所同坐香者止古道师及季超兄。”①初八日，祁彪家与白马会诸友在白马山房静坐，形式也有所变化，他们在静坐期间，“互纠过失”，将静坐和省过相结合。之后七日回寓山静坐。时间有所增长，上午、下午各两炷，晚上一炷香，即静坐五次，每次半小时。出入寺庙与众多高僧交游的祁彪佳自然少不了向佛教高僧请教，七日静参结束，与孕白大师探讨了工夫的下手处与得手处。还对此次静坐做出了总结，认为前两三日“参持稍紧”；后几日由于“应酬纷至，游观杂沓”而“渐为昏散”，正念不敌妄念，更做不到无念。《山居拙录》载：“十九日，孕白师至，同之作静课。……与孕白师谈工夫下手、得手处。予至是习静已七日初两三日中犹觉参持稍紧，迨后渐为昏散。兼之应酬纷纭，游观杂沓，以正念敌妄念，尚不能胜，况无念乎！工夫之难得手者大都如此。”②

接下来，祁彪家邀请古道上人到寓山一同静坐，《山居拙录》载：“二十九日……予习静至此已五日，虽应酬不免，而功夫亦未间断，惟于是日略觉得力，然亦止静中光景耳，于心体未有悟也。”③此次静坐为期五天，从二十五日开始，到三十日结束，然而二十六日至二十八日如何静坐，日记中并未记录。对于此次静坐祁彪家也有所总结，认为自己虽应酬不断但也没有间断静坐，比起之前静坐有所进步，但只是在静坐时心体有所悟，不静坐时就没有，甚至更觉昏散。

崇祯十年（1637）十月日记中记录了14条静坐记录，《山居拙录》载：“十月十六日，有霁色。季超兄有‘迅速光阴’之偈，促予辈静参，予以‘动静不二’一偈答之。是日，坐香二炷。阅《宗传》，尽一卷。”④祁止祥以“迅速光阴”督促他们静参，祁彪佳以“动静不二”来回答，此时，他领会了“静坐”工夫的精神要旨。而且他的静坐工夫的实践也扎实了，形成了每天都要焚香静坐静思的习惯。同年十一月初九日至二十三日，为了找到更好的静坐方法，祁

① 祁彪佳：《祁彪佳日记》，张天杰点校，259—260页，杭州，浙江古籍出版社，2017。
② 祁彪佳：《祁彪佳日记》，张天杰点校，261页，杭州，浙江古籍出版社，2017。
③ 祁彪佳：《祁彪佳日记》，张天杰点校，262页，杭州，浙江古籍出版社，2017。
④ 祁彪佳：《祁彪佳日记》，张天杰点校，297页，杭州，浙江古籍出版社，2017。

彪佳更为频繁实践静参，还特地到深山古寺云门寺，进行为期两周的静坐，《山居拙录》载：“初九日……步入云门寺，晤六如师及荆门上人。……晚，坐香一炷。初十日，上午，坐香二炷；下午，坐香二炷；晚，坐香一炷。照禅堂规则，仅少晚间一炷坐课耳。……灯下，与六如师谈。予辨知行合一之旨，又言此心不离见闻、不着见闻。师教予先从离处着参，俟有着落，一转便是矣，切勿以意见和会，予觉有会心。十一日，坐香如前。……灯下，复与六师谈‘此身是天地间一物，勿认作自己’之旨。十二日，坐香如前。惟午后一炷，予独坐于寓舍。十三日，闇然上人邀斋，予先赴之，于彼维摩榻上坐香一炷……坐香之暇，作书复姜光扬。十四日，坐香如前。十五日，上午坐香。午后，至广福庵，与闇然、善生两上人坐香二炷。晚，听六如师设小参，出问话者，为荆门、香城、觉心、真心、大雄诸上人。十六日，上午坐香。午后，仍至广福庵。晚坐香罢，与荆门、香城诸上人谈。十七日，礼千佛忏起，共三千佛，每日拜诵，以五百计。予与诸上人俱不敢偷安，惟觉此心时有散乱，不能作宝座光明之观耳。晚，仍坐香，六如下堂审禅众功夫，予以卧不及闻。十八日，礼忏如前，觉体中少倦，然心秉虔诚，不为之阻。十九日，上午礼忏……未完之忏，于灯下了之。二十日，礼忏如前。晚，坐香一炷。时有禅僧以参禅起昏魔者，予解慰之。稍赠以衣单。二十一日，礼忏如前。二十二日，为予初度之日，礼忏如前。……及暮，忏毕。晚，坐香一炷，复与六如师话别。二十三日，别六如及寺僧，再向广福庵、广孝寺言别，荆门师送之过石桥……薄暮，至越城。”①此次静坐的时长与在寓山时一样，都是上午与下午各两炷、晚上一炷，一共五次、每次半小时。若与禅堂僧人的静坐相比，则少了晚上一炷香。在古寺静坐，一则可以不被俗务打扰而保证静坐的效果，二则可以向禅师请教问题，三则可以和僧人一起礼佛忏悔。

祁彪佳在从事静坐工夫实践过程中，与颜茂猷交往，向颜学习“受心十二法”，还尝试“分豆数念”，可以看出他已深受佛、道影响。与白马会诸友交往时，静坐接近证人社的“七日静参之会”，往往伴随着省过会。与僧人交往时，

① 祁彪佳:《祁彪佳日记》，张天杰点校，301—303页，杭州，浙江古籍出版社，2017。

静坐则更接近寺庙之间的静坐，还有礼忏和冥想。祁彪佳静坐的形式以佛家为主，修养目标则是保持内心平静，思考的问题以儒家为主。例如，在云刹寺静参时，祁彪佳向六如禅师讨论“知行合一”“此心不离见闻”“天地间一物”三个命题。这些记录生动地展现了祁彪佳在从事修身工夫实践的过程中，与浮念、妄念等内心深处昏暗面的搏斗。祁彪佳从开始静坐时心绪不宁，浮念杂生甚至不能坚持静坐，到能够坚持静坐并且静中能有所体悟，再到去古寺连续两周每日静坐，萦绕内心的应世之念已经转化为“静”处于世的“动静不二”思想。

第三节　救荒济世与良知不昧

庚辰年（1640）春夏间，淫雨毁田，米价高涨，越中地区灾情惨重，民情汹汹。故庚辰告歉，秋收复薄。辛巳年（1641），灾情几乎遍及绍兴府整个地区，而政府救荒机制废弛，致使灾民无法及时得到救济，流民问题严重，商民甚至罢市，越中地方局势日益严峻。祁彪佳在此期间的救荒活动包括：“分区”“设社仓”“平粜”“通粜”“给米”“设粥厂”“散钱”“设药局”“病坊”“保婴”“掩埋”“行牛种”“行保甲”“行乡约”“救济流移”“广麦”“禁糯”“停征”“清狱”“赡士”“禁戏”，等等。阳明先生曾说“徒知静养而不用克己工夫。如此临事，便要倾倒。人须在事上磨，方立得住”①。祁彪佳就是在参与救荒这些“事”的过程中自我历练，由此切实地培养自身的德行，即以“事”成其德。

一、隐然救荒济世，达官贵人不及

历来赈灾救荒，都是以官府为主。但是到了明末，官僚腐败，连年征战，政府面临着内忧外患的局面，无心亦无力处理地方的天灾人祸。此时，像祁彪

① 王守仁：《王阳明全集》，12 页，上海，上海古籍出版社，1992。

佳这样辞官居家、具有良知的地方绅士[①]就成为赈灾救荒的中坚力量。离职闲居的百姓生活使他们能够真切地感受到民间疾苦，曾经的官员身份使他们懂得为官之道，能劝导和影响当地官府为善政、为仁政，进而成为百姓和官府官员之间的纽带。在弟弟祁熊佳所撰的《行实》中，记载了祁彪佳在隐居期间赈灾救荒、在野谋国的具体情形：“乙亥，疏得请归养。时先生林居，奉母太夫人，朝夕色养，暇则究心性命之学，常焚香静坐，悟万物一体之旨。于是虽家食，凡济施之事，知无不为，一赈剡饥，再赈越饥。先生力为担荷，虚礼下士，感物以诚，富豪大室，闻风乐施，所全活不可计。所行和籴法、分籴法、设粥厂法、给米法，无不尽善。其详载庚辰救护诸议亟诸书札中。又念饥荒遍海内，救之者或有心无术，反扰民，因辑古今救荒全书。”[②]祁彪佳无论身处何地，始终心系国家、心系百姓。这种使命感与担当意识，正是儒家士精神的集中体现。儒家的修身不只关涉到自身修养的提升，“成人”的过程本就包含家国天下的背负，内圣而外王一直都是儒家士人的理想与持守。

崇祯十四年（1641），越中地区正月雪虐风饕，《小捄录》载：正月，“初一日，大雪”，“十三日，以雨阻欲归，又以风雪阻”，“十五日，雪不止”，“十六日，是夜雪转甚”，“十七日，大雪”，“二十日，雨兼雪”，“二十一日，大雪”，“二十二日，大雪，寒甚”，“二十三日，而竟日雨，下午复雪”，“二十四日，微雨”。二月份，“初二日，夜雪”，“初五日，微雨”，“初六日，大风雨，黄沙竟日”，“初九日，微雨”，“十二日，午间大风，有寒色”，“十六日，甚寒”，“十七日，微雨，旋起西北风，降雪”，“十九日，大风寒甚、下雪子”，“二十六日，午后微雨，至晚大雷电，霖雨甚”，“二十七日，微……夜雨甚大”，“二十八日，风雨迅急，竟日不已”。祁彪佳不厌其烦地写雪和雨，既反映了当时天气恶劣成灾的状况，又折射出祁彪佳对灾情忧虑的心态，例如：

① 吴晗认为：“官僚是士大夫在官时候的称呼，而绅士则是官僚的离职、退休、居乡（当然居城也可以），以至未任官以前称呼。例如梁启超以举人身份，在办学堂、办报、办学会，非官非民，但是已经脱离了平民身份，经常和官府来往，可以和官府合作。”“与其说绅士和地方官合作，不如说地方官得和绅士合作。”“官僚和绅士是共治地方的。”出自费孝通、吴晗等：《皇权与绅权》，62—53页，北京，生活·读书·新知三联书店，2013。

② 祁彪佳：《祁彪佳日记》，张天杰点校，841页，杭州，浙江古籍出版社，2017。

“二十六日，午后微雨，至晚大雷电，霖雨甚，以菜、麦为虑。”由于连日降雪，导致山路不通畅，绍兴城内聚集数千饥民，城中多户富人家被抢，人情汹汹。“及抵城中，则知午前强抢者如龚、如黄，已不下十余家，而横街之朱方被难未已，乡绅富室惴惴，不免有即给米分钱者。于是刁民之气愈骄，棍首昌言保护，挟棍之势以索诈，合城罢市，行人几于绝迹。”①

此种紧急时刻，筹米救荒迫在眉睫。为了筹备救济灾民的物资，祁彪佳提出了几个解决方式。首先是籴米，《小捄录》载：“正月初五日，诸绅议未决，多请退而具议单以上。予后至，不禁饶舌，谓今日之事断以通商告籴为根本之计，平粜给米亦须亟举，而目前之者著，一则严示谕开典铺米铺，一则禁强借强粜，一则令任事之友分坊立刻查上贫、次贫，使之有得食之望，人心便可少安。”②当时，绅士们众说纷纭，祁彪佳当机立断，认为通商告籴为根本之计。他主张行“告籴”之法，差使官役或者委托富绅借公款去境外购买粮食。他还要求典铺、米铺照常营业，严禁强抢者，如有发现官府需及时逮捕并严加惩戒。除此之外，还需“通商”，放开市场，以保商品流通，促使粮食大量汇集，保证粮食供应。《小捄录》载：“正月十九日，诸文学散去，予乃与郡、邑细商通籴之策，呼米牙十数人共酌之。主官与商并行，以官措之本为主，而商之资并入，于官共为一批，官籍商以便运贩，商籍官以免阻抢。”③祁彪佳凝聚多方力量共同救济灾民，与当地官府官员，以及米牙商人共同商量通籴之策。其次是严禁抑价，《小捄录》载：“正月初十日……又附：第一著不抑价值。”④祁彪佳多次强调严禁抑制籴米价格，由于市场米少，让利于商人，才能使得籴米通行，通籴之米增多，米价自会下降。由此可以看出祁彪佳充分利用市场规律。日记中记载：“正月二十七日，闻市上之米甚多，而价渐减，深感喜慰。恐仓米之价将与市等，乃作书毕公祖，请其早发，以便平籴。”⑤米多而价减，由此可见祁

① 祁彪佳:《祁彪佳日记》，张天杰点校，486页，杭州，浙江古籍出版社，2017。
② 祁彪佳:《祁彪佳日记》，张天杰点校，486页，杭州，浙江古籍出版社，2017。
③ 祁彪佳:《祁彪佳日记》，张天杰点校，489页，杭州，浙江古籍出版社，2017。
④ 祁彪佳:《祁彪佳日记》，张天杰点校，485页，杭州，浙江古籍出版社，2017。
⑤ 祁彪佳:《祁彪佳日记》，张天杰点校，494页，杭州，浙江古籍出版社，2017。

彪佳的方法颇有成效。祁彪佳担心仓米之价会与市场价格一样，于是告知官府尽早散米以便平粜。

赈灾救荒极为重要的一环就是物资的分派，采取的方式主要包括给米、散钱、施粥和牛种。给米和施粥各有利弊，谁先谁后？祁彪佳主张赈灾前期应先给米再施粥，施粥应在五月初期以补赈灾之不足。《小捄录》载：“二月三十日，救河北数州之荒耳。今所在皆荒芜，物力以及此，吾辈心固无穷，力则有限，不得不权其缓急。若目前给米各坊、各村，业已举行得法，若复煮粥，反与给米相妨。断宜留俟五月初间，为给米之后劲，以备五六月青黄不接之苦，此时粥厂城乡齐举，则流移者亦在食粥之中，可以稍资旦夕矣，书末又以会稽山乡赈事促之，复作书汪父母，亦以此言，恐粥厂偶行一二处，则饥民混聚城中，将有盗贼之虞，惓惓以此时必宜暂停，以俟给米期完遍举方妙。”[①] 祁彪佳认为，在此灾情严峻、物资短缺之际，应有轻重缓急。如果在救荒前期就某处开设粥厂，会导致饥民聚集，此举不仅会使粮食供应困难，而且会破坏社会秩序。《小捄录》载：“三月初八日，又抚台严督煮粥，予意独设一二厂，则流民最集，殊有不便，乃独设于柯市，能无此患乎？予意欲如月堂僧之法，分僧挑粥于市之两岸，令分食之，乃诸又以为不若日轮二友监看，凡非真正乞流不与入门，但得其人，不得忧事之不集。因知天下事不可执一而论，在乎审酌时势，而得人尤为第一义也。”[②] 为了维持社会秩序，祁彪佳反复斟酌，建议行粥，即每日煮粥二十桶，派僧人担粥于街巷，分给饥民，受施者须端坐喝粥，并且念佛号，此外，每日更换施粥地点。祁彪佳还提议分区设粥厂救荒，《小捄录》载：“三月二十五日，予先晚传单，午后诸友陆续至，乃就两邑各分分区，诸友分区任事，多者五人，少亦四人。适道台公祖下顾，予即以分任设粥之意告之。”[③] 祁彪佳与各坊任事以及地方政府官员商议，为避免出现混乱，各区在五月初同时举行施粥，“三月二十七日……四厢独设，嚣乱必滋，遂亦已之……五月初即举

① 祁彪佳：《祁彪佳日记》，张天杰点校，504 页，杭州，浙江古籍出版社，2017。
② 祁彪佳：《祁彪佳日记》，张天杰点校，509 页，杭州，浙江古籍出版社，2017。
③ 祁彪佳：《祁彪佳日记》，张天杰点校，514 页，杭州，浙江古籍出版社，2017。

粥矣"[①]，施粥主要设在乡村，山阴、会稽两邑，分为东、西、南、北、中五区，每区推有德有才之士任主事，再加数名文学辅助施粥，"四月十九日，以五区分配巡行，捕听得山、会之南区，水利听得山、会之东区，刑听得山、会之中区，山阴、会稽两父母各得本邑至西北区……会稽南区皆山僻，不便于粥，惟用赈册未齐，予代陈其概，亦坐米五十石"[②]。救灾工作需要智慧，需要救荒主事人灵活变通、因地制宜，祁彪佳认为南区山多偏僻不便于施粥，于是采用其他方式，"五月初四日，初议南区遥远不便施粥，是以惟散赈一番，今计米有余，仍于化山、云门、平水设三粥厂，盖为山民出入之总路也"[③]。祁彪佳在物资剩余之时，随时调整计划，在南区山民必经之地化山、云门、平水设立粥厂。祁彪佳还考虑到受施者的自尊心问题，有自好者不愿接受嗟来之食，故而设市粥之法，使他们廉价买粥，"三月二十三日，言卖粥一法，日轮一友任之，每粥一盂取钱二文，使体面者亦得持钱受粥，于饥民甚便"[④]。此做法在救荒上可谓是独树一帜。

崇祯九年（1636），越中地区痢疾肆行，病死者不计其数，官府依旧无动于衷。彼时祁彪佳正隐居山林，与友人毅然肩负起重任，设医药局于郡城光相寺，治愈万余人，这次开设药局的经验为崇祯十四年（1641）救荒中继续设药局的奠定了基础。崇祯十四年六月，民饥疫起，祁彪佳与友人商定在大善寺设医药局，前后两月余，全活者不可计。"六月十二日，午后，邀沈求如先生、钱钦之，陈纪常、严亿之、金无烁、秦履思、李献葵、陆雍之共商药局，乃请沈先生为主局，而众又推季超兄为总理，其他司计、司记、司药、经理各退其人，又择定名医二十人，与一切事宜皆详酌大概停妥。"[⑤]在施药过程中任事者各司其职，慌而不乱的局面将祁彪佳及其友人出色的行政能力表现得淋漓尽致。

① 祁彪佳:《祁彪佳日记》，张天杰点校，515 页，杭州，浙江古籍出版社，2017。
② 祁彪佳:《祁彪佳日记》，张天杰点校，522 页，杭州，浙江古籍出版社，2017。
③ 祁彪佳:《祁彪佳日记》，张天杰点校，526 页，杭州，浙江古籍出版社，2017。
④ 祁彪佳:《祁彪佳日记》，张天杰点校，513 页，杭州，浙江古籍出版社，2017。
⑤ 祁彪佳:《祁彪佳日记》，张天杰点校，540 页，杭州，浙江古籍出版社，2017。

二、读实用之书，拟救荒之策

大雨成灾，民饥成役，给米施粥，治病施药，确能活民无数，但祁彪佳自己也说：“此医家所谓急则治标也，不速培筿，病复发则难燎矣。”[①]绅士们毕竟力量有限，物资也有限，治标不治本。所以需要建立一个完备、系统的防灾救灾体系。这需要谙熟历代救荒之策以及地方具体情况，为此祁彪佳大量阅读相关的经济实用之书和史书，凡事有关荒政的记录，他都摘录出来与友人探究。《小捄录》对他所看之书有较为全面的记录：“正月二十二日，阅其所著《杞人筹越》”[②]，“二月十二日，阅中枢奏议”[③]，“三月初五日，阅辑《救荒书》。晚阅李忠定《建炎时政记》”[④]，等等。祁彪佳阅读《杞人筹越》《救荒书》《建炎时政记》《皇明经济文编》《历代名臣疏》《皇明经世编》《古名臣奏议》《文选》《活民书》《经世格要书》等书，摘录出救荒赈灾的策略并与友人讨论研究。他还将适合当前形势的赈灾救荒策略提供给郡邑父母参考，“至当事诸扎，守道郑公三十通，太守王公三十三通，二守毕公二十六通，别驾李公七通，司理陈公三十四通，县宰汪公二十六通，周公十三通，以通籴告之台、宁诸当事十五通，以禁贩告之会城诸当事八通，搢绅则刘念台先生十七通、倪鸿宝先生十一通，余武贞先生二十九通，诸生共一百二十五通，皆救荒善策，尽出先生手笔”[⑤]。祁彪佳能调动地方官、军、民等三方力共同赈灾救荒，增强地方防灾救灾的能力，将百姓从水深火热中解救出来。除此之外，庚辰辛巳赈灾救荒结束，祁彪佳总结了自己的救荒经验，并结合摘录的历代救荒策略汇集成《救荒全书》。

崇祯十四年正月初一日至二十九日，祁彪佳几乎每天都在为救济荒民日夜操劳，四处奔波。“予自十五日入城，至今二十九日，凡在寓半月，虽毫无裨益

① 祁彪佳：《祁彪佳日记》，张天杰点校，873 页，杭州，浙江古籍出版社，2017。
② 祁彪佳：《祁彪佳日记》，张天杰点校，491 页，杭州，浙江古籍出版社，2017。
③ 祁彪佳：《祁彪佳日记》，张天杰点校，499 页，杭州，浙江古籍出版社，2017。
④ 祁彪佳：《祁彪佳日记》，张天杰点校，506 页，杭州，浙江古籍出版社，2017。
⑤ 祁彪佳：《祁彪佳日记》，张天杰点校，873 页，杭州，浙江古籍出版社，2017。

于吾乡，然而食未尝甘，卧未尝贴，无不呕之心，无不竭之力，颇亦自信一点微诚劳苦，颇亦甚矣”①。祁彪佳当时心所念，口所言，身所行，皆为救荒之事。在繁忙之余，他也常常与友人谈及救荒与修身之间的联系。“正月二十七日，晚间与邹汝功昆仲谈，当此世界，所在兵荒，王大含孝廉所言‘惟以修身所本’，所本即沈求如先生所言‘不昧’二字也，即今日救荒诸务，只从‘不昧’中来”②。在内荒外乱之际，他认为修身是所有事务之本，从事救荒活动也是遵循自己的良知。祁彪佳在“三月十一日，因叹欲任宇宙内事，固非才识不可，然才识不出以涵养，则以轻易而致偾者不少，静定之功亟宜讲究”。就是说，担社会重任，不能没有才识，但是只有才识亦不行，最为重要的是不忘内心的涵养。如果不涵养本心，就会认为行善事只是为了获得福报或者邀功请赏。祁彪佳认为，人们应在这场救荒活动中锻炼道德意志与涵养德行主体，进而实践修身工夫。祁彪佳在“成事”之中注入了道德元素，主动为之是为了挽救千万百姓的性命，其中充盈着人文关怀，成事中加入了道德行与人文关怀，使得事与修身联系在一起。个人参与事件，经历事件，完成事件的过程不一定是修身的过程，只有当个人主动地给事件中添入道德的元素，事与修身才真正地联系在一起。

“大人者，以天地万物为一体者也，其视天下犹一家，中国犹一人焉。若夫间形骸而分尔我者，小人矣。大人之能以天地万物为一体也，非意之也，其心之仁本若是，其与天地万物而为一也。岂惟大人，虽小人之心亦莫不然，彼顾自小之耳。”③王阳明认为，以天地万物为一体，既是人所要追求的境界，也是人心的本体，不仅是圣人之心的本体而是所有人心的本体。真正达到万物一体境界的人会把整个世界看成自己的家庭。“故夫为大人之学者，亦惟去其私欲之蔽，以自明其明德，复其天地万物一体之本然而已耳；非能于本体之外而有所增益之也。”④人的现实之心由于受到私心和私欲的遮蔽，不能以天地万物为一

① 祁彪佳:《祁彪佳日记》，张天杰点校，496 页，杭州，浙江古籍出版社，2017。
② 祁彪佳:《祁彪佳日记》，张天杰点校，495 页，杭州，浙江古籍出版社，2017。
③ 王守仁:《王阳明全集》，373 页，上海，上海古籍出版社，1992。
④ 王守仁:《王阳明全集》，373 页，上海，上海古籍出版社，1992。

体，人通过修养提升达到的至仁之境以及回到心之本体，就是万物一体的大我之境。“明明德，体也；亲民，用也”①。明明德必须落在“博施济众”“仁民爱物”的亲民的实践之上。那就和祁彪佳所思所想、所作所为是一样的。《山居拙录》载：“七月初四日……至白马山房，陶石梁先生已至，讲‘三月不违仁’一章。予问难数语，大约言：‘心无不在，所谓至者何处又添一仁？’”②祁彪佳认为，心无处不在，仁爱就无处不在。既然“大人”的仁爱无处不在，那么在哪里又需要添一处仁呢？心在万物之中，万物一心，仁爱也应该只有一种，即：对待万事万物实行毫无差等的仁爱，而如果又要再添一处“仁”的话，就会造成“物”与“我”的差别对待，人与万物不再是同体。《山居拙录》又载：“十一月十一日，复与六师谈‘此身是天地间一物，勿认作自己’之旨。”③祁彪佳认为人之身体是天地间的一物，人应当将自己的身体和天地万物合二为一，达到“忘我”的万物一体之境。祁彪佳将万物一体思想用于身心修养和救荒实践中。

《大学》有言：“所谓修身在正其心者，身有所忿懥，则不得其正，有所恐惧，则不得其正，有所好乐，则不得其正，有所忧患，则不得其正。心不在焉，视而不见，听而不闻，食而不知其味。此谓修身在正其心。”④修身在于使自己的内心纯正，如果心中有怨恨，有恐惧，有忧患或喜好玩乐，都不能使内心纯正。心中清明，专心致志，不看不听与修身无关的事物，吃东西的时候都不知道食物的味道，这才叫作使自己的内心纯正。修身的过程无非是一个正心的过程，也就是说不要有这些私心杂念，不要有偏袒。如要修养好品德，则先要端正心意。心中愤愤不平，则得不到端正；心中恐惧不安，则得不到端正；心里有偏好，则得不到端正；心里有忧患，则得不到端正。一旦心不在焉，看了，却什么也看不到；听了，却什么也听不到；吃了，却辨别不出味道。所以说，修养品德关键在端正心意。这段话就说明我们的心中不能够愤愤不平，不能够恐惧不安，也不能够忐忑动荡，那这和王阳明、祁彪佳所说的，保持内心的清

① 王守仁：《王阳明全集》，143 页，上海，上海古籍出版社，1992。
② 祁彪佳：《祁彪佳日记》，张天杰点校，181 页，杭州，浙江古籍出版社，2017。
③ 祁彪佳：《祁彪佳日记》，张天杰点校，302 页，杭州，浙江古籍出版社，2017。
④ 周奉真注析：《大学》，北京，人民文学出版社，2019。

澈明朗的良知不昧状态是一样的。以事观之，从事上磨炼的方式更能够保证内心不管在何时，在动与静中，都能够处于这种中庸的状态。

正心依阳明看，就是保持良知清明状态，“不昧”，什么会遮蔽良知本体？是私心与私欲，若抱定一颗大公无私、救世救民之心，就能“不昧”。祁彪佳上述救荒举措皆为救民于水火，没有一丝一毫私心私欲，能从大处着眼，为的是更多百姓的利益，“施粥”之谨慎与妥当，更能体现其将百姓之身当作一己之身。孔子有行仁之方，曰为“忠恕之道”，所谓：“己欲立而立人，己欲达而达人。”“己所不欲勿施于人。”祁彪佳之举，正是孔子修身成仁的明证。

第四节　构筑寓园与审美提升

祁彪佳筑造的寓园与他的生活、实践形成多样的关系，并处处打上了他的印记。寓园不仅承载了他的情与意，而且代表了祁彪佳的本质力量。就筑造寓园过程本身而言，其意义不仅仅在于寓园的精美，而且更在于祁彪佳内在精神的提升。

祁彪佳在明末的十年营建了名噪一时的寓园，日记对筑园过程及构思有着详细的记录。此外，他还编写了阐释寓山诸景的《寓山注》。祁彪佳在崇祯八年（1635）辞官归乡，第一个月就动念营建园林，并向老师刘宗周表述终隐之计。《归南快录》载：“七月二十四日，时闻刘念台有召，命共商其出处之节，予因自述硁硁入山之志将终身焉”[①]；八月与弟弟熊豸佳抵寓山，“予颇有卜筑之兴”[②]；九月与诸友登寓山，“予有结庐之志”[③]；十月，与诸友“二十一日，放舟寓山，登其巅，画卜筑之规制”[④]，“二十七日，同内子卜筑于寓山”；十一月

① 祁彪佳：《祁彪佳日记》，张天杰点校，167 页，杭州，浙江古籍出版社，2017。
② 祁彪佳：《祁彪佳日记》，张天杰点校，169 页，杭州，浙江古籍出版社，2017。
③ 祁彪佳：《祁彪佳日记》，张天杰点校，174 页，杭州，浙江古籍出版社，2017。
④ 祁彪佳：《祁彪佳日记》，张天杰点校，187 页，杭州，浙江古籍出版社，2017。

在定址，“十一日，稍改卜筑之址”，“三十日，先过柯园，彷止祥兄梅化屋式，遂定小轩三楹之址。归，以尺幅求王遂东、余武贞、金楚畹翰墨。堂曰‘寓山草堂’，亭曰‘太古’，斋曰‘咏归’，园不敢名，而仍取旧曰‘寓山’，聊取杜诗‘高枕乃吾庐’及予自为‘扫石听长松’句，未有属封，托陈自告于杜集觅之”[①]。

从《寓山注》序言和《林闲适笔》小引中可以看出，祁彪佳并非最初对于营构寓园就有大计划：“卜筑之初，仅欲三五楹而止。客有指点之者，某可亭，某可榭，予听之漠然，以为意不及此。及于徘徊数回，不觉问客之言，耿耿胸次。某亭、某榭，果有不可无者。前役未罢，辄于胸怀所及，不觉领异拔新，迫之而出。”[②]“然初不过山巅数椽耳，构之者不觉烦，游之者不觉异，主人与山灵若相安于无事焉，斯适矣。嗣后构置弥广，经营弥密，意匠心师，每至形诸梦寐；寒暑劳役，几以是益我沉屙。”[③] 祁彪佳最初“听之漠然”，认为“不过山巅数椽耳”。徘徊数回后，他“迫之而出”的创造欲望在筑园上找到了发泄的出口，发现了政治生活之外全新的人生乐趣。在筑园过程中他亲历亲为，“经营弥密，意匠心师”，以至于“形诸梦寐”。即使他知道自己囊中如洗，但一到寓园就控制不住购买材料。祁彪佳亦有自知之明，意识到自己对于筑园的执着，并把这份执着称之为“病”“痴”“癖”，“以故两年以来，囊空如洗。予亦病而愈，愈而复病。此开园之痴癖也”。筑造寓园几乎贯穿他生命的最后十年，他力排各种外部障碍，甚至是超越内心道德的提醒，对于修建寓园不可谓不痴绝。人可以“借”园林来表现自己，园林是人内在生命之寄托，是人内在生命的象征符号。人们“借”园林而净化自己，提升自己，也借园林以外化自己，园林被“借”以为生命之居。[④]

寓园便是祁彪佳心灵的栖所。“寓者，寄也”，寓园虽沿用旧名，但祁彪佳也继承了其中的“寄”之意。在《归云寄》一篇中，他写道：“予园有佳石

① 祁彪佳：《祁彪佳日记》，张天杰点校，187 页，杭州，浙江古籍出版社，2017。

② 祁彪佳：《祁彪佳集》，150 页，北京，中华书局，1960。

③ 祁彪佳：《祁彪佳日记》，张天杰点校，187 页，杭州，浙江古籍出版社，2017。

④ 朱良志：《中国艺术的生命精神》，274 页，合肥，安徽教育出版社，1995。

名冷云，恐其无心出岫，负主人烟霞之趣，故于寄焉归之，然究之归亦是寄耳。”他还在诗《卜筑寓山闻何芝田开果园奉寄》写道：“鸿蒙辟川岩，缺陷犹未补。补之以人工，开山我做主。林壑秉清淑，静者乃能取。尔我抱奇癖，夙志在老圃。搜剔穷幽危，刻削化腐朽。赤日汗如浆，盘旋而伛偻。奈何致胼胝，乐此不为苦。苔面洗新痕，石色蒙太古。亭开四面山，山山献笑舞。委道接长松，小阁藏平坞。亦可受烟霞，非但蔽风雨。”[①]他把寓园当作“夙志”之所，寄心丘壑，托付心灵，抚慰生命。《归南快录》小引中写道：“不过以乌鸟之私，欲修庭闱菽水之欢，而且于定省之暇，寻山问水、酬觞赋诗，一洗年来尘况乎？就此热闹场中，欲寻清凉境界。”[②]祁彪佳欲借助园林在富贵、利害、爵禄的名利场中寻求一个净化心灵的场所。“三月十四日，区处家务，应接人事，至薄午犹未已，心颇厌恨，安得一解脱方乎？”他由于烦琐俗物过多而内心烦乱，为转化心情，次日便寻山问水，“饭后与之至郡山及祝家湾卜地。时山雨欲来，暮色杳霭，以小舟行诸岫中，情怀甚惬”。[③]管霞标认为祁彪佳颇具才智，应出世为用，可他“至是以一书谢却，直述其陋劣无用于世，终老山林已矣”[④]，“三月二十九日，陈兄别去，与汪然明再酌友石榭，予言归隐之志，胸次快然，大醉而归”[⑤]。寓园在他忧虑时事、救济百姓之际为他提供了一个休息场所：“八月十一日，予感怀时事，有‘西北有烽火，欢极生百忧’之句，宿静者轩。”[⑥]“发粮米。于德公兄载鹤出寓山，蓄之梅坡上，小憩以解尘劳，至晚始归。”[⑦]

庚辰年（1640），祁彪佳经历丧母之痛，在生辰日悲痛之情尤为深，筑园成为他聊以自遣的方式。“十一月二十二日，为予初度之日，哀痛愈切，未栉沐

① 祁彪佳：《祁彪佳集》，220页，北京，中华书局，1960。
② 祁彪佳：《祁彪佳日记》，张天杰点校，147页，杭州，浙江古籍出版社，2017。
③ 祁彪佳：《祁彪佳日记》，张天杰点校，209页，杭州，浙江古籍出版社，2017。
④ 祁彪佳：《祁彪佳日记》，张天杰点校，392页，杭州，浙江古籍出版社，2017。
⑤ 祁彪佳：《祁彪佳日记》，张天杰点校，326页，杭州，浙江古籍出版社，2017。
⑥ 祁彪佳：《祁彪佳日记》，张天杰点校，227页，杭州，浙江古籍出版社，2017。
⑦ 祁彪佳：《祁彪佳日记》，张天杰点校，362页，杭州，浙江古籍出版社，2017。

即与陈长耀至寓山，开土于山后，种竹、凿涧，聊以自遣。”[①]祁彪佳以为修建寓园与救荒济世是并行不悖的，上文可以看出他在“小捄”（1641）期间救荒之忙碌，日记中关于筑园记录只有零星几条，“督工建亭于山后之麓，且浚水道以通于池中”[②]，“观山北建亭之址，且移豳圃花木”[③]，哪怕筑园之时也关心民间疾苦，“五月二十二日，至寓山，河水皆涨，桔梗尽撤，农家得以其暇耘布，心甚慰焉。是日雨中无事，督庄奴卸屋为古樟砰一小亭”[④]。祁彪佳在赈灾救荒之际，事务繁忙，心力交瘁，需要一个清静的地方来放置无处安放的心灵，故在八月赈灾救荒告一段落后，他的筑园生活又恢复如初，开始植竹、种兰、造园，这是祁彪佳此阶段的精神寄托。

崇祯十五年（1642），祁彪佳第三次出仕，结束了长达八年的林居生活，这一次出仕的时间十分短暂，所补的是河南道掌道御史之职。此时的明王朝可谓风雨飘摇，外有清兵袭入长城，内有李自成起义军屡破要镇。从日记中可以看出，这一次出仕之时，他对官场已然感到厌倦，在朝廷一再发文催促之后才动身前往京城。但他在路途中，见到战乱戒严后人心惶惶，百姓难安，又暗下决心要继续为国效力。这一次他用近一年时间完成了计典工作之后就主动申请外放南京充京畿刷卷，但他并未上任。而是在崇祯十六年（1643）八月十六日辞朝出都继续他的归隐生活，十月十三日抵家后，先是吊唁次兄德工，“午后出寓山，约王云岫同登梅花船，觉山中景色一新矣”[⑤]。园林之乐为他消解了政坛碰壁的迷茫，归家后祁彪佳继续对寓园的景点和建筑进行改造和扩建，还两次邀请著名的建园大师张南垣之子张轶凡对寓园工程给予指点，“十七日，姚玄叔偕张轶凡过访。留玄叔、轶凡小酌，同王云岫送之至寓山，轶凡即寓于梅花船下”。从十月十七日至十二月初八日约五十天筑园活动在紧密锣鼓地推进，直到张轶凡离开。日记对此有详细的记录，如“十月二十七日，种冬青于

① 祁彪佳：《祁彪佳日记》，张天杰点校，476 页，杭州，浙江古籍出版社，2017。
② 祁彪佳：《祁彪佳日记》，张天杰点校，497 页，杭州，浙江古籍出版社，2017。
③ 祁彪佳：《祁彪佳日记》，张天杰点校，499 页，杭州，浙江古籍出版社，2017。
④ 祁彪佳：《祁彪佳日记》，张天杰点校，535 页，杭州，浙江古籍出版社，2017。
⑤ 祁彪佳：《祁彪佳日记》，张天杰点校，702 页，杭州，浙江古籍出版社，2017。

寓园之"[①]，"三十日，为定松间一室之址"[②]，十一月，"初四日，与方无隅会计寓园帐"[③]，"初九日，筑土于溪山草阁之前，植竹其土，入寓门而草阁掩映，又增一景色"[④]，"张轶凡删石于铁芝峰，筑墙静者轩后，游人隔绝，愈觉幽胜"[⑤]等。次年，二月十七日至三月十二日再度邀请张轶凡指导筑园，"十七日，迎张轶凡至，累石于归云寄"[⑥]，三月，"初五日，登一小阜，可构书室，意甚乐之"，"十二日，张轶凡别去"[⑦]。

崇祯十七年（1644）三月十九日，李自成攻占北京，明朝灭亡。而此时祁彪佳却在与朋友庆祝乔迁之喜，为寓园会计石工，"三月十九日，微雨，于太公祖过访，趋至舟中晤之。先一日，翁艾弟移居予新宅，乘便看之。橘城陈居士以买予使女，复同令郎至，同郑素予参戎共酌于四负堂。晚为石工会计"[⑧]，可能是由于信息的滞后性，祁彪佳在当天甚至是接下来几天都没有提及此事。直到三月二十五日他在日记中记录"西北事孔亟，真定已破，河北三藩王皆至广陵"[⑨]，这天他冒雨抱病前往南京开始他的第四次出仕，可在出发前一天，他还"与王云岫周视山中诸亭榭，恋恋不忍释"[⑩]，甚至在途中都不忘"诫谕寓园灌园者"[⑪]。危在旦夕之际，他也保持着一颗从容淡定且热爱生活的心。此次出仕他经历福王拥立、监国名号之争，老师刘宗周、史可法等清流被奸臣打击，京口兵马之乱等事，在外度过了一段极其混乱艰难的生活，此时，寓园就成为他消除疲劳和避世的桃源。他于当年十二月十五日又一次返回寓山。在归途中还和友人提及打算归隐寓园，"时约沈君牧过舟快谈，皆归隐之计也"[⑫]。

① 祁彪佳：《祁彪佳日记》，张天杰点校，704页，杭州，浙江古籍出版社，2017。
② 祁彪佳：《祁彪佳日记》，张天杰点校，705页，杭州，浙江古籍出版社，2017。
③ 祁彪佳：《祁彪佳日记》，张天杰点校，706页，杭州，浙江古籍出版社，2017。
④ 祁彪佳：《祁彪佳日记》，张天杰点校，707页，杭州，浙江古籍出版社，2017。
⑤ 祁彪佳：《祁彪佳日记》，张天杰点校，710页，杭州，浙江古籍出版社，2017。
⑥ 祁彪佳：《祁彪佳日记》，张天杰点校，728页，杭州，浙江古籍出版社，2017。
⑦ 祁彪佳：《祁彪佳日记》，张天杰点校，731页，杭州，浙江古籍出版社，2017。
⑧ 祁彪佳：《祁彪佳日记》，张天杰点校，732页，杭州，浙江古籍出版社，2017。
⑨ 祁彪佳：《祁彪佳日记》，张天杰点校，733页，杭州，浙江古籍出版社，2017。
⑩ 祁彪佳：《祁彪佳日记》，张天杰点校，733页，杭州，浙江古籍出版社，2017。
⑪ 祁彪佳：《祁彪佳日记》，张天杰点校，737页，杭州，浙江古籍出版社，2017。
⑫ 祁彪佳：《祁彪佳日记》，张天杰点校，89页，杭州，浙江古籍出版社，2017。

乙酉年（1645），祁彪佳在寓山中度过了他生命中最后的岁月，也继续开展筑园活动。正月初五日观看密园诸处，“多见颇败，竹木亦残毁，为之感叹”①，见密园之破败黯然感叹。同月二十八日“予率庄奴己累石梅坡，种蔷薇于豳圃，梅花至是始发香，颇有悠然之趣”，“三月初八日，是日命工役修坡岸及花圃”说自己“时时置身香雪中”。②祁彪佳还于二月初十日三度邀请张轶凡指导修建园林，“抵密园，偕张轶凡指点修整之处”，③“十六日，张轶凡累太湖石于瓶隐之南，而北则多种竹，东南杂植草花数十本”认为这是“园中之胜”④，次日“暄热之极，遂用夹衣”，祁彪佳还“督工役瓶隐改造之工”，甚至以此为乐。“四月初四日，与张轶凡屡屡商酌改旱桥，从宛转环下凿石为极，步石桥入选胜亭，亭前看石壁，西面柯峰，两面皆修竹”⑤，祁彪佳认为此乃“最胜处”。值得关注的是，此阶段祁彪佳筑园有一种事不容缓的感觉，而此时距离他在寓园自尽也只有不到数月的时间。五月，南都失守。闰六月，杭州失守。南京福王、杭州潞王相继降清，祁彪佳也选择于寓园梅花阁前自沉身亡。赵园先生认为，当死亡临近，祁彪佳所营造的更像是天国的花园。⑥

园林的作用不仅能安顿心灵，还能愉悦性情。“正月初七日，午后赵应侯过访，偕观搜剔山石甚快。”⑦“十五日，游人竟日，士女骈聊，喧声如市，亦园亭未有之盛也。”⑧“二十日，是日复开南北两池，各一丈，洗石崚嶒，壁峙水崖，园中景色自然渐佳矣。”⑨伴随筑园活动的展开，祁彪佳并非完全不闻时事，在日记中一直都有关于国家动荡不安，忧心时局的记载。比如正月十四日，“午后邀族中尊长子弟酣饮尽醉，时游人玩灯骈肩接踵，有太平之乐。而先一日

① 祁彪佳：《祁彪佳日记》，张天杰点校，806 页，杭州，浙江古籍出版社，2017。
② 祁彪佳：《祁彪佳日记》，张天杰点校，810 页，杭州，浙江古籍出版社，2017。
③ 祁彪佳：《祁彪佳日记》，张天杰点校，811 页，杭州，浙江古籍出版社，2017。
④ 祁彪佳：《祁彪佳日记》，张天杰点校，811 页，杭州，浙江古籍出版社，2017。
⑤ 祁彪佳：《祁彪佳日记》，张天杰点校，816 页，杭州，浙江古籍出版社，2017。
⑥ 赵园：《废园与芜城：祁彪佳与他的寓园及其它》，载《中国文化》，2008（2），83—97 页、179—182 页。
⑦ 祁彪佳：《祁彪佳日记》，张天杰点校，250 页，杭州，浙江古籍出版社，2017。
⑧ 祁彪佳：《祁彪佳日记》，张天杰点校，251 页，杭州，浙江古籍出版社，2017。
⑨ 祁彪佳：《祁彪佳日记》，张天杰点校，252 页，杭州，浙江古籍出版社，2017。

闻友人陈璧生自和州归，言州城已为流贼所破，马讷斋举家被害，吾辈瓮处南偏已有怡堂之虑矣”①。祁彪佳先写尊长子弟的“酣醉”和游人的“太平之乐”，接着写前一日听闻的战火纷飞，二者之间形成鲜明的对比，他在此时就已经有了“怡堂”之虑。“十五日，季夫作《灯夕》二首，以流寇为虑，寓规讽意”，“十六日，传流寇已渡长江，相顾踌躇”，可是接着“十七日，偕止祥兄及齐五兄至寓山，累石成峰，观者几乎不能辨真伪”，“十八日，致书喻醒拙公祖询流贼渡江之信”，过两天，“二十日，与季超、止祥两兄至寓山，累筑花石。午后予独诣彼，累石几告竣，且搜剔山中，有古石奇峭者，不觉抚掌称快”②。可以看出祁彪佳在筑园期间也询问“都门近况”、关心“流寇”踪迹，但也不影响他修建寓园，而且他对于自己的作品十分满意，“不能辨真伪”“不觉扶掌称快”，得意之情跃然纸上。

彼时祁彪佳筑园兴致持续高涨，至寓山“督工”“会计工石”“规划设计”。十月二十七日开始疏凿园径，“是方欲凿池山下，先是与郑九华当作图规画，至是始开工”③，“十一月初十日，午后至寓山，督壮奴种桃李，见搜石有奇峭者，心甚乐之。晚与郑九华会计工石”④。他在生病时还坚持筑园，《山居拙录》载：“正月二十三日，至寓山，植桃数百本于堤上。归侍老母。予齿痛至是四五日，是日痛更剧。”⑤祁彪佳在建构园林中陶冶胸襟，平衡内心，荡涤染污沉垢，旷达仓促人生。“三十日，午后风日和美，予亲操小艇至山，回旋听止桥下，欣欣得山水间趣。”⑥“二月二十七日，闲步观桃李诸花，正如茂叔所言，与自己生意一般。”⑦“正月十九日，午后，奉老母及诸兄弟、何家姊至寓山看灯，放花火，观者如堵。二友同邵、潘诸友共六人，携酒食卧具来游，点缀灯景，大

---

① 祁彪佳:《祁彪佳日记》，张天杰点校，199页，杭州，浙江古籍出版社，2017。
② 祁彪佳:《祁彪佳日记》，张天杰点校，200页，杭州，浙江古籍出版社，2017。
③ 祁彪佳:《祁彪佳日记》，张天杰点校，238页，杭州，浙江古籍出版社，2017。
④ 祁彪佳:《祁彪佳日记》，张天杰点校，239页，杭州，浙江古籍出版社，2017。
⑤ 祁彪佳:《祁彪佳日记》，张天杰点校，252页，杭州，浙江古籍出版社，2017。
⑥ 祁彪佳:《祁彪佳日记》，张天杰点校，253页，杭州，浙江古籍出版社，2017。
⑦ 祁彪佳:《祁彪佳日记》，张天杰点校，257页，杭州，浙江古籍出版社，2017。

有兴趣。”[①]“四月二十九日，通水于屿中，驾石为梁，甚增胜概。”[②]“五月十二日，至寓山，见陈长耀，累石将竣，驾石为门，畹转可达，为之喜色。”[③]“十月十六日，出寓山，与陈长耀移花木于豳圃，移桑于南园。遇大风，手为种植不倦。”[④]“十一月初七日，至寓山，小憩前编竹为篱，下种黄花，真堪元亮醉倒。午后报人言顾瑞屏会举予边才，殊出意表，然不以易予山水之兴也。”[⑤]对于祁彪佳而言，只是在试图脱离被规则束缚的凡尘人间而已。如何在筑园中寻找自己的“静心”，可能是祁彪佳的真实的内在祈求。

游园之乐，人皆有之，然其所乐者却有不同，体现为不同的愉悦层次。祁彪佳说：“旷览者，神情开涤；栖遁者，意况幽闲。”这里就有两种不同的层次，一是一般登临游观，一是身与之游，心与之会，进而陶然物化，自臻其乐。[⑥]建园初始，“十一月十四日，为冬至日。……午后，家宴罢，与郑九华、季超兄、翁艾弟出至寓山。山之南竹木交荫，稍删之。便见远峰，迫人眉宇，甚以为快”[⑦]。“十二月初一日，同郑九华至寓山。积土于山之项，而累石其下。但石苦不甚佳，乃于密园移一峰，可二丈许，觉秀出可观。视工后，至暮乃归”，“初二日，是日风日颇佳，游情甚畅，因甃地得奇石，意颇乐之。”[⑧]“正月十七日，偕止祥兄及齐五兄至寓山，雷石成峰，观者几不能辨真伪”[⑨]，“二十日，与季超、止祥两兄同至寓山，累筑花石。午后，予独诣彼累石，几告竣。且搜剔山中，有古石奇峭者，不觉抚掌称快”[⑩]。“十二月初十日，先是，予于密园删取太湖石、三罗山石十余，以之成山，颇可观。”[⑪]“六月初五日，陈长耀累屿旁一

① 祁彪佳：《祁彪佳日记》，张天杰点校，315 页，杭州，浙江古籍出版社，2017。
② 祁彪佳：《祁彪佳日记》，张天杰点校，330 页，杭州，浙江古籍出版社，2017。
③ 祁彪佳：《祁彪佳日记》，张天杰点校，332 页，杭州，浙江古籍出版社，2017。
④ 祁彪佳：《祁彪佳日记》，张天杰点校，355 页，杭州，浙江古籍出版社，2017。
⑤ 祁彪佳：《祁彪佳日记》，张天杰点校，358 页，杭州，浙江古籍出版社，2017。
⑥ 朱良志：《中国艺术的生命精神》，278 页，合肥，安徽教育出版社，1995。
⑦ 祁彪佳：《祁彪佳日记》，张天杰点校，184 页，杭州，浙江古籍出版社，2017。
⑧ 祁彪佳：《祁彪佳日记》，张天杰点校，187 页，杭州，浙江古籍出版社，2017。
⑨ 祁彪佳：《祁彪佳日记》，张天杰点校，199 页，杭州，浙江古籍出版社，2017。
⑩ 祁彪佳：《祁彪佳日记》，张天杰点校，200 页，杭州，浙江古籍出版社，2017。
⑪ 祁彪佳：《祁彪佳日记》，张天杰点校，306 页，杭州，浙江古籍出版社，2017。

小岛，是日竣事，巉峭可观。”[①] 祁彪佳此阶段的审美主要以嶙峋险峻为主，更为注重山石本身形态的美感。“十一月初五日，周又新增文石一枚，并书‘袖海’二字以赠，取东坡‘我持此石去，袖中有东海’句耳。”[②] 祁彪佳营造石洞，追求空间的纵深和广邈。“袖海”一典出自苏轼诗“我持此石归，袖中有东海”，此处要义乃气势高振，石室之大小暗喻主人之胸怀，故而不能按普通山石洞的做法去理解，他对山石的求奇求阔，其实是对一种襟怀高远的人格的向往的物化。到乙酉年（1645）三月，祁彪佳对于园林的建构观念发生了变化：“初九日，寒食节。偕张铁凡待王云岫于彤园，同看山僻竹石，幽深可观。予乃劝云岫将彤园删改，以成大雅。”[③] 可以看出他审美态度的明显改观，对于“幽僻”这一追求特立独行的风格，在他看来，已经偏离了大雅之道。值得关注的是，此时距离他在寓园投湖自尽只有不到四个月的时间，也就是说，在人生的最后几年内，祁彪佳在吸取了诸多专业人士和亲友意见之后，最终坚定地选择了包容并蓄的“大雅”之风，维持了整个寓园和谐统一的审美理念。

文人士大夫的生活特点包括爱好清谈、携友出行、互访宅邸、结社吟诗。他们所推崇的，乃是充满了雅趣的生活方式，请上三五好友拜访名山大川，再酣宴豪饮，唱和诗文结集出版是当时士大夫间最为流行的社会活动。祁彪佳的日记是一个很好的佐证，寓山园林是沟通祁彪佳与好友心灵之间的桥梁。“一月二十三日，与之驾舟游柯园，并偕止祥兄止寓山，归酌于澹生堂，复移舟桐山之阳，谱韵牌为乐，小饮至夜分，就宿紫芝轩。”[④] “二月初六日，午后，外父邀钱麟武、徐檀燕先至密园，茶罢入山，时微雨乍霁，客怀甚畅。”[⑤] 根据祁彪佳的日记记载，枫社的主要活动有游览寓山、饮酒作诗、观赏戏剧和相互唱和。“四月十三日同王照邻至山，候枫社诸友。午间，谢寤云、詹无咎、赵孟迁、孟子塞、张毅儒、张亦寓、张子威、李受之、王尔瞻、王伯含，举酌于四负堂，散憩山上，复酌舟

① 祁彪佳:《祁彪佳日记》，张天杰点校，336 页，杭州，浙江古籍出版社，2017。
② 祁彪佳:《祁彪佳日记》，张天杰点校，239 页，杭州，浙江古籍出版社，2017。
③ 祁彪佳:《祁彪佳日记》，张天杰点校，815 页，杭州，浙江古籍出版社，2017。
④ 祁彪佳:《祁彪佳日记》，张天杰点校，200 页，杭州，浙江古籍出版社，2017。
⑤ 祁彪佳:《祁彪佳日记》，张天杰点校，254 页，杭州，浙江古籍出版社，2017。

中，与游柯园、密园，酣饮至日上始去。是日蒸湿复雨，而彻夜晴爽，主客之怀甚畅。"① "二月初四日，即过寓园，稍眺览，旋与之游彤园，王云岫出晤，仍至寓园举酌，荡舟于让鸥池，再酌于远阁，登高临深，主宾意畅。"②

祁彪佳一直忙于筑园督工导致荒落读书，"正月二十九日，竟日在山疏凿，渐有景色。于山趾得泉，色味不减中冷。予督率工不停瞬、不驻足，仅阅杜诗数首而已"③，可他还是一方面坚持督工，一方面对此却又不无自责，这种感受在接下来的日记中不断发酵，"二月初八日，是日督奴子种桑于南园。灯下阅杜诗，竟全部，忆予阅杜集始于乙亥之七月，至一年余八月而始竟，自愧荒落至此"④。同月，于他而言亦师亦友的王金如也指摘他，"二十日，与王金如至寓山。金如以予盛饰土木，殊为不幸。晚得其手书，以予负君、负亲、负己，而金如自愧不能谏止，亦是负友，予为之竟日悚惕"⑤。次日他却又打算构堂来志过，"欲构堂于丰庄，即名'四负堂'以志吾过"。接下来祁彪佳就把计划付诸实践，并在四月完成四负堂的修建，"初五日，在山，四负堂成。先是王金如责予有负君、负亲、负身心、负朋友之说，因颜之以志过"⑥。祁彪佳的寓园在特定时间会向游客开放浏览，可在需要安静时也会不胜厌烦，甚至产生悔恨筑园之意，"坐澜柯山房阅《楞严经》，游人杂沓，予甚有悔恨卜筑之意"⑦。《感慕录》中也与弟弟祁止祥谈论"甚以土木频兴为悔"⑧，《癸未日历》中见族中人萧条之状，"甚为恻然，因思园事之乐，大为过分，欲以赡族增充用补予过"⑨。《甲申日历》中也因花费过多而悔，"与戴逵明发各作之价，盖水明廊、水阁一带，仅外观与庄奴所居耳，而费颇多，心甚悔之"⑩。祁彪佳还在《山居拙录》

① 祁彪佳：《祁彪佳日记》，张天杰点校，264 页，杭州，浙江古籍出版社，2017。
② 祁彪佳：《祁彪佳日记》，张天杰点校，317 页，杭州，浙江古籍出版社，2017。
③ 祁彪佳：《祁彪佳日记》，张天杰点校，253 页，杭州，浙江古籍出版社，2017。
④ 祁彪佳：《祁彪佳日记》，张天杰点校，255 页，杭州，浙江古籍出版社，2017。
⑤ 祁彪佳：《祁彪佳日记》，张天杰点校，256 页，杭州，浙江古籍出版社，2017。
⑥ 祁彪佳：《祁彪佳日记》，张天杰点校，263 页，杭州，浙江古籍出版社，2017。
⑦ 祁彪佳：《祁彪佳日记》，张天杰点校，258 页，杭州，浙江古籍出版社，2017。
⑧ 祁彪佳：《祁彪佳日记》，张天杰点校，423 页，杭州，浙江古籍出版社，2017。
⑨ 祁彪佳：《祁彪佳日记》，张天杰点校，707 页，杭州，浙江古籍出版社，2017。
⑩ 祁彪佳：《祁彪佳日记》，张天杰点校，723 页，杭州，浙江古籍出版社，2017。

小引中对于自己的“拙癖”表示“发深省”，在《自鉴录》更是对其筑园进行自我批评：“卜筑不已，良友之规箴不能从，而徒欲致忏悔于持诵，一失也……缔构新居以有用精神埋没于竹头木屑，盖自孟秋从事于鸠工而笔墨益以荒落，又一失也。”[①]可当翻开日记，会发现祁彪佳“督庄奴筑北堤，见新柳俱吐嫩叶，为之称快”，“六月二十三日，至寓山，移石丈于山巅，在友石榭前穴石为池，石势陡峻，园中别一景也”[②]。《自鉴录》：“五月十三日，至寓山，见陈长耀，累石将竣，架石为门，畹转可达，为之喜色”[③]，得意的心境呼之欲出，并且他自己也讲“予亦存此录，以志予之过，以见夫虽不能改，犹不昧此知耳”[④]，“予之愧多矣！所贵乎愧者，以其能悔也。所贵乎悔者，以其能改也。愧而不悔，悔而不改，直为自弃而已矣！”[⑤]可祁彪佳内心深处其实真有悔过之意吗？

园林正是“为精神创造的第二自然”。这种“第二自然”是“替精神创造一种环境”，这种“环境”，体现了古代文人士大夫实现人生理想的方式的一种选择，其“精神”充分地体现了古代士大夫的内心世界，特别是人格精神，而“人格是文化理想的承担者”[⑥]。寓山园林显现出祁彪佳的人生态度：既出世，又入世；既吟赏风花雪月，又关注衣食住行；既能兼济天下，又可独善其身。

明代中叶商品经济发展迅速，引起了人民生活观念的变化，更重视物质的追求，社会风气趋向奢华绮糜。明代士人借高举张扬个性、追求自由精神和艺术生活的大旗，沉迷于物欲甚至奢侈成风，人性中对于“物”的欲望被放大，王阳明也以“务外遗内，博而寡要”为“玩物丧志”。所以王阳明提出“博文是约理的工夫”，祁彪佳便是如此，他虽然嗜园，可并没有被外物所奴役，而是从审美和艺术中找到一条调适自我的道路，时时观照自身颐养的工夫，获得生命的自主性。

祁彪佳在丁父忧家居期间参加了他的恩师刘宗周创立的“证人社”。证人

① 祁彪佳：《祁彪佳日记》，张天杰点校，311页，杭州，浙江古籍出版社，2017。
② 祁彪佳：《祁彪佳日记》，张天杰点校，263页，杭州，浙江古籍出版社，2017。
③ 祁彪佳：《祁彪佳日记》，张天杰点校，332页，杭州，浙江古籍出版社，2017。
④ 祁彪佳：《祁彪佳日记》，张天杰点校，311页，杭州，浙江古籍出版社，2017。
⑤ 祁彪佳：《祁彪佳日记》，张天杰点校，367页，杭州，浙江古籍出版社，2017。
⑥ 曹林娣：《中国园林文化》，4页，北京，中国建筑工业出版社，2005。

社是一个学术性质的讲学社团，所谓“证人”就是指人只要坚守自己的良知，通过随时随地的静存、慎独工夫来仔细体证，最终是可以证得天理的，这种人并不是没有缺点的旧理学所讲的圣人，而是能够不断进步的“证人”。祁彪佳既具备传统儒生报效国家的出仕理念，也秉持君子慎独的独立性人格，祁彪佳的慎独观念就是承自刘宗周，他在乱世中坚守着自己的本心。

儒家的慎独之道体现在祁彪佳的筑园理念中，他借助筑园来体现自己在道德上的持身和践履。比如《寓山注》“读易居”条：“予虽家世受易，不能解易理，然于盈虚消息之道，则若有微窥者。自有天地，便有兹山，今日以前，原是‘培’嵝寸土，安能保今日以后，列阁层轩，长峙乎岩壑哉。成毁之数，天地不免。”[①]他通过建读易居参解天地大道，明“成毁之数，天地不免”之理。建四负堂记己痴迷建园“逞一己之小慧，忘天下之大计”是为负君，“此志未见卓然，但能踵事增华，岂善述之孝”是为负亲，“事心自当立跻圣域，而乃不自珍惜，与俗上下”是为负己，朋友劝诫而不改是为负友。[②]《寓山注》“静者轩”条：“向与名僧数辈，一瓢、一团焦，嗒然坐对，或听呗梵潮生，铎铃风动，令人心神俱寂，觉此地仁寿之气居多，故名之以‘静’。静，固在静者，而不在山。建静者轩。”[③]他通过建静者轩，彰“静应在静者而不在山”之道。祁彪佳通过一些文化符号来寄托个人的情感，《寓山注》的“让鸥池篇”这样描述：“终不若轻鸥容与，得以饱挹波光。”他将自己比喻为爱好鸥鸟的海翁，对于展翅高飞的海鸟有着发自内心的喜爱与向往。寓园内的海翁梁，是一架小型石桥，“让鸥池”就在其侧，这是一个典型的隐喻，由此桥梁经过池水，对他来说表达的是一种期盼。向往的理想，难敌现实之残酷。由于种种因素的限制，祁彪佳受挫回乡的经历使他感到疲惫，并不能轻易达到“从容”的境界。以至于“主人故不敢自有其池，而以让之鸥，但恐鸥亦见猜，避而不受耳”，鸥鸟与主人，其实不过都是他人格的喻体，在矛盾中既受限制又向往自由，也体现出了他无

① 赵海燕：《〈寓山注〉研究》，339 页，合肥，安徽教育出版社，2016。
② 赵海燕：《〈寓山注〉研究》，390 页，合肥，安徽教育出版社，2016。
③ 赵海燕：《〈寓山注〉研究》，374 页，合肥，安徽教育出版社，2016。

奈之下归隐田园的心境。

《寓山注》“瓶隐”条：“昔申徒有涯放旷云泉，常携一瓶，时跃身入其中，号为‘瓶隐’。余闻而喜之，以为卧室。室方广仅丈，扩两楹以象耳，圆其肩高出脊上，隐映于花木幽深中，俨然瓶矣。然申徒公以大千世界都在里许，如取频伽瓶，满中擎空，用饷他国，此真芥子纳须弥手。用楞严语天然妙合。若犹是作瓶观也，不浅之乎视公哉！”[①]瓶隐是祁彪佳引用申屠有涯瓶隐典故才建造的卧室。祁彪佳之隐于山林筑园看似悟道入禅，其实与儒家慎独之道息息相关。从祁彪佳几度出仕和赈灾救荒中能看出他进则能济天下，从闲暇时间静心筑园中能看出他退则安顿身心，这才是他修建寓园的真正意义。

祁彪佳归隐于寓园，绝不完全是“出世”的，而是君子于乱世想独善其身的不得已而为。晚明错综杂乱的政治和社会形势，寓园也成为祁彪佳完善人格的独立小天地。寓园之中，有一处能够体现他无奈归隐之中对于宁静生活向往的景观，是静者轩向上行攀山的回廊，此处被祁彪佳命名为“酣漱廊”，“环园多曲廊，下独以水明著，水胜故；上独以酣漱著，石胜故也。循廊而下，达笛亭，仄嶂云崩，奇峰霞举，至于寸峦尺石，靡不碗确（山含）岈，有凫没鸾鸾翔之势，尽取以供砺齿物，予之于漱也太酣矣。然予性不能饮一蕉叶，而偏于是焉酣之，虽使洗耳辈嫌其多事，似犹胜竹林嵇阮流也”[②]。对祁彪佳来说，表达归隐的意愿还不足够，他不仅要枕流漱石，还要酣漱，他希望在生活中能够时时保持心态的乐观与积极，希望以修行般的愉悦，表达对归隐生活的热爱。祁彪佳在修建寓园的过程中，表达了他对寓园的期待，即成为一个平静、安宁、抚慰心灵的精神家园。

① 赵海燕:《〈寓山注〉研究》，357页，合肥，安徽教育出版社，2016。
② 赵海燕:《〈寓山注〉研究》，368页，合肥，安徽教育出版社，2016。

第五节 国变守节与儒者担当

崇祯十七年（1644）三月十九日，李自成攻占北京，明思宗自缢于煤山。由于路途遥远，信息滞后，祁彪佳并未及时得知最新时局。三月二十六日，祁彪佳在反复斟酌后赴南京任京畿刷卷，途中（四月二十七日）旋闻京都之变和崇祯皇帝殉身社稷，心中悲痛万分。随即在弘光王朝以威望被推为苏松巡抚，祁彪佳临危受任，以忠义为己任，殚精竭虑，平息民变，周旋于军镇间，部署军事防线协调藩镇驻军。祁彪佳在国变后的任事中，表现出了卓绝的能力、非凡的勇气和坚定的信念，真正做到了弘济时艰，提升了道德境界。

崇祯皇帝去世后，五月初一日，福王朱由崧到南京避难，祁彪佳与史可法等诸重臣至舟次迎福王入主南都。福王传百官上殿共同商议战守之事，史可法、徐弘基和韩赞周纷纷上奏，灵璧侯汤国祚奏户部措粮饷不发，语气颇为激愤，司马吕东川呵止。后祁彪佳进谏：“殿下与诸臣言战、言守，固是要著。然纪纲法度，尤为立国之本，纪纲明，法度修，乃可以团结人心。先圣有言：名不正，则言不顺。今日亟当颁大号以正名，至于用人，更有关系，目前宜亟议政府及冢臣，共理庶政。”[①] 朝罢后史可法邀请诸重臣至守备私宅讨论福王名号，史可法和祁彪佳均言称福王应监国“初有欲仿宋高为‘兵马大元帅’者，予议元帅系官衔，且无所授，不若径称‘监国’为是。乃以金铸‘监国之实’”[②]。次日，百官易绣服早至守备府朝贺福王，劝进福王登大宝，福王坚定辞让，暂领监国名号。退朝后，史可法邀请诸老臣与祁彪佳议会于府内耳房，总督张藐山认为拥立福王登位可摄服人心，其他大臣认为先监国后登位最为合适。祁彪佳和史可法认为即日应再进谏，可彰显诸臣推戴之坚、福王辞让之

① 祁彪佳：《祁彪佳日记》，张天杰点校，742 页，杭州，浙江古籍出版社，2017。
② 祁彪佳：《祁彪佳日记》，张天杰点校，743 页，杭州，浙江古籍出版社，2017。

美。随即上第二劝进笺，福王手书批答仍监国。初三日，福王接受百官朝贺受监国印，祁彪佳听太常何大瀛说后日将登大位质问史可法，得知传言说史可法建议福王监国后称帝是欲阻止福王称帝，另立潞王为帝，并欲杀史。史可法难以承受谣言的压力开始倒戈赞成福王登位，祁彪佳之弟祁熊佳所撰祁彪佳《行实》中记道："时福王入南都，而群小欲以正位速邀首功，且议史公可法阻登基有他心。史公心服先生之议，不敢主，言遂不行。"得不到史可法的帮助，祁彪佳并没有改变自己的立场，在此事上独立支持，力挽狂澜。祁彪佳义正辞严道："以前日竞登大位可也。今日监国，后日即登极，事同儿戏矣。且江北诸将劝进表未到，彼必耻不预定策之功，其中有变，社稷存亡在此，公何惜一身生死？且监国之名极正，王至贤德益彰，君臣分谊已定矣。宜俟发丧、服满之后，使德泽及人、大将推戴，乃中兴之机。"[①] 祁彪佳认为初一日直接登位也可行，但是今日监国后日登位实属儿戏。祁彪佳讲求名正言顺、强调礼法道义，这体现了他的儒生本色。

孔子曾说："名不正，则言不顺；言不顺，则事不成；事不成，则礼乐不兴；礼乐不兴，则刑法不中；刑法不中，则民无所措手足。古君子名之必可言也，言之必可行也。君子于其言，无所苟而已矣。"[②] 孔子的学生子路问老师，卫国国君等他去执政后准备先做什么。孔子回答："必先正名乎！"子路认为老师过于迂腐，此无须纠正。而后孔子便有了这一番回答。孔子认为，一个社会如果想要走上正轨，首先要做的就是"正名"。孔子还讲到"君君、臣臣、父父、子子"[③]。在社会关系中，每个人都应摆正自己的位置，明确自己的社会责任和义务，各司其职。为改变当时社会秩序混乱、伦理关系失范的局面，孔子主张"正名"，而"正名"这一过程最初就是从"正己"开始的。"人道政为大。孔子训'政'为'正'，政者，正也。子帅以正，孰敢不正？"孔子主张政治就是要端正，为政之本在正名，正名之本在正人，正人之本在正己。孔子认为君子

---

① 祁彪佳：《祁彪佳日记》，张天杰点校，744页，杭州，浙江古籍出版社，2017。
② 杨伯峻：《论语译注》，189页，北京，中华书局，2018。
③ 杨伯峻：《论语译注》，181页，北京，中华书局，2018。

需“修己以敬，修己以安人，修己以安百姓”，这里的“修己”类似“正己”，通过道德规范提升自身的道德修养。在当时权力交割的重要节点，图利之臣自然不会放过此次拥立之功，而祁彪佳从大义出发，不为名利，强调“正名”的重要性，建议福王暂时监国而非称帝。祁彪佳去平息三吴之变上任后，首言“社稷已有长君，伦序极正，臣民允戴”①，祁彪佳上述做法便是孔子的正己以正天下。他在日常生活中也用“礼”来规范自己的言行，六月二十三日，祁彪佳到任苏松巡抚，收聚溃散的明军和大顺士兵，“予已先帝、后之变，不忍吉服，乃以彩服登舆，至衙门始更吉服”②，六月十二日，祁彪佳乘舟过吴门，“抚军郑鸿逵备酌，以国难辞之”③。七月十六日，祁彪佳会晤南明藩镇高杰，高杰欲设席，“交拜罢设席，予以先帝之难辞之，但与共席一饭，申共奖王室之意”④。他因崇祯帝后殉国穿彩服而非吉服，并且不宜设席饮酒，可以看出他十分重视礼仪规范。祁彪佳依法处置首乱者，并告诸生守礼克法，“五月初八日，时吴中当解名从逆、士民嚣变，予乃对诸生痛苦以告，必守礼克法，嗣后条陈必投匣而进，公呈必佥押由学官转申，户婚之事依告期用抱告，如不吾从，吾不能一日在诸生上”⑤，诸生无不感服听命。

“为政”一向是士大夫重要的实践活动，儒者重要的践履，在明亡前的特殊情境中，为政而救亡、抵抗，尤被视为德行的淬炼之地。⑥祁彪佳崇祯十七年的第四次出仕就是在繁剧、艰危的情况下担当道义责任。对于此次出仕祁彪佳抱着必死的决心，他在上任临行前已经将家人托付给兄弟。“四月初六日，呼史道鄰差官询南中近状。作书与季超兄、翁艾弟，掩以子婿，且书诫谕两儿之语。”⑦上任前也多次问卜，欲知此次出仕是否还能生还。“四月二十一日，以进

① 祁彪佳：《祁彪佳日记》，张天杰点校，882 页，杭州，浙江古籍出版社，2017。

② 祁彪佳：《祁彪佳日记》，张天杰点校，748 页，杭州，浙江古籍出版社，2017。

③ 祁彪佳：《祁彪佳日记》，张天杰点校，756 页，杭州，浙江古籍出版社，2017。

④ 祁彪佳：《祁彪佳日记》，张天杰点校，764 页，杭州，浙江古籍出版社，2017。

⑤ 祁彪佳：《祁彪佳日记》，张天杰点校，752 页，杭州，浙江古籍出版社，2018。

⑥ 赵园：《任道与任事——关于明清之际士人的一种姿态的分析》，载《西北师大学报》（社会科学版），2006（2），7—15 页。

⑦ 祁彪佳：《祁彪佳日记》，张天杰点校，736 页，杭州，浙江古籍出版社，2017。

退没莫定，早起求谶于唐御史中丞张睢阳公之神，又问卜，且托郑九华至城中灼龟，皆云赴任为吉，张神签有‘过了二三归七八，袖中抽出好金蛇’句。午后步溪桥，登秦氏之丰乡楼，瑶村家出九龙山下，再至天均堂，坐桥廊上，共诸友共商进退，毕，竟以时方危迫，君臣之义无所逃，引病此际，身虽安而心甚不安。”[①] 好友此时亦遭受变故，“三月二十八日，朱弦菴及止祥兄俱遣仆出迎，乃知倪鸿宝、李懋明诸公有殉难者”[②]。这些也侧面反映出祁彪佳的面对生死时的恐惧，而克服恐惧之后的“身虽安而心甚不安”的选择显得极为难能可贵，凸显出他的道德操守。他在听闻福王欲称帝后曾上书阁臣：“臣子遇非常变，不可因而逾格升迁。”[③] 祁彪佳在获得上任之初就获得提拔，“五月初六日，闻有欲推予京堂者，予力辞，谓‘十三年台资久应升转，岂乘今日国变，而因以为利？请俟安抚复命之后’”[④]。初八日，福王宣召议事，祁彪佳上奏“蒙升理丞，但以安抚须亟出，且拟具疏辞”[⑤]，他推辞不受，仍旧出任原职，可见他任事为官不为名利，只求无愧于心。他在任期间亦是如此，“五月二十四日，旧司理倪伯屏来，予告以忘生、忘家乃保身、保家之义，倪谓即登坛数语，不是过矣”[⑥]。“六月二十四日，早草报代疏稿，内有‘臣不敢自有其身家，与士民共身家；臣不敢自有其性命，与将吏共性命’语。”[⑦] 虽然民力已经空尽枯竭，吏治也是积重难返，但是既然身负重任，就应该与战场上的将士们一起不辱使命，绝不敢自保身家性命。“六月初八日，戎服乘马出誓师。予至演武场，先张誓文，有‘取一钱入己，一身二子得身首异处之报’语。”[⑧]

他在任从不为己谋取私利，不拿一分一毫，皆是取之于民、用之于民。“七月初二日……皆连日谘访得之，非有一毫私也。”[⑨]“七月二十八日，增常川听

① 祁彪佳:《祁彪佳日记》，张天杰点校，739页，杭州，浙江古籍出版社，2017。
② 祁彪佳:《祁彪佳日记》，张天杰点校，740页，杭州，浙江古籍出版社，2017。
③ 祁彪佳:《祁彪佳日记》，张天杰点校，744页，杭州，浙江古籍出版社，2017。
④ 祁彪佳:《祁彪佳日记》，张天杰点校，746页，杭州，浙江古籍出版社，2017。
⑤ 祁彪佳:《祁彪佳日记》，张天杰点校，747页，杭州，浙江古籍出版社，2017。
⑥ 祁彪佳:《祁彪佳日记》，张天杰点校，751页，杭州，浙江古籍出版社，2017。
⑦ 祁彪佳:《祁彪佳日记》，张天杰点校，759页，杭州，浙江古籍出版社，2017。
⑧ 祁彪佳:《祁彪佳日记》，张天杰点校，759页，杭州，浙江古籍出版社，2017。
⑨ 祁彪佳:《祁彪佳日记》，张天杰点校，761页，杭州，浙江古籍出版社，2017。

用及四班听用，较前倍其额，又向食粮五分者，增为一钱，盖予誓染指于吴中，所有钱粮皆以饷将士，诸弁颇知感激。”[①] 在职期间屡次呕血，医生断其为心血耗竭。虽然三吴之地不虞之事频频，祁彪佳的心力耗竭终究是他全力任事导致的。“九月初一日，先是予奉命安抚，即受填抚之命，文移委积，动有千余，署中、舟中，躬日夜之力尚不能竣，而各属狱囚又民命所关，停阁亦四月矣，乃于夜分批发，每至三更尽，放得就寝，而每日午餐多废。戴见龙为予诊脉，言心气耗竭已极矣！”[②] 祁彪佳愿损一己之利而让百姓之利，有大无私之精神。“九月初八日，托季超兄作祝文于关圣，愿焚我居室已答天谴而勿忘遗殃于吴民，因不出堂。”[③]

祁彪佳奉上一颗救世济民之心，可现实却是于势无补，于民无益，甚至是引火烧身。“十一月初五日，先是得止祥兄书，已知有参论予者，至是见掌河南张孙振言予力争皇上监国、组建年号，请与吴鹿友、郑玄岳同诛，而末之污予者无所不至，甚且指为奸贪，予唯一笑置之。”[④] 祁彪佳的兢兢业业并未得到任何名利甚至一句赞美，而是遭奸佞诬陷，欲加之罪何患无辞，他没有辩解，只是一笑置之，可见祁彪佳道德修养之高。祁彪佳辞官归家途中料理吴中诸缙绅告别书，“十二月初二，予受事以来，不欲以地方物力供馈遣，故遇客所赠甚薄，而起用者亦多不能致礼，往往得罪，兹行矣，乃遍致一书一礼，以申别意，而四府中惟吴门缙绅沈桐冈为首制一轴相送，余只复空函而已”[⑤]。

祁彪佳任职期间，将所有财物都用于地方事务中，以至于送给过往官员的礼品非常薄，有些官员甚至没有收到礼品，从而得罪他们。祁彪佳辞官离任时给每位官员书信一封、礼品一份作为告别，可是他只收到一轴回礼，其余皆是空函。祁彪佳怀着满腔爱国热血在狂澜中毅然担当，在这种执着地独行中得以窥见他的道德境界，展现了一个“正义不谋利、明道不计功”的儒者形象。

---

① 祁彪佳：《祁彪佳日记》，张天杰点校，766 页，杭州，浙江古籍出版社，2017。
② 祁彪佳：《祁彪佳日记》，张天杰点校，773 页，杭州，浙江古籍出版社，2017。
③ 祁彪佳：《祁彪佳日记》，张天杰点校，774 页，杭州，浙江古籍出版社，2017。
④ 祁彪佳：《祁彪佳日记》，张天杰点校，786 页，杭州，浙江古籍出版社，2017。
⑤ 祁彪佳：《祁彪佳日记》，张天杰点校，792 页，杭州，浙江古籍出版社，2017。

祁彪佳在寓园度过的最后岁月中见证了明王朝的分崩离析。乙酉年（1645）三月至五月，清军先后攻克扬州、南京、杭州、苏州、常州、嘉兴、绍兴，弘光帝被清军捕获。老师刘宗周劝祁彪佳出山，“刘念台以书勉予出山，辞甚恳切，予亦之不答”[①]。与刘宗周的慷慨出仕相比，很容易让人误解这是祁彪佳面对时局绝望而缺乏勇气的退缩，但实则不然，《年谱》中记载他在此时期的活动：“见朝政日紊，奸党盈廷，正人无一人任事者，叹曰‘江南即燕都续矣！’指故居曰‘去孔道不远，其扰于兵！’入山，语季超兄曰‘死，吾分也，有地可以稍全道乎？’”[②]他“不答之”并非逃避，而是已经清醒地意识到南明王朝大势已去，再做困兽之斗只会牺牲更多无辜百姓的生命。“死，吾分也”，就是祁彪佳作为臣子、作为儒者的道义担当。六月二十四日，清贝勒征聘刘宗周、高宏图、钱御冷、方书田、徐虞求与祁彪佳六位明朝遗臣，他们都婉然谢绝。日记记载道：“予欲阳应之，而潜图引决，而季超兄力阻，谓且婉辞，辞之不得，就死未晚。”[③]二十六日，祁彪佳又收到来自清朝的“礼聘书”。二十七日，祁彪佳又作信辞绝，并称“以再遣聘则必死为辞”[④]，可以看出此时他便有以死“殉节”的意愿。不久后，祁彪佳分别收到叔父、弟弟祁文载和侄子祁鸿孙的来信，劝他前去杭州会见清官，既可以缓解亲族的压力，又可以保住名节。一方面，他明白清军已经控制住了整个祁氏家族的命运；另一方面，降清带来的声名扫地又是显而易见的。祁彪佳日记最后写道：“八王子已破江西，招降左良玉兵，将自徽州会兵武林班师。吴三桂已自广西收广东，窥闽矣。”[⑤]他对兴复明朝难成的事实已经看得很清楚了，所以毅然决然地选择了赴水殉节。

王阳明有言：死天下事易，成天下事难，在生与死的选择上在某种程度上确实存在难易之别。祁彪佳赴死前留有遗诗云：“光复或有时，图功审机势。图功为其难，殉节为其易。我为其易者，聊尽结身志。难者待后贤，忠义应不

① 祁彪佳:《祁彪佳日记》，张天杰点校，829 页，杭州，浙江古籍出版社，2017。
② 祁彪佳:《祁彪佳日记》，张天杰点校，889 页，杭州，浙江古籍出版社，2017。
③ 祁彪佳:《祁彪佳日记》，张天杰点校，835 页，杭州，浙江古籍出版社，2017。
④ 祁彪佳:《祁彪佳日记》，张天杰点校，835 页，杭州，浙江古籍出版社，2017。
⑤ 祁彪佳:《祁彪佳日记》，张天杰点校，837 页，杭州，浙江古籍出版社，2017。

异。”祁彪佳清楚地知晓舍生可取义，杀生则害仁。但他还是选择了易者，将图功之难留给了后贤。祁彪佳放弃了立功行为，一则是自目睹南明事变，意识到复兴无望；二则祁彪佳殉节当年读了大量史书，《南宋纲目》《元史记事本末》《唐末纲目》等，临死前几天还在阅读《通鉴纲目》和晚唐诗，熟读这些史书使得祁彪佳看得分明。祁彪佳在《遗言》中道：“时事至此，论臣子大义，自应一死。凡较量于缓急轻重者，犹是后念，未免杂于私意耳！若提起本心，试观今日是谁家天下，尚可浪贪余生？况生死旦暮耳，贪旦暮之生，致名节扫地，何见之不广也！虽然，一死于十五年之前，一死于十五年之后，皆不失为赵氏忠臣。予小儒，惟知守节而已。”祁彪佳道义行为的背后，是对于本心的细微体察和坚持，真心之上不容自已有丝毫的私意，用道德严格主义对内心进行省察。祁彪佳曾与老师刘宗周讨论过生死问题：“祁世培问：‘人于生死关头不破，恐于义利，尚有未净处。’曰：‘若从生死，如何破得？只从义利辨得清，认得真，有何生死可言？义当生则生，义当死则死，眼前只见一义，不见有生死。’”①祁彪佳自言生死之义未明，刘便告之要将生死问题置于道义的“义当生则生，义当死则死”之中，通过纯化意志来消融生死的问题，当生则生、当死则死是儒家的价值取向。

龚沅在《祁忠敏公年谱跋》中称祁彪佳为“一代伟人”，胡蕃称其为“一代完人”。作为“一代完人”，祁彪佳在生死关头的道德勘验中做得非常好，可称之为儒者表率。祁彪佳平日思及国事则神色激奋，而在临死之际反而转为恬和怡然，究其原因，是因为他已经对于国家没有什么期望了，把以死为事看成理所当然，所以姑且以谈笑吟咏，聊取旦暮为愉悦。《年谱》记载，祁彪佳死后，“诗文书嘱共七通，词意周畅，恒人终日不能就，先生于生死顷刻时，谈笑立挥之。先生平时拙于字，山中书犹有点撺，临诀诸笔，点画愈工，岂非神行其间者？”祁彪佳将死之时写下七封绝笔，将身后之事安排妥当，仍然词意畅通，谈笑于笔墨间。他生平并不擅于工笔，绝书一笔一画间却愈加精致，从中可看出他镇定从容、丝毫不稳的心境。“东方渐启，见梅花阁前石梯水际，露角

① 黄宗羲：《蕺山学案之“会语”》，见《明儒学案》卷二十六，1539页，北京，中华书局，1985。

巾数寸，急就视。先生正襟垂手敛足而坐，水才过额，冠履俨然，须鬓无丝毫纷乱，面有笑容。”[①] 祁彪佳临死前望南山微笑并保持着仪容仪表得体，淡定就死的心境，可见他平时的静定之功。

祁彪佳对于生死的考量与他的道德理学有着紧密联系，他为提升精神、完善人格而死，是以死殉道。彪佳以重振道德、醒明忠孝大义为首要任务，“先生首揭忠孝大义。又言忠孝心不可昧，忠孝名不可矜，若借锄逆逞私怨，借勤王聚不逞，此法所必诛，不以名贷也”[②]。他既希望端正天下士气，使得士大夫们懂得忠孝大义，又能在国家覆灭、君主南迁之际把生死看作平常事，并且把生死作为仁义道德实践的最后检验。祁彪佳一生四进四退，不断有出处之思的困顿和反省，但是他一路笃定，最后从容就义，这都源于从未懈怠的持身养性。

小　结

祁彪佳自辞官返乡时，就开展了一系列救荒济世活动。他的救济行为真切笃实，病者给药、饥者给食、死者给榇，此类济世行为贯穿其一生，并都纳入其修身养性之观照中。王阳明曾就亲民言“须是有个深爱做根，便自然如此”，祁彪佳“凡施济事，知无不为”的举动将儒者“万物一体”的情怀，表现得情真意切。祁彪佳赈灾救荒的济世行为还与知行合一的功夫相呼应。“知之真切笃实处，即是行；行之明觉精察处，即是知。知行功夫，并不可离”[③]，士人对其行为需要“明觉精察”，从意志上磨炼，是士人修身的工夫。士人对日常生活进行审视，从而使心处于合乎天理的无遮蔽的状态，显现出良知的清澈本体。祁彪佳上述体恤民情的济世之举，作为儒者的生活情景，经世致用的仁者情怀

① 祁彪佳:《祁彪佳日记》，张天杰点校，891 页，杭州，浙江古籍出版社，2017。
② 祁彪佳:《祁彪佳日记》，张天杰点校，882 页，杭州，浙江古籍出版社，2017。
③ 王阳明:《传习录》，叶圣陶点校，153 页，北京，北京时代华文书局，2019。

就是其修身的过程。解决出处矛盾进而找到心灵的安放，是祁彪佳和其他身处晚明乱世的士人所面临的问题，他们只能在大风大浪中寻找立定之处。祁彪佳营造了一所心灵之宅，寓园是祁彪佳心灵的“物化”，是一切日用之道与心灵境界的枢纽，是提升内在精神的载体，他在寓园中展开人生修养的次第。祁彪佳在经过八年林居生活的颐养，一腔正气已不同往日，在不得不出仕时，他坚定救世的决心。在国变之际，他讲求“正名”，强调“礼”之重要，真正做到“正义不谋利，明道不计功”，最后含笑赴死。生死是道德修养的一块试金石，祁彪佳言“偷生苟且，我不为也”。这是他对于心体的护持，是人性的力量，是对于生命最精微的初心的珍摄。祁彪佳终其一生都以生命品格的提升、德行的圆满为人生最要紧事。以寓园辐射开，形成了明末江南一个独特而有表现性的文化圈。祁彪佳及其友人几乎是明末江南一幅浓缩的士人活动景图，反映了当时士人的生活、思想和心态。

附录

生成与意义：《祁彪佳日记》的诠释学审视

诠释学是一门研究理解与解释的学科，最初产生于正确解释《圣经》中上帝的语言。19 世纪德国哲学家施莱尔马赫和狄尔泰将其发展成为关于理解与解释的理论体系，但此时的诠释学还只是古典的或传统的，因之尚未超出方法论和认识论的性质。直到海德格尔与伽达默尔将其转变为本体论性质的研究。伽达默尔说："我们一般所探究的不仅是科学及经验的问题——我们所探究的是人的世界经验和生活实践的问题。"[①] 也就是说，诠释学探讨的乃是人类一切理解活动得以可能的基本条件。诠释学发展到今天，已经不再是理解与解释的一般方法，也不再作为方法论介入文本，而是一种本体论意义的研究，用海德格尔的话说，理解不再是主体的行为方式，而是此在本身的存在方式。

国内学者对诠释学的研究大致围绕"西方诠释学的译介、研究与应用""中国诠释学传统的宏观研究""中国诠释传统的专题与个案研究""现代'中国诠释学'的探索与建构"等四个方面展开，[②] 积累了丰富的经验，取得了相当的成就，但是依旧存在广阔的研究空间。本研究选择明末江南士人祁彪佳十五年内（从崇祯四年七月到弘光元年闰六月，即 1631—1645）撰写的十五卷日记为研究对象，以海德格尔、伽达默尔哲学诠释学的视角重新观察明代日记，探究如何理解与解释。具体关注理解者的"前见"因何产生？如何实现"自身置入"？

① ［德］汉斯 – 格奥尔格 · 伽达默尔：《诠释学 Ⅰ：真理与方法》，洪汉鼎译，7 页，北京，商务印书馆，2010。

② 李清良、张洪志：《中国诠释学研究 40 年》，载《中国文化研究》，2019（4），68—82 页。

理解者如何理解文本？日记文本又是如何在理解者的介入中自我展开真实的意义？后两个问题涉及文本与理解者如何实现“视域融合”。研究的意义在于以《祁彪佳日记》为个案，详细阐述在理解者与文本的互动中，文本所要表达的真实意义如何逐渐生成，继而真实存在，也就是康德所说的，理解怎样得以可能。此外，本研究为深入理解与解释日记文本提供新的视角，将西方哲学诠释学与中国古代传统文本结合，也是一次新的尝试。

一、作为文本的日记

国内学者赵毅衡从符号学角度提出：“文本是指任何文化产品，不管是印刷的、写作的还是编辑出来的文化产品，或者从事手稿档案到唱片、绘画、乐谱、电影、化学公式等等任何人工符号的构成物。”① 俄国著名作家乌斯宾斯基提出一个更为宽泛的定义：文本就是任何可以被理解的东西。

的确，文本涉及理解，但并不是所有的文化产品都可以作为文本。伽达默尔认为文本是对我们来说有价值和有意义的东西，便于记忆的笔记、科学报告等都不是文本。“只有当文本已被解读，而被解读的文本又并非痛痛快快地被人理解，而是提出障碍，于是人们才会问，文本中所述的究竟是什么。”② 只有寻求理解与解释时，我们所面对的才是文本。任何的经典传承至今，例如《论语》《易经》《理想国》《荷马史诗》等，如果没有人试图阅读，并且在阅读中遭遇困难，无法理解，那么这些经典就只是故纸，毫无意义，这些经典也就丧失了传承的价值，不成其为文本。“文本概念只有与解释相联系并从它出发才表现为真正的所与（Gegebene）、要理解之物（zu Verstehende）。”③

文本必须是可以理解的。伽达默尔写道：“这个概念是一切文本构造的基

① 赵毅衡：《哲学符号学：意义世界的形成》，120 页，成都，四川大学出版社，2017。
② ［德］汉斯 - 格奥尔格·伽达默尔：《诠释学Ⅱ：真理与方法》，洪汉鼎译，429 页，北京，商务印书馆，2010。
③ ［德］汉斯 - 格奥尔格·伽达默尔：《诠释学Ⅱ：真理与方法》，洪汉鼎译，426 页，北京，商务印书馆，2010。

础，同时也使这种构造，与诠释学的联系明显可见；每一次向文本的回溯——不管涉及的是真正用文字写下的文本亦或只是重复在谈话中的表述都是一样——都是指‘证物（Urkunde)’，即最初讲出的或宣告的东西，这些可以作为同样的意义而起作用。这种‘证物’应当被理解，这规定了一切文字书写物的任务。写下来的文本应该这样固定原始的宣告，以使其意义被人清楚地理解。与书写人任务，相应的是阅读者、收信人、理解者的任务，他们应当达到理解，亦即使写下来的文本重新讲话。在这个意义上可以说阅读和理解就意味着使‘证物’返回它原初的真实性。只有当写在文字中的意义内容发生争议才会提出解释的任务，解释就是要获得对‘证物’的正确理解，然而，‘证物’却并不是讲话者或写作人原本所说的，而是假设我作为他原始的谈话伙伴时它所曾经想说的。这一点，在把‘命令’解释为诠释学问题上，表现得很明显，命令应该‘按意义’遵守（而不是按字面）。因此，实际的结论就是，文本并不是一种给定的对象，而是理解事件过程中的一个阶段。”①按照伽达默尔的意思，文本可以被清楚地理解，文本所敞开的意义，并不一定是字面的意义，理解遵循的“命令”也只能是依照本来的意义。这种意义不是给定的，不是固定不变的，不是放在那里等待人们发现的“成品”。正相反，它是在理解者、阅读者、收信人的参与下，回归历史，与文本的书写者相对而坐，被告知和劝说，在二者争辩、互动中逐渐生成之物。

文本的理解借助语言作为桥梁，“能被理解的存在就是语言”②。“只要思考者相信语言，也就是说，只要他与其他思考者和其他人的思想进行对话，那么任何一种概念语言，甚至包括海德格尔所谓的形而上学语言，都不会成为思想无法穿透的禁区。”③上面是说，语言对于文本的解释力，人们通过语言，沟通思想，传达与理解意义。但这并不是说语言是最终的所要追求之物，也不是说

① ［德］汉斯－格奥尔格·伽达默尔：《诠释学Ⅱ：真理与方法》，洪汉鼎译，433页，北京，商务印书馆，2010。

② ［德］汉斯－格奥尔格·伽达默尔：《诠释学Ⅱ：真理与方法》，洪汉鼎译，420页，北京，商务印书馆，2010。

③ ［德］汉斯－格奥尔格·伽达默尔：《诠释学Ⅱ：真理与方法》，洪汉鼎译，417页，北京，商务印书馆，2010。

诠释学考虑的是语用学或语言表达问题。“理解过程所进行的与语言学恰好相反，它是一种语言遗忘话语或文本，就被置于此种语言遗忘之中，只有当语言遗忘受到干扰，也就是说凡解释不能成功的地方，文本的原话，才会被询问，而文本的制造才能成为一种独特的任务。”[①] 这里有两重意义，第一理解开始于语言中的困惑，第二语言并不是最终要追寻的东西，而恰恰相反，我们要追寻的意义正开始于语言的遗忘。在整个文本的理解过程中，我们要遗忘的不仅仅是语言，甚至是解释者本身。恰如伽达默尔所说的，唯有文本在说话。

日记作为文本的一种，首先它和其他文本一样，也是在理解中产生的，当我们作为读者，翻开日记，我们有许多困惑和不解，我们试图回到当时，试图作为作者的挚友，促膝而谈，理解就此开始，日记作为文本也就此诞生。日记，是可以被理解的，虽然在作者写作的过程当中，也许并没有想过要他人理解。另外，我们没有必要也无须纠结于日记的语言，要知道语言只是桥梁，只是一种媒介，作为我们理解的媒介。最终要做到的，依然是忘记语言，理解日记。最重要的还有一点，在中国古代诠释学中，我们注重的依然是透过语言、透过诠释，看到的不是文本本身，而是文本背后的作者形象。而在此，伽达默尔的真意，却是要通过我们去探寻与建构文本原始的意义，让文本本身说话，让我们忘记的不仅仅是语言，也不仅仅是我们自身，更重要的是要忘记作者，从而还原文本存在的本体论意义。

日记作为文本又具有其特殊性。我们说，作者在写作的过程当中通常是知道读者的，也就是说，他知道写成的作品将会展示给谁，谁来读，谁来理解。例如一本小说，作者在写作的时候就知道这本小说是写给普通大众的，那他就应该有普通大众的语言，便于普通大众去理解他所指的意图，理解小说的内在含义。这就是伽达默尔所说的，凡事要寻求理解，就要有良好的意愿作为前提。但是日记原本的读者应该是自己，最先设定的读者应该是自己，那么也就是说，如果当读者和作者是同一个人的时候，如果没有发生记忆遗忘就不会出现理解

① ［德］汉斯 – 格奥尔格 · 伽达默尔:《诠释学Ⅱ：真理与方法》，洪汉鼎译，430 页，北京，商务印书馆，2010。

障碍，也就无所谓文本。可是情况发生了转变，我们作为读者想去理解日记，也会有许多的迷惑和困难，于是日记成为了文本，这就牵涉到了伽达默尔提及的“原始读者”，他说“原始读者的问题完全是没有澄清的抽象”[①]，从这个意义上讲，我们不用在乎原始读者是谁，也就是说我们不用在乎日记的原始读者究竟是自己，还是朋友，或是他人，我们要关注的只应该是今天我们作为读者与日记之间重新建构的文本的意义。

另一个问题更加有趣，如果日记首先是写给自己的，那么在作者的写作意图当中就不会隐藏，不设防，是直面自己的内心的，不媚俗。在这种情况之下，我们作为当下之人，重新去阅读日记时，理解的难度究竟是变大了还是变小了？说难度变大了，是因为作者有自己的语言体系，当与自己对话的时候许多东西不用做隐喻，隐藏其中不需言明，因为自己是了然的。说理解的难度变小了，是因为既然日记是写给自己的，那么也就没有什么隐藏，无须要任何的隐喻、反讽。那么这种日记应该能更加真实地反映出作者的写作意图，在阅读的过程当中难度似乎是变小了。但是，真实情况是，理解难度的大小是随着理解者参与建构文本意义的时间与“自身置入”的深度所决定的。一般来讲，时间越久，置入的深度越深，理解就会变得容易。

另外，日记虽属自传的一种，但是与自传仍有较大区别。日记不能从一开始就进行预设，也就是说作者不可能从一开始就考虑到未来发生的事，不可能做一个全盘的打算，除非作者一开始就想作伪。日记更加体现了生成性，随着生活推进，日积月累，作者的意图一直都在改变，也就是说预设的东西变少了，甚至更少，相应地，文本的原始意义似乎在读者与作者共同遭遇、经历生活的过程中更容易凸显出来。

还需强调的是，以上的陈述突出了读者，或者是理解者通过“自身置入”的方式，与文本一起建构和生成意义。但是，在这其中我们不能仅仅依据读者、理解者自身的主观性任意建构，伽达默尔说“文本不能被理解成作者主观性的

① ［德］汉斯－格奥尔格·伽达默尔：《诠释学Ⅰ：真理与方法》，洪汉鼎译，556页，北京，商务印书馆，2010。

生动表现"[①]，我们要关注的始终应是文本本身。

二、理解者的"前结构"

首先，理解者在阅读文本或阅读日记的过程当中会带着"前见"，这被称作理解者的"前结构"。可以试想，当文本与理解者的"前结构"相符，那就没有所谓的理解，也没有诠释。所以说不可能对经典的全部，全部的文字都有诠释，平常之意是不用诠释的，只要理解那些出现理解困难的地方，文本诠释不是流畅的过程，而是许多的片段。但是将理解归因于文本与"前见"的张力只是其中一种情况，还存在另外一种情况，那就是"前见"和文本基本是相符的，但是文本对比"前见"有更深层意义。可以这样讲，不论"前见"与文本之间有矛盾或者"前见"和文本基本一致，"前见"对于文本理解来而言都有基础性的作用。"前见"带给我们理解的基础与背景，给我们构建了一个理解的场域。海德格尔和伽达默尔也认为，"前见"是无可避免的，只要我们生活在历史当中，那么我们就不可避免地带有"前见"。其次，"前见"并不都是消极的，也会具有积极的意义。伽达默尔说"前见"其实并不意味着一种错误的判断，它的概念包含它可能具有肯定的和否定的价值。[②]伽达默尔进一步对"前见"做了划分，他认为一部分"前见"是由于人的威望而带来的，而另一部分"前见"是由于过分轻率而带来的。"轻率是我们在使用自己理性时导致错误的真正源泉，反之权威的过失在于根本不让我们使用自己的理性。"[③]这里的意思当然是说，不论是轻率还是权威，都有可能会妨碍我们的理性，但是如果仅仅依靠我们的理性也一样会犯错误。在此种意义上，权威或者是传统都有可能为我们带来积极的意义。因为不论是权威还是传统，真正的基础都是一种自由和理性的

① ［德］汉斯－格奥尔格·伽达默尔：《诠释学Ⅰ：真理与方法》，洪汉鼎译，555页，北京，商务印书馆，2010。

② ［德］汉斯－格奥尔格·伽达默尔：《诠释学Ⅰ：真理与方法》，洪汉鼎译，384页，北京，商务印书馆，2010。

③ ［德］汉斯－格奥尔格·伽达默尔：《诠释学Ⅰ：真理与方法》，洪汉鼎译，393页，北京，商务印书馆，2010。

行动。

接下来我们要引入研究的对象——《祁彪佳日记》。我们要来实践地看看，究竟理解者的“前见”从何而来？哪一些“前见”是权威与传统的？哪一些属于轻率的“前见”？看看“前见”对我们的理解有哪些积极与消极的影响？

祁彪佳（1602—1645），字虎子，一字幼文，又字宏吉，号世培，别号远山堂主人，浙江山阴人，天启二年（1622）进士，历任福建兴化府推官、福建道监察御史、苏松巡按等职。明末散文家、戏曲家。祁彪佳在江南士人中声望很高，是晚明儒家士大夫的代表。《祁彪佳日记》包括祁彪佳十五年内（从崇祯四年七月到弘光元年闰六月）（1631—1645）撰写的十五卷日记，具体有《涉北程言》《栖北冗言（上、下）》《役南琐记》《归南快录》《林居适笔》《山居拙录》《自鉴录》《弃录》《感慕录》《小捄录》《壬午日历》《癸未日历》《甲申日历》《乙酉日历》等。

在阅读《祁彪佳日记》之前，我们的“前见”主要包括三个方面，首先是对作者的了解，其次是对作者生活时代的了解，最后是对明朝末年日记形式与内容的了解。这里有两种情况：第一种情况“前见”是我们在阅读文本之前为了更好地理解文本，努力寻找的背景材料。另一种情况是我们在遭遇问题之前，或是在介入理解文本之前，我们并不知道何为“前见”，因为“前见”是隐身的，或者是说“前见”是潜在于我们意识当中的，只有当我们介入了文本理解时“前见”才开始显现出来。也就是说，这部分“前见”来自于我们的知识结构，而我们的知识结构又来自我们学习而实践的全过程，一部分是来自传统与权威的知识，另一部分也会有来自生活中自身的体认以及他人的言说。

此外还需对“前见”做进一步分析，正如海德格尔与伽达默尔所说，“前见”有两种，一种是来自权威或传统的“前见”，而另一种“前见”则来自轻率的想象。我们在阅读《祁彪佳日记》时带入的“前见”，哪些属于权威或传统，而哪些来出自于自大的想象？

来自传统或权威的，蕴含在传统文化的延续中，是具有历史价值性的内容，譬如说来自于对明朝末年社会的基本状况、政治状况、经济状况，以及对士人阶层基本生活状况的了解，还有对明朝末年学术思想发展趋势的概括。这些都是来自权威与传统的“前见”。其中对明末学术发展趋势的认识，根据陈宝良的总结：“晚明学术思想呈现出以下三个方面的特点：一是信仰合流（syncretism），这种合流倾向尤其在理学家中盛行；二是理学派别中程朱与陆王两派的历史论战；三是考据学（evidential research）的出现，并成为一个新兴的学术流派。除此之外，明末“经世致用”思潮的崛起，应该属于当时思想文化的最大变革与创新。”[①] 王汎森也说：“三教合一及三教相互竞逐，是晚明思想的一大特色，这种竞合的现象不只发生在有名的文化精英身上，在乡里的层次也非常明显。”[②] 余英时在《宋明理学与政治文化》及《朱熹的历史世界》中提及宋代读书人期望“得君行道”，明代王学则转向“觉民行道”。王汎森由此认为值得关注的是“晚明思想家在乡里社会中如何善用其思想资源介入当地的社会活动，说服当地群众，逐步建立起他们在当地思想文化中的领导地位，而这种地位又增强了其思想的说服力，慢慢形成一个基地”[③]。以上关于晚明“三教合流”学术思潮的总结，对我们之后认识与理解《祁彪佳日记》中多次提到的儒、释、道三家思想，尤其是三家修养方法对其自身的影响奠定了基础。祁彪佳经常出入佛寺，与僧人来往密切，在心性修养中也多次向僧人请教，共同探讨佛理与养心之法。“初二日……三宜师同之至密园，偶询一佣工者茹素之故，彼述梦中语，三宜师回忆，昨亦有似有人语，向师云‘予他过皆忏尽，惟一过未忏’盖阅《楞严经》而不免淫亵也，闻之羞愧不已。”此外他的好友颜茂猷深受道家思想的影响，也曾授予他道家修养的方式与方法。“听姚心无与颜壮其谈所学得手处。心无言结丹之后，时见日光影现于前。壮其以光不内摄，丹且未成，欲以所传传心无，而彼方津津自得也。谈竟起，或步、或坐于吕祖座旁。”[④] 这些都对祁彪佳产生了深刻的影响。另一方面，陈宝良提到的晚明经世致用思潮的崛起，或是王汎森讨论的晚明思想家的社会角色，也对我们理解《祁彪佳日记》

① 陈宝良：《明代社会转型与文化变迁》，15 页，重庆，重庆大学出版社，2014。
② 王汎森：《晚明清初思想十论》，3 页，北京，北京师范大学出版社，2020。
③ 王汎森：《晚明清初思想十论》，6 页，北京，北京师范大学出版社，2020。
④ 祁彪佳：《祁彪佳日记》，张天杰点校，35 页，杭州，浙江古籍出版社，2017。

有积极作用。祁彪佳积极从事社会实践，不论是作为官员还是作为乡绅，极为关注地方情况，参与多重地方事务，包括赈灾、救荒、兴修水利等，还多次处理地方纠纷。

那些源于自我轻率的想象，譬如说：关于明朝末年日记的基本内容与形式，我们了解到明代士人撰写的日记因为受到“三教合流”，尤其是“功过格”的影响，日记一般都采取或包括簿记的形式，甚至出现了非常严格的记录每天善恶事件的表格。例如吴震在其《明末清初太仓地区的思想活动》一文中提到，明末“太仓四君子”之一的陈瑚的《大学日程》充塞戒律戒条，后收入《圣学入门书》。“这部书非常独特，即便称为‘儒门功过格’也不为过，因为其中有大量用来记录功过的表格。”[①] 还有一些明代士人在日记中，会有“告天”的形式。所谓“告天”，是将自己的思想与行为向“天”诉说，希望获得“天”的宽恕与眷顾。这里的“天”不是道德律令，而是外在超越的人格神。另外一些士人为了更好地修养自己的德行，记录了梦境中发生的事情，以便对梦境也进行一定的反思和悔悟。例如明末大儒刘宗周与祁彪佳亦师亦友，一直保持交往与联系，对祁彪佳产生了重要影响。刘宗周重要著作《人谱》中对记梦省过有详细论述：“程子曰：人于梦寐之间，亦可以卜自己所学之浅深。如梦寐颠倒，便是心志不定，操存不固。本朝杨公翥尝夜梦误入桃园，私食人二桃，既寤，深自咎。曰：‘吾必且旦昼画义心不明，以至此也。’为之三日不餐。吴康斋先生（与弼）尝夜梦孔子、文王来访，如是者数四，人以为此先生真积力久之验。”[②] 上述种种，当我们带着“前见”，满心期待认真对照《祁彪佳日记》，才知并无此类记述。有学者借用西方学者韩德林的观点，将修身日记分为两种形式，“一种是以经典作为出发点，通过对学术的掌握进一步完善道德修养的语录和读书笔记，一种是以个人经历或具体事件为出发点，通过对错误的审视和纠

① 吴震：《明末清初劝善运动思想研究》，297 页，上海，上海人民出版社，2016。

② 《刘谱录遗》，见刘宗周著，吴光主编：《刘宗周全集》，第六册，53 页，杭州，浙江古籍出版社，2007。

正达到道德的高度完善的功过格和日记”[①]。在阅读日记的过程中，我们多次试图寻找古代圣贤语录等内容，但纵观祁彪佳日记所有内容，圣贤语录基本没有出现，正面涵养是通过静坐、读书等其他形式展开。另外，负向的省察与改过虽然在日记中也有出现，但更多的是反省，改过的内容较少，甚至在筑园这件事上没有改过。王汎森在《权力的毛细管作用：清代的思想、学术与心态》中援引夫马进的观点，也曾对祁彪佳放生做过评论：“祁氏热心参与放生会，有一次他买好田螺与会友准备放生，不料被偷了，祁氏为此大怒，准备诉官，因而引起许多人的不满，人们批评放生会的人宁可放生不肯救饿人之饥，把人命看得比田螺的命还贱。”[②]这一评价与历史中对祁彪佳的总体评价产生了矛盾。上述轻率的“前见”会在一定程度误导我们对《祁彪佳日记》的阅读与理解，我们越是对“前见”深信不疑，预设越多，更为具体详细，越容易陷入理解的困境。

还有一些是来自权威与传统的“前见”。比如说对传统儒家知识分子的整体形象的体认。我们一直认为儒家知识分子，尤其是作为社会评价很高的杰出的儒家知识分子，在日常生活中也是很自律的。这源自于我们知识体系中，一直存留的儒家知识分子固化形象，他们过的是一种非常自律的道德生活。也源自我们在经典阅读当中，生成的圣人君子形象，例如孔子、颜回、孟子、朱熹等。如果按照上面的思路，儒家知识分子的生活除了做官、处理政务，剩下的时间应该通过读书不断提升自我修养。当然，知识分子也应有高雅的爱好，例如琴棋书画等。但是这种对自我固化的儒家知识分子形象的认识也会制约对《祁彪佳日记》的理解。由此可见，轻率的“前见”，也并非完全是自大的想象，其中可能也有传统或权威的参与。只是权威或传统更多反映的是历史的共性。而那些轻率的“前见”，则可能是经由传统或权威后自我的突发奇想；可能是暂时脱离了历史共性，从历史中的个体、个案身上得到的联想；也可能是

① 王璐：《明代儒家省过工夫的发展脉络——以儒家修身日记为中心的考察》，载《史学月刊》，2020(6)。

② 王汎森：《权力的毛细管作用：清代的思想、学术与心态》，242页，北京，北京大学出版社，2015。

格外注重历史共性而忽略了理性的结果。

综合以上分析，当“前见”属于一个历史文化的宽广视域时，那么它对于我们的认知与理解，就会有积极的意义。但是，如果当“前见”变成了一种成见，封闭保守、固执己见，那么这时即便是它来自传统与权威，那它也有可能变成一种自大而消极的“前见”。还有一种情况，一些“前见”来自他人的评论，这些片面的评论也会影响我们的认识。最后，“前见”如果只是关于具体人、具体事件时，由此发生的对比迁移或联想，也有可能成为轻率的误解。在中国传统文化中，孔子曾说过“勿意、勿必、勿固、勿我”（《论语·子罕》），要求我们做事不能凭空猜测、主观臆断。荀子也说过“虚壹而静”，就是要保持内心的一种空虚的状态，不要带着主观的偏见、成见，而妨害了对未来事物的认识与理解。孔子与荀子这里所说的与海德格尔、伽达默尔哲学诠释学对“前见”的理解是相通的，都是为了避免成见、偏见，强调在认识过程中按照事物本身来认识。海德格尔认为，在理解的过程中会以一种更合适的“前见”去代替原有的“前见”。他曾经这样描述理解整体的过程：“对前筹划（Vorentwurf）的每一次修正是能够预先做出一种新的意义筹划；在意义的统一体被明确的确定之前，各种相互竞争的筹划可以彼此同时出现；理解开始于前把握（Vorbegriffen），而前把握，可以被更合适的把握所代替；正是这种不断进行的新筹划过程，构成了理解和解释的意义运动。”[①] 海德格尔所要表达的是“前见”在与文本不断互动过程中的自我修正，当然这里所说的自我修正并非仅仅源于与文本的互动，也来自理解者自身所处的历史与文化状态。

三、“自身置入”与日记真实意义的显现

伽达默尔说：“当我们的历史意识置身于各种历史事例中，这并不意味着走进了一个与我们自身世界毫无关系的异己世界，而是说这些是与共同的形成了

① ［德］汉斯–格奥尔格·伽达默尔：《诠释学Ⅰ：真理与方法》，洪汉鼎译，379 页，北京，商务印书馆，2010。

一个自内而运动的大视域，这个大视域超出现在的界限而包容着我们自我意识的历史深度。事实上这也是一种唯一的视域，这个视域包括了所有那些在历史意识中所包含的东西，我们的历史意识所指向的，我们自己的过去和异己的过去，一起构成了这个运动者的视域。”①

“理解一种传统无疑需要一种历史视域，但这并不是说，我们是靠着把自身置入一种历史处境中而获得这种视域的。情况正相反，我们为了能这样把自身置入一种处境里，我们总是必须已经具有一种视域。因为什么叫做自身置入（Sichversetzen）呢？无疑，这不只是丢弃自己（Von-sich-absehen）。当然，就我们必须真正设想其他处境而言，这种丢弃是必要的。但是我们必须也把自身一起带到这个其他的处境中。只有这样，才实现了自我置入的意义。例如，如果我们把自己置身于某个他人的处境中，那么我们就会理解他，这也就是说，通过我们把自己置入他的处境中，他人的质性、亦即他人的不可消解的个性才被意识到。这样一种自身置入，既不是一个个性移入另一个个性中，也不是使另一个人受制于我们自己的标准，而总是意味着向一个更高的普遍性的提升，这种普遍性不仅克服了我们自己的个别性，而且也克服了那个他人的个别性。”②

当我们面对文本，会遭遇三种理解的困境，当然这里不排除还存在其他理解的困境。这三种困境只是我们作为理解者阅读《祁彪佳日记》时，碰到的真实情况。第一种困境来自于“前见”与文本的冲突。关于明代士人的生活方式，我们的“前见”大致分为两种：一种是明代士人作为典型的、优秀的、社会评价很高的君子，在日常生活中应该过比较严苛的道德生活。另外的一种是明代士人生活富足、价值观呈现多元化趋势。他们的生活雅致，出现“逸乐”现象，放荡不羁，甚至奢侈淫逸。如果说我们严格地遵循了文本，就会发现祁彪佳的生活方式处于一种中间地带，既不严苛也不放荡。但是“前见”对我们

① ［德］汉斯－格奥尔格·伽达默尔：《诠释学Ⅰ：真理与方法》，洪汉鼎译，431页，北京，商务印书馆，2010。

② ［德］汉斯－格奥尔格·伽达默尔：《诠释学Ⅰ：真理与方法》，洪汉鼎译，431页，北京，商务印书馆，2010。

的意义依旧是明显的，因为我们看到，祁彪佳在日记当中描写的每一天的生活，其中有很多的与朋友出游、赏月、听曲、筑园等一类情况。《林居适笔》中记："十七日，早过东关。以前途水浅不能行，复折而西，道经天华寺，入访三宜师，值陶金涧先生。……溯江而上约二十里许，有石崭焉特出，俗呼为指石。自此削壁重崖迫临江上，负载者蚁山半，石断处以栈道接之，即谢太傅高卧东山也。……一峰迥立，四山皆环伏于下，江流如带，琵琶洲迥绕之，即所谓西眺也。"①《自鉴录》有载："十六日，出寓山，与陈长耀移花木于豳圃，移桑于南园。遇大风，手为种植不倦。"②《山居拙录》云："初二日……午后，田兄有成亦自燕京来晤，复至寓山，观《双飞神记》，王云岫至，与之小酌。初三日……午后夏孔林来晤，别去，观《绿袍记》。"③上述情况，在日记中比比皆是，也就从一定程度上印证了明代士人价值观多元化，及其更加精致的生活状态，只不过还没有达到奢靡的程度。另外，也能够印证"前见"的是祁彪佳虽然没有过严苛的道德生活，但是他也在生活中不断地去反省自身，例如自己的内心为什么不能够安静？他通过静坐的方式，当然他的静坐有很多道家和佛家的影响，来保持自己内心宁静。这也就是说他依然保留了儒者对内心修养的观照。《自鉴录》中，祁彪佳说自己："初有志于心性之学，覆阅《严楞》及半而止，渐觉浮动如纵马奔猿不可收缚，又一失也。"④《涉北程言》记："十三日……午后，颜壮其至，讲'守心十二法'，先之以守乾、守坤，终之以守雌黑。虽入手玄门，而儒释大道已具。……坐顷，不觉门外积雪盈寸矣！乃踏雪归，与颜壮诸兄卧谈。"⑤《山居拙录》亦有记："二十日，礼忏如前。晚，坐香一炷。时有禅僧以参禅起昏魔者，予解慰之。稍赠以衣单。"⑥我们在理解的过程中，首先是回到文本，从文本出发，另外也采纳与运用了"前见"给予我们的视域。具体来说，首先相信祁彪佳的生活方式是依据日记所记录的方式展开，

① 祁彪佳:《祁彪佳日记》，张天杰点校，241页，杭州，浙江古籍出版社，2017。
② 祁彪佳:《祁彪佳日记》，张天杰点校，355页，杭州，浙江古籍出版社，2017。
③ 祁彪佳:《祁彪佳日记》，张天杰点校，300页，杭州，浙江古籍出版社，2017。
④ 祁彪佳:《祁彪佳日记》，张天杰点校，311页，杭州，浙江古籍出版社，2017。
⑤ 祁彪佳:《祁彪佳日记》，张天杰点校，17页，杭州，浙江古籍出版社，2017。
⑥ 祁彪佳:《祁彪佳日记》，张天杰点校，303页，杭州，浙江古籍出版社，2017。

这种相信也是源自祁彪佳十五年日记的每一天，不断地重复和不断地印证。其次基于“前见”给予我们的视域，祁彪佳的生活方式是介于二者之间的，对我们重新的评价祁彪佳的生活方式提供了参考和价值。综合以上，我们看到“自身置入”后文本的意义开始生成。这种生成是理解者与作者之间博弈的结果。“自身置入”要求我们做的是保留我们自身的“前见”，但是却能够和文本换位思考，或者和作者换位思考，不论是回到过去，与作者面对而坐，相互探讨，促进理解，还是以这种书面的形式去沟通，“自身置入”代表的都是一种博弈，是生活在现代世界中的我们，带着我们的“前见”，与生活在历史当中的作者与文本展开的一场博弈。文本意义的生成也是“视域融合”的结果。因为“视域融合”并不是把我们的视域变成他者的视域，或者是用我们的视域来覆盖他者的视域，“视域融合”指的是我们在更高层次上的融合。也就是说，理解者与作者、文本在不断的博弈当中、对话当中，不断试图说服对方，想要最大限度地保有己见，但同时有不断被对方说服，不断更新自身的意见，在这种循环往复中，获得相互的平衡与理解。

第二种理解的困境，来自日记表述与作者真实想法的偏差，反映了作者祁彪佳在传统与自我选择之间的“执拗”，作者虽然坚持己见，但同时也无可避免的需要考虑传统的影响。例如在日记当中祁彪佳一再表明自己对筑园的悔恨，在朋友的不断劝说下，他也认为作为一名儒者，不应该把过多的精力与财力浪费在筑园上。《自鉴录》写道：“卜筑不已，良友之劝箴不能从，而徒欲之忏悔于持诵，一失也。”[①]《癸未日历》有记：“初十日……予于午后至族间一切尊长、昆弟、子侄辈，见其萧条之状，甚为恻然，因思园事之乐，大为过分，欲以赡族增充用补予过。”[②]甚至到临终之前，依旧认为自己筑园是错事，要把自己精心建造的寓园捐赠为佛教的寺庙。但是我们反复的看到作者祁彪佳只要有时间，每天都在筑园。这种明知自己是错，但却悔悟不改，将错就错，真的是儒家的自我修养方式吗，还是作者并没有了解自己真实的想法？日记当中反复出现的

① 祁彪佳：《祁彪佳日记》，张天杰点校，311 页，杭州，浙江古籍出版社，2017。
② 祁彪佳：《祁彪佳日记》，张天杰点校，707 页，杭州，浙江古籍出版社，2017。

筑园经历，一竹一梅，一砖一瓦，都倾注了祁彪佳大量的心血。1644 年，李自成攻入北京，崇祯帝自缢，明朝灭亡。明朝宗室逃亡南方，欲建南明政权。次年，祁彪佳日记载："初五日，与匠人入内宅，卜度书楼及竟志堂，欲移为寓山之用。……闻张介子言，有友人可供园中扫花之役，乃以一字询之。""初八日……是日命公役修坡岸及花圃，予时时置身香雪中。"[①] 可见祁彪佳即便在国变最后的紧急关头，也未松懈对寓园的建造。上述在文本中表现的一切都在向我们诉说，祁彪佳尽自己最大的努力建造园林并无悔恨。恰恰相反，建造园林、欣赏园林、畅游并居住在自己精心建造的园林之中，得到的是人生极大的满足与乐趣。祁彪佳曾多次表达自己这样的想法，《感慕录》中记："二十二日……与陈长耀至寓山，开土于山后，种竹、凿涧，聊以自遣。"[②] 可见筑园是其排遣内心积郁的一种形式。《乙酉日历》云："十七日……连日多暇，督工役竣瓶隐改造之工，以此为乐。"[③] 祁彪佳的友人经常穿梭于寓园之中，为寓园作赋、作画、题诗，祁彪佳更是将寓园当作自己的杰作，引以为傲。这里理解出现的问题，是祁彪佳对建造园林这件事的悔恨与日记中反复表现出来的快乐与愉悦形成了鲜明的对比，产生了极大的张力。

运用哲学诠释学的视角，我们首先尊重文本本身，虽然在此祁彪佳表示悔恨也是以文本形式出现，但是这里的情感是一种主观的表现，是作者主观的、有意地表达了自己的情感。而文本中表现的客观形式，则是以反复出现祁彪佳对建造园林所感受到的喜悦。我们所要遵循的正是这种不出于作者的主观意图，而是在文本中生成的、反复出现的、整体性的真实的意义。也就是说，在建造园林这件事情上，我们认为，祁彪佳并不是真心悔悟，这表现了明末士人风雅的生活情趣和审美方式。在国家政局混乱的情况下祁彪佳依然尽其所能建造园林，是因为这里暗含着他的理想，安放着他的精神，建园建的是他精神的寓所，不禁让人联想曾点的志向。《论语》中曾点描述的境界是一种乱世中的太平景象，

① 祁彪佳：《祁彪佳日记》，张天杰点校，810 页，杭州，浙江古籍出版社，2017。
② 祁彪佳：《祁彪佳日记》，张天杰点校，476 页，杭州，浙江古籍出版社，2017。
③ 祁彪佳：《祁彪佳日记》，张天杰点校，813 页，杭州，浙江古籍出版社，2017。

构绘的是一种理想社会图景。祁彪佳的寓园又何尝不是，他岂不知乱世之中筑园无益，终将毁于战乱？如此做，如此嗜好与偏执，只因为寓园也是乱世中的太平，寓园中藏着他的乡愁。在寓园中他的心灵得以慰藉，生命的闲适得以暂时的舒展，寓园在祁彪佳心中是自由之地，在此方可获取自由的样态与体验。

这种观点也可以在祁彪佳殉节这件事上得到验证。明亡之后，祁彪佳并没有接受清的招降，而是非常从容地写好遗书后在寓园投湖自尽。自尽的方式以及地点都显示了作者是将自己建造的寓园作为安放灵魂之处。但是不得不承认，从一开始，祁彪佳经世治世的努力与筑园赏园就有着紧张与矛盾，一方面是赤裸裸千疮百孔的社会凋零，他为此费尽心力，出仕、赈灾、救济百姓；另一面则是理想的归所，一种有些自欺欺人的暂时的安逸与享乐，这体现了祁彪佳等一批明末知识分子生活与理想的疏离，这种有似两重世界的分离，正体现出了儒、释、道三家合流后，佛、道思想对士大夫精神层面的影响。

第三个理解上的困境是日记文本中表述的相互冲突。伽达默尔说："书写下来的东西可能不是真的，这并不完全能容易的被看出，书写下来的东西具有可指明的明显性，并且就像是一种证明材料，因此我们需要一种特别的批判努力，才能使自己摆脱书写下来的东西所具有的前见，并向对所有口头陈述一样区分其中的意见和真理。"[①] 祁彪佳作为明朝末年江南声望很高的士人，对自己的要求也是很严苛的，例如祁彪佳多次表示自己不能够静心，会因为日常的琐事烦扰，无法保持内心的平和状态。为此，他曾多次与白马会成员相约举行静坐，"十一日……抵寓，会中诸友王金如、王俊仲、秦淡如、吴与参、金士望、陈汝理、钱千之及季超兄咸在，吕梅夫后至。午后，稍习静坐。晚，秉烛深谈。金如所以规予者，切中膏肓，令人通身汗下"[②]。后也实行过多次忏悔静坐。《栖北冗言（上）》有记："初五日……予焚香为候，以豆子验念之起灭，尽香一枝，凡掷豆三十二枚，我心散乱一至此哉！"[③] 虽然后面的状况要比前面好很多，

① 祁彪佳：《祁彪佳日记》，张天杰点校，386 页，杭州，浙江古籍出版社，2017。
② 祁彪佳：《祁彪佳日记》，张天杰点校，203 页，杭州，浙江古籍出版社，2017。
③ 祁彪佳：《祁彪佳日记》，张天杰点校，35 页，杭州，浙江古籍出版社，2017。

但是这可能得利于找到了正确的适合自己的静坐方式，如于寺庙中静坐“初九日……步入云门寺，晤六如师及荆门上人。……晚，坐香一炷”[①]。但是从总体上来看，祁彪佳的内心并没有达到自己所要追求的平和状态。另外，祁彪佳曾多次表达自己学业不精，没有认真地阅读圣贤之书，感悟不深。《山居拙录》中记：“初九日……因简点两载来所阅书，有十二种，计一百五十余卷，然而掩卷茫然，徒读无益，乃做警语，自定课程。”[②]上述内容都表明在祁彪佳自己看来，还没有达至君子人格，没有完成诚意慎独的内心修养。但是我们在日记当中，尤其是辛巳年（1641）他赋闲在家作为乡绅参与的社会事务与承担的社会角色的相关内容中可以看到不同的一面。这里主要指的是他参与的当地的赈灾与救荒活动。《小捄录》中详细记载了祁彪佳作为江南士绅赈灾救荒的社会活动。他的大局意识（“谓今日之事，断以通商告籴为根本之计，平粜给米亦须亟举，而目前之著，一则严示谕开典铺米铺，一则禁强借强籴，一则令任事之友分坊立刻查上贫、次贫，使其有得食之望，人心便可少安。”[③]），全盘规划（包括分区、发仓、官粜、民粜、转粜、给米、粥厂、药局、病坊、保婴、散钱、掩埋等），动员社会上一切可以动员的力量（官商共筹[④]，行粥过程中利用寺庙佛教的力量，分粥后念佛号，流民端坐，没有逾越之人[⑤]），能抓住事情的根本和要点，在短时间内最高效地解决问题。这些都显示了祁彪佳在个人修养方面已经达到了很高的造诣，和前面所述的他自己对自身的评价有很大出入。

纵观整个明代，王阳明的心学思想对当时的知识分子甚至是普通百姓，都产生了巨大的影响。王阳明心学的重要观点是要人们从事上磨炼，不断体认和恢复自己的良知。“是徒知静养而不用克己功夫也。如此，临时便要倾倒。人须在事上磨，方立得住，方能静亦定、动亦定。”[⑥]如果仅能在静坐中澄清自己的本心，这还不能达到致良知的本意。王阳明心学的观点也属于我们的“前见”，

① 祁彪佳:《祁彪佳日记》，张天杰点校，301 页，杭州，浙江古籍出版社，2017。
② 祁彪佳:《祁彪佳日记》，张天杰点校，273 页，杭州，浙江古籍出版社，2017。
③ 祁彪佳:《祁彪佳日记》，张天杰点校，486 页，杭州，浙江古籍出版社，2017。
④ 祁彪佳:《祁彪佳日记》，张天杰点校，489 页，杭州，浙江古籍出版社，2017。
⑤ 祁彪佳:《祁彪佳日记》，张天杰点校，874 页，杭州，浙江古籍出版社，2017。
⑥ 王守仁:《传习录译注》，王晓昕译注，61 页，北京，中华书局，2018。

当我们将“自身置入”文本的时候，这种“前见”指引了我们理解的方向。现在我们重新判断上述问题的出入，在遵循文本与肯定“前见”作用下，得出这样的结论：祁彪佳个人修养境界还是很高的，并不是像他自己所说的在修养方面存在很大欠缺。

当然在理解的过程当中也有直接与“前见”相符的地方。例如所说到的明代士人多元的价值观。在《祁彪佳日记》当中，我们看到祁彪佳阅读书籍类型多样，有修养身性的儒家哲学书籍（如《周礼》《传习录》《尚书》《太极图说》等）、佛教经典（如《楞严经》《妙法莲华经》等）、历史著作（如《十六国春秋》《汉书》《列国传》《唐末纲目》《宋鉴》《元史》等），有经世致用的兵书、水利、赈灾、救荒之书（如《农政全书》《守城全书》《武备志》和《皇明经世文编》中荒政及弭盗、城守部分等），也有家传关于政治为官之书（如《牧津》），还有诗歌、曲谱、小说等。如此繁杂的类型足以为明末世人价值观的多元化提供依据。

上述分析呈现了阅读《祁彪佳日记》时理解的困境，以及“自身置入”后我们如何与文本一起生成与建构意义。以上三种理解的困境：不论是来自于理解者的前见与文本的冲突，还是日记表述与作者真实想法的偏差，抑或日记文本表述间的相互矛盾，在解决的过程中，我们始终带着“前见”给予我们理解的视域，尊重客观文本，小心谨慎地辨别文本中的意见与真理，我们遵循的不是作者的主观意愿，而是客观文本表现出的整体性的真实含义。整体性是源自祁彪佳十五年日记的每一天的不断重复与印证。这些都表明理解的过程是一种理解者与文本、作者相互博弈的过程，运动中彼此的给予与冲突，争论与和解，其中体现了意义生成的复杂性与开放性。

四、结语

当我们用哲学诠释学的视角重新审视《祁彪佳日记》，文本的意义逐渐生成与展开，这种生成不是基于对客观资料的单独重视，不是兰克学派的“秉笔直书”，解释者不能保持一种超然物外、冷静漠然、不偏不倚的“客观态度”。甚至，不能钟情于文本的语言，要通过语言构建文本原初的内涵。与此同时，理解也不是主观的臆测与想象，理解者的“前结构”虽然具有积极作用，但也有局限与边界，我们必须尊重文本本身。狄尔泰认为，“历史学家不应该单纯体验过去，而要‘理解’过去。‘理解’就是史学家要设身处地地深入到历史人物精神世界的内部，想他（她）所想。只有这样，历史事实才能形成历史知识。当然，史家在内心重现历史人物的过去并非是机械地、原封不动地再现过去，而是借助史家的才德学识‘批判地’重演历史人物的经历”①。狄尔泰在这里已经有“自身置入”的含义，理解者带着“前见”心平气和地与文本沟通，一次又一次消除彼此的误解，恰如伽达默尔将理解看作一种循环，“这种循环在本质上就不是形式的，它既不是主观的，又不是客观的，而是把理解活动描述为传承物的运动和解释者的运动的一种内在相互作用”②。通过这种循环，“使文本的视域和读者的视域之间的对峙得到解决”③，从而达成“视域融合”。

生成的文本意义依然是开放的，也就是说它还在不断生成中，对文本的诠释与理解可以是多元的。例如我们第一次去阅读的时候，我们是如何理解文本，但是多年之后我们再去阅读时，又如何重新理解文本。还有一种情况是，当不同的理解者面对相同的文本，也会产生新的理解。这不是片面夸大理解者的主观性，而是显示了文本诠释的空间，更重要的是突出了理解的开放视角，以及理解的历史性。时代与社会的变迁，传统与观念的转换，理解者对于文本的诠释一直在变化，有了这种变化经典与文本才得以延续与传承。洪汉鼎说：“西方诠释学有一个重要的启示，即经典的普遍性并不在于它的永恒不变，而在于它不断翻新，永远是活生生的新的东西。文本作为一种经典，不论是历史的，还是现代的，不论是文学的，还是历史的，它都必须不断与现代的语境相联系，

① 徐浩、侯建新：《当代西方史学流派》，57页，北京，中国人民大学出版社，2009。

② ［德］汉斯－格奥尔格·伽达默尔：《诠释学Ⅰ：真理与方法》，洪汉鼎译，415页，北京，商务印书馆，2010。

③ ［德］汉斯－格奥尔格·伽达默尔：《诠释学Ⅱ：真理与方法》，洪汉鼎译，441页，北京，商务印书馆，2010。

必须不断地被诠释和理解。”[①]

最后要说的是，理解有时是间断的、跳跃的，因为不是所有的文本、文本的全部都需要理解。但理解的过程又是一个整体的过程、连续的过程。这种过程，既是在意识当中的流畅与延续，也是在历史当中的流畅与延续。

① 洪汉鼎：《诠释学与中国经典诠释问题及未来》，载《武汉大学学报》（人文科学版），2012（4）。

参考文献

一、专著

［1］张履祥．杨园先生全集．北京：中华书局，2002.

［2］梁启超．中国近三百年学术史．天津：天津古籍出版社，2003.

［3］陈鼓应．明清实学思潮史．济南：齐鲁书社，1990.

［4］姜广辉．走出理学．沈阳：辽宁教育出版社，1997.

［5］张瑞璠．中古教育哲学史．济南：山东教育出版社，2000.

［6］程宝华．理学真儒——张履祥学术思想研究．北京：中国市场出版社，2013.

［7］何良俊．四友斋丛说．上海：上海古籍出版社，2012.

［8］衷尔钜．蕺山学派哲学思想．济南：山东教育出版社，1993.

［9］蔡尚思．中国礼教思想史．香港：中华书局有限公司，1991.

［10］杨向奎．清儒学案新编．济南：齐鲁书社，1985.

［11］张祥浩．王守仁评传．南京：南京大学出版社，1997.

［12］汪学群．中国儒学史·清代卷．北京：北京大学出版社，2011.

［13］郑宗义．明清儒学转型探析．香港：香港中文大学出版社，2000.

［14］林国标．清初朱子学研究——对一种经世理学的解读．长沙：湖南人民出版社，2004.

［15］汪学群．明代遗民思想研究．北京：中国社会科学出版社，2012.

［16］董平．浙江思想学术史：从王充到王国维．北京：中国社会科学出版

社，2005.

［17］史革新 . 清代理学史 · 上卷 . 广州：广东教育出版社，2007.

［18］张君劢 . 新儒家思想史 . 北京：中国人民大学出版社，2006.

［19］钟泰 . 中国哲学史 . 北京：东方出版社，2008.

［20］王茂 . 清代哲学 . 合肥：安徽人民出版社，1992.

［21］赵靖 . 中国经济思想通史 · 第四卷 . 北京：北京大学出版社，1998.

［22］陈确 . 陈确集 . 北京：中华书局，1979.

［23］谢国桢 . 明末清初的学风 . 上海：上海书店出版社，2004.

［24］蔡尚思 . 中国文化史要论 . 长沙：湖南人民出版社，1979.

［25］宋林飞 . 中华传统美德丛书 · 修身卷 . 南京：南京大学出版社，2008.

［26］吴光 . 刘宗周全集 . 杭州：浙江古籍出版社，2007.

［27］吕留良 . 吕晚村先生文集 . 上海：上海古籍出版社，2002.

［28］王瑞昌 . 陈确评传 . 南京：南京大学出版社，2002.

［29］朱葵菊 . 中国思想通史 · 清代卷 . 武汉：武汉大学出版社，2011.

［30］吴枫，宋一夫 . 中华儒学通典 . 海口：南海出版公司，1992.

［31］何明颖 . 晚明张杨园先生学术思想研究 . 台北：花木兰文化出版社，2009.

［32］张天杰 . 张履祥与清初学术 . 杭州：浙江古籍出版社，2011.

［33］陈海红 . 乱世君子——理学大家张履祥评传 . 北京：中国民主法制出版社，2012.

［34］黄宗羲 . 黄宗羲全集 . 杭州：浙江古籍出版社，2005.

［35］陈青之 . 中国教育史 . 上海：商务印书馆，1936.

［36］王裕凯，朱克文 . 中西教育家 . 贵阳：文通书局，1942.

［37］徐仲林 . 中国教育家传略 . 昆明：云南人民出版社，1983.

［38］王宗岐，王宇飞 . 圣贤论治学 · 择师定终身 . 北京：北京工业大学出版社，2003.

［39］史革新 . 明末清初陆王心学变化趋向探究 . 北京：社会科学文献出版

社，2011.

[40] 王汎森．晚明清初思想十论．上海：复旦大学出版社，2004.

[41] 谢肇淛．五杂俎．呼和浩特：远方出版社，2005.

[42] 张寿安．十八世纪礼学考证的思想活力——礼教论争与礼秩重省．北京：北京大学出版社，2005.

[43] 徐珂．清稗类钞．北京：中华书局，1986.

[44] 蔡尚思．中国古代学术思想史论．广州：广东人民出版社，1990.

[45] 顾明远．中国教育大系．武汉：湖北教育出版社，1994.

[46] 郝勇．中国古代修身故事大观．北京：海潮出版社，2005.

[47] 周敦颐．周敦颐集．北京：中华书局，1990.

[48] 段玉裁．说文解字注．郑州：中州古籍出版社，2006.

[49] 何兆武．苇草集．上海：三联书店出版社，1999.

[50] 顾炎武．日知录集释．石家庄：花山文艺出版社，1990.

[51] 高谦民．中国小学思想品德教学史．济南：山东教育出版社，1995.

[52] 苗润田．中国儒学史·明清卷．广州：广东教育出版社，1998.

[53] 陈祖武．吕留良与浙西学术．北京：中国社会科学出版社，1992.

[54] 卞僧慧．吕留良年谱长编．北京：中华书局，2003.

[55] 容肇祖．容肇祖集．济南：齐鲁书社，1989.

[56] 魏裔介．兼济堂文集．北京：中华书局，2007.

[57] 陈来．宋明理学．上海：华东师范大学出版社，2004.

[58] 王汎森．权力的毛细管作用：清代的思想、学术与心态．北京：北京大学出版社，2015.

[59] 赵园．明清之际士大夫研究．北京：北京大学出版社，1999.

[60] 何冠彪．生与死——明季士大夫的抉择．桂林：广西师范大学出版社，2022.

[61] 曾国藩．曾文正公家书．北京：中国书店，2011.

[62] 程颢，程颐．二程集．北京：中华书局，2004.

[63] 黎靖德 . 朱子语类 . 北京：中华书局，1986.

[64] 马新正 . 桐乡县志 . 上海：上海书店出版社，1996.

[65] 萧一山 . 清代通史 . 上海：华东师范大学出版社，2006.

[66] 钱穆 . 国史大纲 . 北京：商务印书馆，1996.

[67] 张舜徽 . 清人文集别录 . 武汉：华中师范大学出版社，2004.

[68] 岳立松，邵颖涛 . 张履祥教育思想解读 . 太原：山西人民出版社，2018.

[69] 夏咸淳 . 明代学术思潮与文学流变 . 上海：上海社会科学院出版社，2019.

[70] 朱熹 . 四书章句集注 . 北京：中华书局，1983.

[71] 黄宗羲 . 明儒学案 . 北京：中华书局，1985.

[72] 杨伯峻 . 论语译注 . 北京：中华书局，1979.

[73] 余英时 . 士与中国文化 . 上海：上海人民出版社，1987.

[74] 蒙文通 . 古学甄微 . 成都：巴蜀书社，1987.

[75] 萧箑父，许苏民 . 明清启蒙学术流变 . 沈阳：辽宁教育出版社，1995.

[76] 钱穆 . 中国近三百年学术史 . 北京：九州出版社，2011.

[77] 侯外庐 . 陈确哲学选集 . 北京：科学出版社，1959.

[78] 路新生 . 中国近三百年疑古思潮研究 . 上海：复旦大学出版社，2014.

[79] 余英时 . 论戴震与章学诚 . 北京：生活·读书·新知三联书店，2005.

[80] 张学智 . 明代哲学史 . 北京：北京大学出版社，2000.

[81] 邓立光 . 陈乾初研究 . 台北：台北文津出版社，1992.

[82] 汤建荣 . 陈乾初哲学研究——以工夫实践为视域 . 昆明：云南大学出版社，2010.

[83] 陈宝良 . 明代士大夫的精神世界 . 北京：北京师范大学出版社，2017.

[84] 王道俊，王汉澜 . 教育学 . 北京：人民教育出版社，1989.

[85] 东方朔 . 刘宗周评传 . 南京：南京大学出版社，1998.

[86] 牟宗三 . 宋明儒学的问题与发展 . 上海：华东师范大学出版社，2004.

[87] 詹海云 . 陈乾初大学辨研究：兼论其在明末清初学术史上的意义 . 台

北：明文书局，1986.

［88］刘勇.中晚明士人的讲学活动与学派建构——以李材为中心的研究.北京：商务印书馆，2015.

［89］李秉德，檀仁梅.教育科学研究方法.北京：人民教育出版社，2003.

［90］金哲华，俞爱宗.教育科学研究方法.北京：教育科学出版社，2011.

［91］鲁洁.德育原理.北京：北京师范大学出版社，1989.

［92］于钦波.中国德育思想史.长春：吉林教育出版社，1993.

［93］郑永廷，张彦.德育发展研究.北京：人民出版社，2006.

［94］申淑华.素位之学——陈乾初哲学思想研究.北京：中国社会科学出版社，2012.

［95］胡厚福.德育学原理.北京：北京师范大学出版社，1997.

［96］班华.现代德育论.合肥：安徽人民出版社，2001.

［97］舒新城.中国近代教育史资料.北京：人民教育出版社，1962.

［98］王守仁.王阳明全集.上海：上海古籍出版社，1992.

［99］张学智.明代哲学史.北京：中国人民大学出版社，2012.

［100］习近平.习近平谈治国理政（第3卷）.北京：外文出版社，2020.

［101］牟宗三.从陆象山到刘蕺山.上海：上海古籍出版社，2001.

［102］郑玄，孔颖达.十三经注疏·礼记正义.北京：中华书局，1980.

［103］何俊，尹晓宁.刘宗周与蕺山学派.北京：中国人民大学出版社，2010.

［104］高海波.慎独与诚意——刘蕺山哲学思想研究.北京：生活·读书·新知三联书店，2016.

［105］葛兆光.中国思想史.上海：复旦大学出版社，2001.

［106］东方朔.刘蕺山哲学研究.上海：人民教育出版社，1997.

［107］牟宗三.牟宗三先生全集（第30册）.台北：联经出版社，2003.

［108］杜维明，东方朔.杜维明学术访谈录——宗周哲学之精神与儒家文化之未来.上海：复旦大学出版社，2001.

[109] 王成勉 . 气节与变节：明末清初士人的处境与抉择 . 台北：黎明文化事业股份有限公司，2012.

[110] 侯外庐，邱汉生，张岂之 . 宋明理学史（下册）. 西安：西北大学出版社，2018.

[111] 张瑞涛 . 心体与工夫：刘宗周《人谱》哲学思想研究 . 北京：人民出版社，2014.

[112] 老子 . 道德经 . 韩宏伟，何宏，译注 . 合肥：安徽人民出版社，2005.

[113] 金良年 . 孟子译注 . 上海：上海书店出版社，2003.

[114] 罗国杰 . 伦理学 . 北京：人民出版社，2014.

[115] 龙文彬 . 明会要 . 北京：中华书局，1998.

[116] 张廷玉 . 明史 · 食货志 . 北京：中华书局，1974.

[117] 李东阳 . 李东阳集长沙：岳麓书社，1984.

[118] 张居正 . 张太岳集 . 上海：上海古籍出版社，1984.

[119] 唐君毅 . 阳明学论文集 . 台北：华岗出版有限公司，1972.

[120] 夏咸淳 . 明代学术思潮与文学流变 . 上海：上海社会科学院出版社，2019.

[121] 全祖望 . 鲒埼亭集 . 合肥：安徽大学出版社，2009.

[122] 黄宗羲 . 明儒学案 . 沈芝盈，注 . 北京：中华书局，2008.

[123] 余群 . 刘宗周思想研究 . 上海：上海人民出版社，2020.

[124] 王守仁 . 传习录 . 费勇，译注 . 西安：三秦出版社，2018.

[125] 李清 . 三垣笔记 . 北京：中华书局，1982.

[126] 黄炳垕 . 黄宗羲年谱 . 北京：中华书局，1993.

[127] 陈永革 . 儒学名臣——刘宗周传 . 杭州：浙江人民出版社，2005.

[128] 邵廷采 . 思复堂文集 . 杭州：浙江古籍出版社，1987.

[129] 唐君毅 . 中国哲学原论 . 北京：中国社会科学出版社，2006.

[130] 劳思光 . 新编中国哲学史 . 台北：三民书局，2014.

[131] 陈宝良 . 明代社会转型与文化变迁 . 重庆：重庆大学出版社，2014.

［132］赵毅衡．哲学符号学：意义世界的形成．成都：四川大学出版社，2017.

［133］祁彪佳．祁彪佳日记．张天杰，点校．杭州：浙江古籍出版社，2017.

［134］吴震．明末清初劝善运动思想研究．上海：上海人民出版社，2016.

［135］王守仁．传习录译注．王晓昕，译注．北京：中华书局，2018.

［136］徐浩，侯建新．当代西方史学流派．北京：中国人民大学出版社，2009.

［137］杨国荣．人与世界：以事观之．北京：生活·读书·新知三联书店，2021.

［138］刘宗周．刘子全书．台北：华文书局，1968.

［139］吴震．颜茂猷思想研究——17 世纪晚明劝善运动的一项个案考察．北京：东方出版社，2015.

［140］费孝通，吴晗，等．皇权与绅权．北京：生活·读书·新知三联书店，2013.

［141］朱良志．中国艺术的生命精神．合肥：安徽教育出版社，1995.

［142］曹林娣．中国园林文化．北京：中国建筑工业出版社，2005.

［143］赵海燕．《寓山注》研究．合肥：安徽教育出版社，2016.

［144］杨伯峻．论语译注．北京：中华书局，2018.

［145］王阳明．传习录．叶圣陶，点校．北京：北京时代华文书局，2019.

［146］伊原弘介．明末清初“绅士”的土地经营：以张履祥为例．天津：天津人民出版社，1982.

［147］寺田隆信．关于“乡绅”．天津：天津人民出版社，1982.

［148］吴震，吾妻重二．思想与文献：日本学者宋明儒学研究．上海：华东师范大学出版社，2010.

［149］吾妻重二．朱子学的新研究——近世士大夫思想的展开．北京：商务印书馆，2017.

［150］吾妻重二，吴震．朱熹家礼实证研究．上海：华东师范大学出版社，2012.

[151] 冈田武彦 . 王阳明与明末儒学 . 上海：上海古籍出版社，2000.

[152] 川胜守 . 明代江南水利政策的发展 . 天津：天津人民出版社，1982.

[153] 滨岛敦俊 . 明代江南之圩田水利与地主佃农关系 . 天津：天津人民出版社，1982.

[154] 艾尔曼 . 从理学到朴学：中华帝国晚期思想与社会变化面面观 . 南京：江苏人民出版社，2018.

[155] 三浦藤 . 中国伦理学史 . 上海：商务印书馆，1926.

[156] 费正清 . 传统与变迁 . 张沛，译 . 北京：世界知识出版社，2002.

[157] 冈田武彦 . 王阳明与明末儒学 . 吴光，等译 . 上海：上海古籍出版社，2000.

[158] 山本命 . 明时代儒学の伦理学研究 . 东京：理想社，1974.

[159] 汉斯－格奥尔格·伽达默尔 . 诠释学Ⅰ：真理与方法 . 洪汉鼎，译 . 北京：商务印书馆，2010.

[160] 汉斯－格奥尔格·伽达默尔 . 诠释学Ⅱ：真理与方法 . 洪汉鼎，译 . 北京：商务印书馆，2010.

二、学位论文

[1] 张天杰 . 蕺山学派与明清学术转型 . 长沙：湖南大学博士学位论文，2012.

[2] 李栅栅 . 吕留良的遗民认同及其理学思想研究 . 杭州：浙江大学博士学位论文，2019.

[3] 武少民 . 张履祥师承学侣弟子考论 . 长春：东北师范大学博士学位论文，2019.

[4] 秦天 . 张履祥哲学与文学研究 . 南京：南京师范大学硕士学位论文，2007.

[5] 言杰 . 张履祥哲学思想研究 . 上海：复旦大学硕士学位论文，2009.

[6] 王婧玮 . 张履祥理学经世思想及实践研究 . 贵阳：贵州大学硕士学位论文，2016.

[7] 张天杰 . 张履祥与清初理学的转向 . 长沙：湖南大学硕士学位论文，2009.

[8] 向博山 . 蕺山学派忠节观念研究 . 长沙：湖南大学硕士学位论文，2017.

[9] 李锋 . 先圣之果有可为——杨园“圣学”思想的研究 . 杭州：浙江大学硕士学位论文，2006.

[10] Yu, Tsz-chuen. *Li Guangdi (1642—1718) and the official Cheng-Zhu learning in the early Qing*. HongKong: The University of Hong Kong, 2017.

[11] 吴洁 . 陈确人性论研究——以《瞽言》为中心 . 杭州：浙江大学硕士学位论文，2019.

[12] 蔡瑞雪 . 从性善到性全——陈确人性论辨析 . 西安：陕西师范大学硕士学位论文，2011.

[13] 李江波 . 陈确心性修养理论探析 . 石家庄：河北师范大学硕士学位论文，2008.

[14] 臧苗苗 . 陈确的心理学思想研究 . 上海：上海师范大学硕士学位论文，2010.

[15] 朱向慧 .《大学》“知止”的教化意义研究 . 济南：山东师范大学硕士学位论文，2020.

[16] 吕巧英 . 陈确的学术思想与学术风格 . 保定：河北大学硕士学位论文，2004.

[17] 刘芳 . 陈确孝道思想研究 . 武汉：华中师范大学硕士学位论文，2021.

[18] 冯琳芝 . 陈确诗歌研究 . 长沙：湖南师范大学硕士学位论文，2012.

[19] 向博山 . 蕺山学派忠节观念研究 . 长沙：湖南大学硕士学位论文，2017.

[20] 胡海丹 . 刘宗周君子人格思想研究 . 杭州：杭州师范大学硕士学位论

文，2019.

［21］韩国茹．刘蕺山《人谱》哲学思想研究．湘潭：湘潭大学硕士学位论文，2006.

［22］张慕良．刘宗周“慎独”思想研究．长春：吉林大学博士学位论文，2015.

［23］李丽．刘宗周“慎独”哲学研究．南京：东南大学博士学位论文，2016.

［24］孙雪莉．刘宗周“意”之哲学思想研究．南京：南京师范大学硕士学位论文，2020.

［25］唐亚萍．刘宗周道德实践思想研究．乌鲁木齐：新疆师范大学硕士学位论文，2019.

［26］陈睿瑜．刘宗周慎独伦理思想研究．长沙：中南大学博士学位论文，2013.

［27］陈蕾．刘宗周实学思想研究．上海：华东师范大学硕士学位论文，2008.

［28］尹孟凡．刘宗周终极关怀思想研究．苏州：苏州科技大学硕士学位论文，2018.

［29］刘昊．著力微明，圆融心性——从工夫论视域浅析刘宗周哲学由“慎独”向“诚意”的转向．天津：南开大学硕士学位论文，2009.

［30］王文才．论刘宗周“以心著性”说．苏州：苏州大学硕士学位论文，2010.

［31］梁玲．刘宗周政治思想研究．湘潭：湘潭大学硕士学位论文，2012.

［32］崔天贺．刘宗周对明末社会危机的认识．长春：东北师范大学硕士学位论文，2016.

［33］杨杰．先秦儒家道德修养思想及其当代价值．上海：上海师范大学硕士学位论文，2019.

三、期刊文章

[1] 冯玉荣.变乱时期地方秩序的重整——桐乡张履祥的理学实践.华中师范大学学报（人文社会科学版），2009（2）.

[2] 徐永斌.张履祥的治生之路及治生观.中国文化研究，2014（2）.

[3] 张天杰，肖永明.从张履祥、吕留良到陆陇其——清初“尊朱辟王”思潮中一条主线.中国哲学史，2010（2）.

[4] 张天杰.从张履祥到祝洤——清初朱子学在浙西的传承及其特点.浙江社会科学，2019（3）.

[5] 张天杰，肖永明.张履祥由王返朱的心路历程及其对王学的批判.西北大学学报（哲学社会科学版），2010（5）.

[6] 步近智，张安奇.略论明清实学思潮及其现实意义.学术月刊，2001（1）.

[7] 陈海红.“井牧六经俱耕耘”的张履祥实学.浙江社会科学，2013（3）.

[8] 杨茜.遗民生计图景——以耕读处馆的张履祥为中心.历史档案，2015（3）.

[9] 孔定芳.论明遗民之生计.中国经济史研究，2012（4）.

[10] 张天杰，肖永明.陈确与张履祥《大学》真伪论辩之辨析.浙江学刊，2010（2）.

[11] 户华为.从布衣寒士到空门圣贤——张履祥“由凡入圣”的塑造历程.清史研究，2005（1）.

[12] 周邦君.明末清初浙北自然灾异与荒政措施——以张履祥的视野为中心.农业考古，2008（3）.

[13] 步近智.明清之际实学思潮中的“厚生利用”之学.孔子研究，1996（2）.

[14] 武才娃.清初儒道德思想发微.孔子研究，2002（1）.

[15] 王杰.论明清之际的实学思潮.文史哲，2001（4）.

[16] 王杰 . 明清之际：思想的冲突、批判和创新 . 理论学刊，2003（3）.

[17] 周桂钿 . 明末到清初的思想转折 . 社会科学研究，1993（3）.

[18] 周邦君 . 张履祥与明末清初浙北水利问题 . 农业考古，2008（4）.

[19] 张天杰 . 陆陇其的独尊朱子论——兼谈其对东林以及蕺山、夏峰等学派的评定 . 中国哲学史，2021（3）.

[20] 肖永明，张天杰 . 清初理学转向与张履祥"敬义夹持"的道德修养工夫 . 伦理学研究，2011（6）.

[21] 王胜军 . 清初民间理学：以孙奇逢与张履祥为对象的考察 . 中州学刊，2012（2）.

[22] 陈海红 . 张履祥解《易》理路研究 . 周易研究，2013（1）.

[23] 贾庆军 . 黄宗羲与陈确论争之新探——从"物"之思想谈起 . 西南大学学报，2011，6（37）.

[24] 刘俊 . 既异程朱，亦背陆王——陈确对《大学》的批判性诠释及其意义 . 人文杂志，2021（5）.

[25] 顾家宁 ."自私自利"与"纯乎天理"——黄宗羲人性论的政治学分析 . 清华大学学报，2013，6（28）.

[26] 张天杰 . 陈确对刘宗周的孺慕及其对蕺山学的弘扬 . 齐鲁学刊，2014（1）.

[27] 侯虎虎 . 陈确的丧葬观 . 华夏文化，1998（3）.

[28] 衷尔钜 . 论陈确及其哲学思想 . 甘肃社会科学，1992（1）.

[29] 李志坚 . 陈确的农学思想 . 农业考古，2014（3）.

[30] 祁高飞，孙植 . 陈确结社考述 . 文艺评论，2013（2）.

[31] 陈屿 . 再论陈确人性论 . 四川师范大学学报，2022，49（1）.

[32] 吴震 . 明清之际人性论述的思想转变及其反思 . 道德与文化，2022（2）.

[33] 武少民 . 清初学者张履祥与陈确的学术关联 . 求是学刊，2017，44（3）.

[34] 蔡家和 . 黄宗羲与陈确的论辩之研究 . 国立台湾大学哲学论评，2008（3）.

[35] 王中江．明清之际“私”观念的兴起及其社会关联．湖南社会科学，2003（4）．

[36] 徐令彦．试析陈确对“人性论”的理论修正和补充．河南社会科学，1999（5）．

[37] 赵园．《人谱》与儒家道德伦理秩序的建构．河北学刊，2016（1）．

[38] 李振纲．解读《人谱》：圣贤人格的证成．哲学研究，2006（9）．

[39] 张天杰．近年来刘宗周《人谱》研究的回顾．中国史研究动态，2017（3）．

[40] 何俊．刘宗周《人谱》析论．中国哲学史，1998（1）．

[41] 张瑞涛，肖红春．论刘宗周《人谱》的“改过”六法．理论月刊，2013（8）．

[42] 胡勇．略论阳明心学视域中的静坐功夫——兼与朱熹的静坐论思想比较．孔子研究，2012（2）．

[43] 韩思艺．儒家的道德谱系——以《人谱》和《人谱杂记》为例．齐鲁学刊，2017（1）．

[44] 何静．扬弃朱熹理学的阳明心学．齐鲁学刊，2012（3）．

[45] 陈睿瑜．刘宗周道德本体与工夫合一的慎独说．伦理学研究，2020（3）．

[46] 扈继增．“对越”以见“独”：一个解读刘宗周“慎独”思想的新角度．中国哲学史，2021（4）．

[47] 李丽．刘宗周“独体”概念辨析．孔子研究，2016（4）．

[48] 陈畅．论刘宗周晚年思想中的“独体”概念．哲学动态，2008（9）．

[49] 步近智．刘宗周的思想矛盾和“慎独”“敬诚”之说．浙江学刊，1986（3）．

[50] 蔡方鹿．刘宗周“慎独”说与经学相结合的思想．天府新论，2008（5）．

[51] 张再林．有别于“心本体”的“意本体”——对作为宋明新儒学归宿的刘蕺山哲学的重新定位．学海，2016（4）．

[52] 张再林，王建华．梅洛·庞蒂的“身体意向性”与刘宗周的“意”的

学说 . 江海学刊，2016（4）.

［53］李丽 . 心性的“两分”与“圆融”——刘宗周心学思想评析 . 求索，2019（3）.

［54］窦志强 . 刘宗周“诚意”理论的自律性 . 山东医科大学学报（社会科学版），2000（3）.

［55］朱义禄 . 论刘宗周的唯意志论——兼论阳明心学的终结 . 东方论坛（青岛大学学报），2000（3）.

［56］韩思艺 . 克罪灵修与改过工夫的会通——以《七克》与《人谱》为中心 . 宗教学研究，2014（4）.

［57］张瑞涛 . 刘宗周《人谱》“过（恶）”思想新论 . 中国哲学史，2013（1）.

［58］姚才刚 . 刘宗周的“改过”说及其伦理启示 . 哲学研究，2014（7）.

［59］李宪堂 . 明末清初王学修正派社会政治思想述要 . 史学集刊，2014（2）.

［60］任文利 . 明专制政体下儒家士大夫的宪政理念与行宪努力——从刘宗周之末世谏诤看 . 天府新论，2013（4）.

［61］冯前林 . 重本 · 崇礼 · 尚实：论刘宗周的讲学活动与教化特质 . 学术探索，2021（3）.

［62］陈畅 . 以礼化俗视野中的理学道统世界——以管志道、刘宗周的家礼实践为例 . 同济大学学报（社会科学版），2018（1）.

［63］肖永明，张天杰 . 从越中到甬上——证人书院讲会与明清学术转型 . 中国史研究，2013（4）.

［64］晁福林 . 先秦时期“德”观念的起源及其发展 . 中国社会科学，2005（4）.

［65］郑利华 . 士商关系嬗变：明代中期社会文化形态变更的一个侧面 . 学术月刊，1994（6）.

［66］朱永嘉 . 清初的各项经济措施和明末社会经济问题 . 学术月刊，1962（3）.

［67］王猛 . 学术思潮嬗变与明代小说序跋 . 文艺评论，2011（10）.

［68］张天杰．刘宗周与朱子学——兼谈许孚远的朱学倾向及其对刘宗周的影响．福建论坛（人文社会科学版），2013（10）．

［69］蔡方鹿．刘宗周对理学的总结与批评．河北大学学报（哲学社会科学版），2011（4）．

［70］杨国荣．刘宗周思想的历史地位．中国哲学史，1996（4）．

［71］陈支平．明代后期社会经济变迁的历史思考．河北学刊，2008（1）．

［72］王璐．明代儒家省过工夫的发展脉络——以儒家修身日记为中心的考察．史学月刊，2020（6）．

［73］洪汉鼎．诠释学与中国经典诠释问题及未来．武汉大学学报（人文科学版），2012（4）．

［74］陈立胜．王阳明修身工夫论的路径与特色．道德与文明，2018（5）．

［75］赵园．废园与芜城：祁彪佳与他的寓园及其它．中国文化，2008（2）．

［76］赵园．任道与任事——关于明清之际士人的一种姿态的分析．西北师大学报（社会科学版），2006（2）．

［77］陈立胜．王阳明修身工夫论的路径与特色．道德与文明，2018（5）．

［78］杨国荣．荀子的修身思想．学术界，2021（10）．

［79］李璐楠．"修身为本即是性学"——李材的"止修"工夫诠释．哲学动态，2020（11）．

［80］陈立胜．"修己以敬"：儒家修身传统的"孔子时刻"．学术研究，2020（8）．

［81］沈锐．中西修身之学的相遇与调和——以高一志《修身西学》为例．现代哲学，2020（5）．

［82］江畅．"修身成人"的现代意蕴．伦理学研究，2022（4）．

［83］张娇，周德丰．中国传统修身思想精义及其当代价值．天津师范大学学报（社会科学版），2019（3）．

［84］李清良，张洪志．中国诠释学研究 40 年．中国文化研究，2019（4）．

［85］林松涛．明清交替期における秩序意识の变化の一例——张履祥の

『近鉴』をめぐって.思想史研究，2005（5）.

［86］林松涛.张履祥と明末清初の葬送礼仪风俗改良云动——葬送仪礼における「欲」と「孝」の观念を中心に.思想史研究，2003（3）.

［87］北田英人.「杨园先生全集」の经济的分析 -1- 张履祥家の经营と雇佣劳动の台头.北大史学，1976（16）.

［88］임형석.清代朱子學에 대한 唐鑒의 인식.철학논총，2004.

［89］马渊昌也.清初・张沐の「性是功夫」说とその背景.言语・文化・社会，2017（15）.

［90］马渊昌也.明末における"扩充""成性"论の展开：钱一本・孙慎行を陈确との关系において论ず.言语・文化・社会，2016（14）.

［91］马渊昌也.陈确的非“本来性”儒学思想.国际儒学研究，2000（10）.

［92］原信太郎.陳确における「慎习」说の成立.东洋の思想と宗教，2016（33）.

［93］Barr, Allan H, Marriage and Mourning in Early-Qing Tributes to Wives. Nan nü: men, women, and gender in early and Imperial China, 2013(1),

［94］Ian Johnston, Ping Wang.Introduction: The Daxue. Daxue and Zhongyong, 2012.

［95］松代尚江.刘宗周の慎独说.The Journal of eastern religions，1989.

［96］难波征男.刘宗周思想における“微（妄）”の发现.九州中国学会报，2011.

［97］难波征男.刘宗周の「人谱」について.比较文化，2010.

［98］难波征男.刘宗周の慎独改过说（刘念台特集）.阳明学，2002.

［99］难波征男.刘宗周と黄宗羲の证人书院（〈特集〉疋田启佑教授退职记念）.香椎潟，2003.

［100］早坂俊广.何俊著「刘宗周の『人谱』—人生を完成させるための点检簿—」译注.信州大学人文科学论集，2018.

［101］原信太郎.刘宗周における“改过”の实践.早稻田大学大学院文学

研究科纪要，2015.

［102］中纯夫．刘宗周の「学言」について：慎读说から诚意说へ．Journal of history of Chinese thought，2002.

［103］中纯夫．刘宗周の阳明学观について ：书牍を中心として（〈特集〉刘念台）．阳明学，2002.

［104］东方朔．原文（テキスト）と意味——刘宗周の『圣学宗要』にみる宋明儒学者の解释（刘念台特集）．［日］疋田启佑译．阳明学，2002.

［105］马渊昌也．刘宗周から陈确へ——宋明理学から清代儒教への转换の一样相．Bulletin of Sinological Society of Japan，2001.

［106］冈田武彦．刘念台の诚意说．哲学年报，1953.

［107］荒木龙太郎．刘念台の王心斋格物说评似について．The Kwassui review. Faculty of Humanities，2015.

［108］Man–Ho Simon Wong. Liu Tsung–chou: his Doctrine of Vigilant Solitude. University of Toronto, 1996.

［109］Peele, Thomas Benjamin. Jr. Liu Tsung–chou's Jen–pu.（刘宗周的《人谱》）. University of California at Berkeley, 1978.

四、其他

［1］顾明远．教育大辞典．上海：上海教育出版社，1998.

［2］习近平．在纪念孔子诞辰 2565 周年国际学术研讨会暨国际儒学联合会第五届会员大会开幕式上的讲话．人民日报，2014-09-24.

［3］习近平．中共中央政治局进行第十三次集体学习．中国广播网，2014.

［4］习近平．青年要自觉践行社会主义核心价值观——在北京大学师生座谈会上的讲．人民日报，2014-05-05（2）.

［5］习近平．坚持中国特色社会主义教育发展道路　培养德智体美劳全面发展的社会主义建设者和接班人．人民日报，2018-09-11（1）.

[6] 魏广言. 中华优秀传统文化是中华民族的文化根脉. 内蒙古日报，2019-12-10（8）.

图书在版编目（CIP）数据

蕺山学派道德修养的理论与实践 / 胡君主编 .
-- 北京 : 民族出版社 , 2023.7
ISBN 978-7-105-17049-4

Ⅰ . ①蕺… Ⅱ . ①胡… Ⅲ . ①哲学学派－研究－中国－明清时代 Ⅳ . ① B248.99

中国国家版本馆 CIP 数据核字 (2023) 第 144881 号

蕺山学派道德修养的理论与实践

策划编辑：李志荣
责任编辑：张亦芃
封面设计：刘福勤
出版发行：民族出版社
地　　址：北京市和平里北街 14 号
邮　　编：100013
电　　话：010-64271909（汉文编辑一室）
　　　　　010-64224782（发行部）
网　　址：http://www.mzpub.com
印　　刷：北京中石油彩色印刷有限责任公司
经　　销：各地新华书店
版　　次：2023 年 9 月第 1 版　2023 年 9 月北京第 1 次印刷
开　　本：787 毫米 ×1092 毫米　1/16
字　　数：284 千字
印　　张：17.75
定　　价：54.00 元
书　　号：ISBN 978-7-105-17049-4/ B・890（汉 305）